Collection Domaines d'activité SAM

BTS

1re et 2e années

SAM

SUPPORT À L'ACTION MANAGÉRIALE

2e ÉDITION

DOMAINE D'ACTIVITÉ 2

Gestion de projet

W0295212

Sous la direction
de Didier Lahaye

Caroline Bayle
Stéphanie Bernabé
Caroline Cohen
José Gil
Sandrine Lecas
Catherine Rosso
Marie-Dominique Ruiz
Vincent Rumeu

Nathan
TECHNIQUE

© Nathan 2021 – 92, avenue de France, 75013 Paris
ISBN : 978-2-09-167294-6

© Nathan - La photocopie non autorisée est un délit.

Avec ce livre, une licence i-Manuel 2.0

Le i-Manuel 2.0, un outil simple d'utilisation qui reprend l'ensemble des contenus de ce livre sous forme numérique et interactive.

Il permet d'accéder au contenu de ce manuel à tout moment et en tout lieu sur un ordinateur ou une tablette. L'utilisateur peut donc passer du papier au numérique et choisir le support qui lui convient le mieux selon le travail à faire et le lieu où il se trouve.

Une véritable interactivité entre l'enseignant et sa classe

- **Vidéoprojeter** en classe les activités, les documents et les corrections pour animer les cours et travailler collectivement.
- **Piloter la classe** en assurant le suivi du travail des élèves à distance et en cours (recevoir et envoyer du travail, faire des commentaires, intervenir en temps réel).
- **Intégrer et envoyer à la classe**, à un ou plusieurs élèves, **des documents personnels**.
- **Afficher les corrigés** ou la correction individuelle du travail de l'élève.
- **Télécharger le livre** pour une utilisation sans connexion.
- **Imprimer** les documents nécessaires pour mettre les élèves en **situation d'examen**.

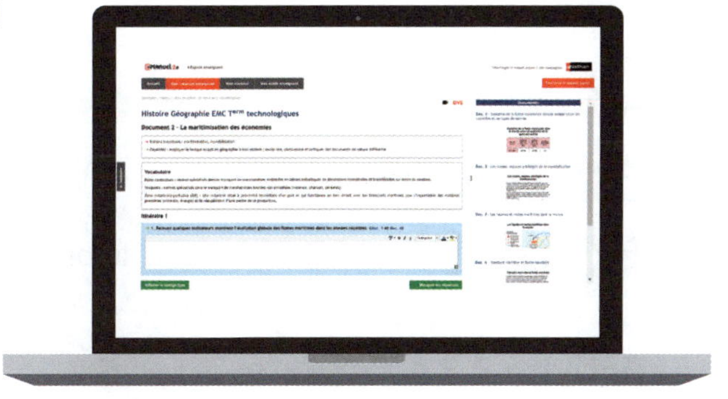

Des fonctionnalités innovantes pour favoriser l'intérêt, la motivation et l'implication des élèves

- **Saisir les réponses** en travaillant sur ordinateur ou tablette.
- **Faire les activités et les exercices**, préparer ou réviser le cours **en classe ou à la maison**.
- **Accéder** aux **ressources numériques**, vidéos, fichiers élèves (Word, Excel, GeoGebra...).
- **Sauvegarder** au **format Word** le travail effectué dans un dossier (classeur).
- **Envoyer le travail** au professeur.
- **S'enregistrer** pour les activités orales.
- **S'auto-évaluer**.

Toutes les infos et les tutos sur www.nathan.fr/i-manuel2

Avec ce livre, des ressources numériques en accès direct

Flashez les QR Codes avec votre smartphone ou saisissez les mini-liens associés pour accéder à des vidéos, animations, QCM...

© Nathan - La photocopie non autorisée est un délit.

SOMMAIRE

Édition : Anna-Tatum Villalba, Angélique Brézillon
Conception couverture : Vincent Rioult
Conception maquette : Élodie Breda
Mise en pages : Ghislaine Geneslay, Jean-Jacques Galmiche

© Nathan - La photocopie non autorisée est un délit.

Liste des fiches ressources

© Nathan - La photocopie non autorisée est un délit.

© Nathan - La photocopie non autorisée est un délit.

Chapitre 1

Définir le projet et les modalités de son pilotage

ACTIVITÉ	**2.1.** Préparation du projet	**VERS PIX**	**1.3.** Traiter des données
COMPÉTENCE	Formaliser le cadre du projet		**2.1.** Interagir
TÂCHE	**2.1.1.** Participation à la définition des modalités de pilotage et des indicateurs de suivi		**3.1.** Développer des documents textuels **3.4** Programmer

Situation professionnelle

Medi-Terra est une association présidée par Michèle Tana depuis sa création en 2010 qui compte quarante-deux salariés. Son objet est de promouvoir le développement de certains pays méditerranéens par la coopération et la mise en réseau des acteurs économiques. Le programme consiste en une cinquantaine d'opérations par an (séminaires, manifestations régionales, études...). Medi-Terra accompagne les partenaires dans la mise en œuvre de leurs projets à l'occasion de rencontres qui se déroulent à Montpellier et dans les pays méditerranéens partenaires. Les échanges se font également à distance pour la tenue de visioconférences. Elle communique, en français et en anglais, par le biais de son site Internet, d'une *newsletter* mensuelle, de sa page Facebook et de courriels.

Medi-Terra est implantée dans le centre-ville de Montpellier. Ses locaux actuels comportent vingt bureaux partagés entre les membres de l'équipe, mais aucune salle de réunion. Pour animer les rencontres avec les partenaires, l'association doit recourir à la location de salle.

Face au développement de l'activité liée aux séminaires et aux stages qui sont proposés par l'association, la présidente Michèle Tana envisage de déménager dans des locaux de 430 mètres carrés, mieux adaptés à l'évolution de l'activité : toujours des bureaux partagés (260 m² pour 20 bureaux), deux salles de réunion (40 et 45 m²) ainsi qu'une salle de séminaire (85 m²). Chacune des salles de réunion doit être équipée pour pouvoir réaliser des rencontres à distance. Les nouveaux locaux, situés dans la zone d'activité, seront situés à environ quarante minutes des actuels bureaux, tous modes de transport confondus. Le projet devrait durer neuf mois et le déménagement est envisagé pour la fin du mois de juin N.

Comprendre le contexte

Découvrez l'association Medi-Terra en vidéo
liennathan.fr/pcy675

1 **Pour quelles raisons la présidente de l'association projette-t-elle de changer de locaux ?**

1 **Quels peuvent être les obstacles et les contraintes à prendre en compte pour réussir ce déménagement ?**

3 **Peut-on anticiper les éventuelles résistances au changement générées par ce projet ?**

© Nathan - La photocopie non autorisée est un délit.

VOTRE MISSION

Vous accompagnez votre responsable, Michèle Tana, dans la préparation du projet de déménagement. Elle vous fournit une documentation qui vous permet de répondre à ses attentes. Vous pourrez compléter ces informations par des recherches pertinentes sur Internet.

TRAVAIL À FAIRE

I. Identifier les éléments constitutifs du projet

Michèle Tana souhaite proposer aux salariés de l'association une présentation aussi complète que possible du projet de déménagement, qui sera soumise lors de la réunion de cadrage qu'elle compte organiser. Elle vous envoie un courriel (annexe 1) pour vous fournir quelques précisions.

1. De quel type de projet s'agit-il ? — Fiche ressource 1
2. Précisez le contenu des différents éléments constitutifs du projet (délimitation du périmètre, détermination des enjeux, évaluation des risques, détermination des jalons, des livrables et de la date cible). — Annexes 1 2 6 7
3. Identifiez l'ensemble des coûts à prendre en compte pour ce déménagement. À l'aide des données chiffrées fournies (annexes), présentez dans un tableau une première estimation des coûts du projet (estimation basse/estimation haute). — Annexes 3 4 5
4. COM Répondez au courriel de Michèle Tana. Vous y joindrez votre tableau d'estimation des coûts. — Annexe 1

II. Participer à la définition du pilotage du projet

Michèle Tana prévoit de présenter aux salariés certains outils nécessaires au pilotage du projet ainsi que les indicateurs qui permettront de suivre l'avancement du projet.

5. Listez les principaux outils de pilotage attendus aux cinq étapes du projet de déménagement. — Fiche ressource 2
6. Définissez le contenu des indicateurs pertinents de suivi du projet. — Fiche ressource 3 ; Annexes 1 3 7 8

III. Participer à la communication de projet

Consciente de l'incidence du projet tant auprès des salariés de l'association que des partenaires extérieurs, Michèle Tana souhaite instaurer une communication sans faille. Elle vous demande de l'aider à planifier la communication du projet de déménagement.

7. Déterminez les différentes cibles concernées par le projet. — Fiche ressource 4 ; Annexes 7 8 9
8. Définissez les actions à mener auprès des cibles, en précisant quels seront les messages, les supports et les canaux.
9. À l'aide des éléments recueillis, renseignez le planning de communication du projet en situant les actions chronologiquement (selon les étapes 1 à 5), hormis ce qui sera discuté en réunion (dates, rédacteurs, statuts...). — Fiche ressource 4

© Nathan - La photocopie non autorisée est un délit.

IV. Formaliser la note de cadrage

La présidente souhaite réunir l'équipe de l'association au plus vite pour présenter le projet. Elle vous demande de rédiger la note de cadrage qui permettra de présenter les éléments constitutifs du projet. Il s'agit d'hypothèses de travail qui doivent être discutées avec les salariés au cours de la réunion de cadrage.

10. À quelle étape du pilotage de projet la note de cadrage doit-elle être rédigée ?

Fiche ressource 1

11. À partir des analyses précédentes, identifiez les éléments constitutifs de la note de cadrage (objectifs, périmètre, étapes, organisation, communication, risques...).

Fiche ressource 5
Annexes 1 à 9

12. Présentez la note de cadrage.

E5-B **13.** À partir de la situation professionnelle Medi-Terra et du travail que vous avez réalisé, renseignez en partie la fiche descriptive de ce projet.

Chap1-annexe10.docx

© Nathan - La photocopie non autorisée est un délit.

DONNÉES DE LA SITUATION

Annexe 1 Le courriel de Michèle Tana

Envoyer

De... **michele.tana@medi-terra.fr**

À... **office.manager@medi-terra.fr**

Objet : **Préparation du projet de déménagement**

Bonjour,

Nous allons organiser une réunion pour annoncer le projet de déménagement aux salariés de Medi-Terra.

J'ai besoin de votre aide pour recueillir un certain nombre d'informations et anticiper les questions soulevées par ce projet : objectifs, délais, partenaires, équipe, organisation, coûts, risques... Nous ne pourrons pas répondre à toutes les questions au cours de cette première réunion, mais il nous faut proposer une présentation complète du projet à ce stade de la préparation.

Je souhaite avoir une estimation des coûts d'un tel projet. Cela nous permettra ensuite de vérifier les propositions de devis des différents transporteurs et entreprises informatiques qui s'occuperont de déplacer notre matériel et de l'installer dans les nouveaux locaux.

J'aimerais également connaître la réglementation spécifique au déménagement d'entreprise dans le domaine social et celui des transports. Je souhaite pouvoir répondre précisément aux membres de l'équipe sur les conséquences du projet pour leur vie professionnelle et personnelle, notamment pour faire face aux éventuelles réticences. Nous allons devoir bien communiquer sur ce projet pour l'expliquer et recueillir l'adhésion des salariés face aux changements que cela implique. Nous nous y prenons assez à l'avance pour éviter les blocages : il faudra donc prévoir les moyens d'informer régulièrement de l'avancement du projet.

Le mois de juin a été choisi pour déménager car l'activité est ralentie pendant les deux mois d'été. L'association doit impérativement être opérationnelle dans les nouveaux locaux dès le mois de septembre car des stages et séminaires sont d'ores et déjà programmés.

Je sais pouvoir compter sur vous pour m'accompagner dans cette démarche qui nous permettra d'accueillir nos partenaires extérieurs dans de bien meilleures conditions à l'occasion des séminaires et formations notamment, mais aussi d'améliorer notre cadre de travail.

Bien cordialement,

Michèle Tana - Présidente
Medi-Terra
4 rue Pitot – 34000 Montpellier
+33 (0)4 67 28 11 11 - www.medi-terra.com

Annexe 2 La situation des locaux de Medi-Terra

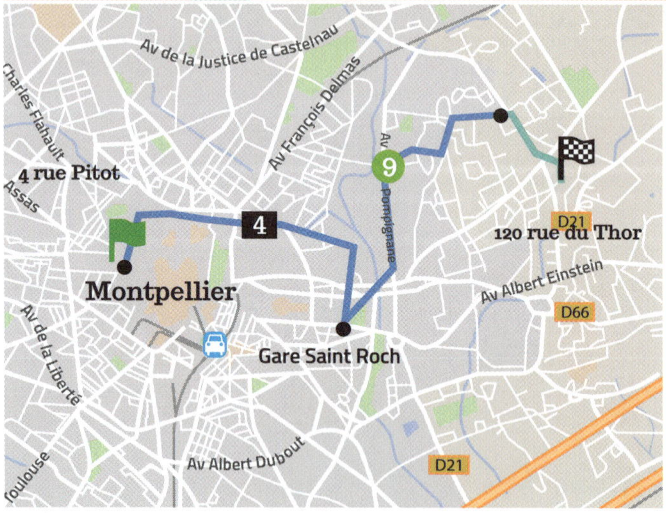

Adresse actuelle :
4 rue Pitot
34000 Montpellier

Future adresse :
Parc d'activités Eurêka
120 rue de Thor
34000 Montpellier

Accès :
Autoroute A709 à 3 km
Aéroport à 7 km
Gare Montpellier St Roch à 4 km
Gare TGV à 3 km
Desserte Bus Tram lignes 9 et 37

© Nathan - La photocopie non autorisée est un délit.

Annexe 3 Extrait d'article de presse : « Le vrai coût d'un déménagement »

Pour une entreprise, changer d'adresse implique des engagements financiers importants. Au-delà du déplacement à proprement parler, l'aménagement des futurs locaux constitue l'essentiel de la facture. D'où l'intérêt de préparer cet événement.

Changer d'adresse pour une surface mieux adaptée à ses effectifs, plus rationnelle, pour regrouper des équipes ou économiser ? […]. Il faut prévoir un budget compris entre 4 000 et 11 000 euros par poste de travail […].
Au hit-parade des postes les plus coûteux, les travaux d'aménagement absorbent entre 50 % et 75 % du budget global. Comprises entre 300 et 700 euros le mètre carré, ces dépenses sont nécessaires pour concevoir des espaces de travail dans des locaux loués nus et non équipés. […] Ce poste de dépenses comprend aussi le câblage des futurs bureaux en courant faible pour installer l'informatique, la téléphonie et l'audiovisuel. […] Le jour J, le gros du budget est déjà consommé : le transport des cartons ne compte que pour 10 % de la facture totale, de 150 à 250 euros par personne.

Frais en cascade

[…] Les coûts sociaux, rarement évoqués par les dirigeants, sont loin d'être négligeables. Par exemple, quitter le centre-ville pour la périphérie a souvent pour effet d'allonger les temps de transport des salariés. L'entreprise doit parfois prévoir des dédommagements, comme des primes d'éloignement, ou constituer une enveloppe financière pour aider les collaborateurs à se rapprocher du bureau. Certaines grandes sociétés mettent en place des navettes, des places en crèche ou des places de parking supplémentaires. Parfois, un déménagement engendre des départs spontanés de salariés, il faut donc prévoir de recruter.
Autre poste important : la communication. Pour amortir le traumatisme du changement, les entreprises soignent leurs campagnes d'information internes : création d'un intranet dédié à la nouvelle adresse, groupe de travail sur l'aménagement, visites... […] Dernier surcoût souvent oublié : le double loyer. Pendant plusieurs mois, les sociétés cumulent parfois deux loyers. Celui des futurs locaux à aménager et celui du site qu'elles s'apprêtent à quitter, sans oublier les frais de remise en état des lieux. […]
Maîtriser le budget déménagement, c'est anticiper l'opération : selon la taille de l'entreprise, la gestation peut durer entre neuf et vingt-quatre mois.

Laurence Boccara, *Les Échos*, 20 janvier 2011.

Annexe 4 L'estimation du volume du matériel de Medi-Terra à déménager

Bureau

Meuble Informatique	42	Bibliothèque	8	Fauteuil / Chaise	98
Ordinateur	42	Armoire	21	Bureau	42

Votre déménagement est évalué à : **220,0 M³**

Le tarif du déplacement dans une même ville s'élève en moyenne à 50 euros par m³ transporté.

© Nathan - La photocopie non autorisée est un délit.

Annexe 5 Éléments du coût du projet de déménagement de Medi-Terra

Le loyer des locaux actuels de Medi-Terra s'élève à 1 660 euros par mois. Celui des nouveaux locaux ne va pas varier car la ville de Montpellier accompagne financièrement les structures qui s'installent dans les zones d'activité. Le matériel des vingt bureaux doit être déménagé et il n'est pas envisagé pour l'instant d'achat de nouveau matériel, car les salles de réunion et de séminaire sont déjà correctement équipées. Le câblage pour le réseau informatique devra en revanche être installé dans les nouveaux locaux.

Annexe 6 Le cadre juridique du déménagement et les responsabilités

Le contrat de déménagement est soumis au régime du contrat de transport. L'entreprise de déménagement doit pouvoir justifier de l'agrément préfectoral et être titulaire de l'attestation de capacité pour facturer une prestation de déménagement.

En vertu de l'article L.133-1 (103) du Code de commerce : « Le voiturier est garant de la perte des objets à transporter, hors les cas de la force majeure. Il est garant des avaries autres que celles qui proviennent du vice propre de la chose ou de la force majeure. Toute clause contraire insérée dans toute lettre de voiture, tarif ou autre pièce quelconque, est nulle. »

L'entreprise de déménagement est donc responsable des marchandises qui lui sont confiées et elle est soumise à une obligation de résultat. Le client doit établir une déclaration de valeur des biens déménagés. Il est prudent de lister les objets de valeur les plus onéreux, notamment les équipements de bureau, le matériel informatique... [...] Le client doit signaler, dans une lettre recommandée avec avis de réception à destination de l'entreprise de déménagement et dans un délai de trois jours suivant la livraison, les dommages constatés à l'occasion du déménagement.

Annexe 7 La réglementation sociale relative au déménagement d'entreprise

Un salarié doit-il suivre son entreprise si elle déménage ?

Le salarié ne peut pas refuser un changement de lieu de travail si ce changement s'effectue dans le même secteur géographique que celui prévu au contrat ou s'il a signé une clause de mobilité. Dans les autres cas, l'accord du salarié est nécessaire.

La notion de secteur géographique n'est pas strictement déterminée, elle recoupe souvent le bassin d'emploi.

En cas de litige, c'est le juge qui apprécie les caractéristiques du secteur géographique au cas par cas en tenant compte par exemple :

- de la distance entre le site initial et le nouveau site ;
- de l'accès aux transports collectifs ;
- de l'allongement de la durée de temps de trajet.

Direction de l'information légale et administrative, www.service-public.fr

© Nathan - La photocopie non autorisée est un délit.

Annexe 8 Les étapes du déménagement d'entreprise

J-180

- Vérifier l'état des nouveaux locaux (surface, raccordements électriques, travaux à prévoir)
- Donner le préavis six mois avant le départ des anciens locaux
- Définir les règles de sécurité notamment informatiques, la sélection du matériel à déménager, à recycler, à jeter
- Établir un cahier des charges pour bien définir les prestations attendues des déménageurs et vérifier que les devis correspondent aux prestations

J-90

- Faire établir les devis par les prestataires (contacter trois ou quatre entreprises spécialisées dans le transfert d'entreprises)
- Prendre une assurance pour le déménagement
- Identifier les relais internes dans l'organisation
- Communiquer avec les salariés. Prévenir les représentants du personnel s'il y en a dans l'entreprise
- Débuter les travaux dans les nouveaux locaux si nécessaire

J-60

- Anticiper les éventuels travaux de remise en état dans les anciens locaux

J-30

- Informer les salariés qu'ils peuvent commencer le tri de leurs affaires et documents
- Gérer l'étiquetage sur les sites de départ et d'arrivée
- Faire installer la nouvelle ligne téléphonique et Internet sur chaque poste
- Effectuer le changement d'adresse : sécurité sociale, Urssaf, caisse de retraite, Préfecture (Kbis), poste, téléphone, abonnements à la presse…

J-10

- Prévoir une réunion avec le personnel pour répondre aux questionnements et donner les dernières consignes
- S'assurer que les nouveaux locaux sont en état pour accueillir le matériel
- Réaliser le transfert du parc informatique (sauvegardes, désinstallation, réinstallation)

J-1

- Terminer d'emballer les derniers cartons et les étiqueter

J

- Choisir le moment du déménagement pour perturber le moins possible l'activité (soir ou week-end)
- Prévoir l'intervention d'une entreprise de nettoyage
- Mettre en place une cellule support permettant de régler les questions ou problèmes relatifs au déménagement

J+10

- Informer le centre des impôts du changement d'adresse
- S'assurer de la bonne installation des salariés dans les nouveaux locaux

© Nathan - La photocopie non autorisée est un délit.

Annexe 9 Extrait d'article : « Déménager son entreprise, quelle stratégie de communication adopter ? »

Déménager une entreprise n'est pas un événement anodin [...], c'est se donner une opportunité pour communiquer. Pour réussir cette transition, on peut mettre au point un planning stratégique de communication pour faire parler de soi à cette occasion. Voici un plan de communication à quatre mois relatif au déménagement d'entreprise :

1 – Trois mois avant le déménagement : organisez une visite des futurs locaux pour vos collaborateurs. Si vous associez vos collaborateurs et vos salariés au déménagement, le changement de locaux ne sera pas vécu comme une source de stress. Bien au contraire. Si vous impliquez l'ensemble de vos équipes dans ce nouveau projet, vous renforcerez la cohésion au sein de l'entreprise. Pensez à organiser une visite des nouveaux locaux.

2 – Un mois avant : communiquez sur votre changement d'adresse. N'attendez pas le dernier moment pour prévenir vos clients et vos fournisseurs de votre déménagement : [...] ce déménagement va renforcer la qualité des produits ou des services que vous proposez.

3 – Le jour du déménagement : accueillez vos collaborateurs. Soignez l'accueil de vos collaborateurs le jour J. Veillez notamment à ce que chacun trouve facilement ses dossiers, ses nouvelles cartes de visite, et l'ensemble de ses outils de travail. Organiser un petit déjeuner lors de cette première matinée dans les nouveaux locaux est fédérateur et convivial pour débuter cette nouvelle étape de la vie de l'entreprise.

4 – Quinze jours plus tard : fêtez votre installation avec vos clients. La dernière étape peut consister, en fonction de vos activités, à organiser un cocktail pour fêter votre emménagement avec vos clients et vos partenaires. N'oubliez pas de mettre à jour tous les documents officiels de communication de votre entreprise : papiers à en-tête et cartes de visite, site Internet (et page Contact), devis et factures, *flyers*... Vous pouvez également signaler votre changement d'adresse par l'envoi d'un courrier à tous vos clients, par un bandeau visible sur votre site Web ou par l'ajout d'une mention dans votre signature e-mail.

5 – Quinze jours plus tard : communiquez auprès du grand public. Dernière étape, à réaliser une fois que vous êtes bien installé dans vos nouveaux locaux, un mois après le déménagement : en parler auprès du grand public, c'est-à-dire les personnes étrangères à la sphère de votre entreprise. Pour ce faire, rien de tel que l'envoi d'un bon communiqué de presse.

http://www.gautier-girard.com

© Nathan - La photocopie non autorisée est un délit.

1 Les caractéristiques d'un projet

La mise en œuvre d'un projet permet à une entité de conduire un changement, d'améliorer une situation existante, de proposer un nouveau produit ou une nouvelle prestation, de modifier son organisation, ou de se mettre en conformité avec une nouvelle réglementation.

I La définition du projet

Pour l'organisme international de normalisation (ISO), un projet est un « **processus unique,** qui consiste en un **ensemble d'activités coordonnées et maîtrisées,** comportant **des dates de début et de fin,** entrepris dans le **but d'atteindre un objectif** conforme à des exigences spécifiques telles que les **contraintes de délais, de coûts et de ressources** » (ISO-10006).

II Les types de projets

Le projet est qualifié de « grand projet », « projet moyen » ou « petit projet », en fonction du nombre de personnes parties prenantes au projet, du budget alloué et de la durée de réalisation du projet. Il existe trois principaux types de projets :

– le **projet « ouvrage »** est une production unique, par exemple la création d'une entreprise, la gestion d'un processus d'appel d'offres, le développement d'un marché, ou le développement de chantiers tels que pont, tunnel, bibliothèque, musée…

– le **projet « produit » ou « service »** est réalisé en plusieurs exemplaires : il s'adresse à plusieurs clients ; par exemple la création d'un produit, d'un service, le développement d'une démarche de certification qualité, de responsabilité sociétale, environnementale, éco-responsable…

– le **projet « organisationnel » ou « événementiel »** est lié à un événement temporaire, par exemple l'organisation d'une manifestation culturelle, d'un salon, d'un séminaire, la réorganisation d'un service…

III Les éléments constitutifs du projet

Divers éléments doivent être définis afin d'établir une description précise du projet dans sa phase de préparation.

Périmètre	C'est l'inventaire de ce qui entre dans le projet et ce qui en est exclu.
Contraintes	Elles concernent le budget, les délais, les considérations matérielles et techniques, la communication. Ces points doivent être définis aussi clairement que possible selon les données existantes, car ils permettent d'envisager si un projet est réalisable ou non.
Enjeux	Ils se définissent comme ce que l'organisation peut gagner ou perdre en réalisant le projet. Ex. : pour un projet de mise aux normes réglementaires dans le domaine de l'accessibilité aux personnes à mobilité réduite, les enjeux sont importants en termes financiers, juridiques et d'image. Réaliser le projet engagera un budget important, ne pas le faire peut ternir l'image de l'organisation et risquer des sanctions juridiques.
Risques	Ce sont les événements à venir, incertains, dommageables pour le projet et dont il est possible d'estimer la probabilité et la gravité des conséquences. Les risques sont de différente nature : organisationnels, techniques, financiers, humains, juridiques. Un risque est à venir : s'il se réalise, il devient un problème.
Jalons	Il s'agit des événements survenant au cours du projet dont on identifie de façon certaine la date à laquelle ils se produisent. Ex. : la signature à une date précise du devis des travaux pour la construction d'un immeuble pour poursuivre le projet.
Livrables	Ce sont les productions attendues d'une activité ou processus. Il existe trois types de livrables : les livrables projet (ex. : maquette d'un tableau de bord de pilotage de projet, bilan du projet), les livrables de gestion (ex. : compte rendu de réunion de préparation, compte rendu d'avancement), les livrables produits (ex. : plans, maquettes, devis).
Coûts	Ils doivent être estimés pour s'assurer de l'existence de fonds suffisants pour réaliser le projet. On distingue les coûts directs, qui sont directement liés à l'exécution du projet (ex. : ressources humaines mobilisées pour le projet, coûts d'achat de matériel pour le projet), et les coûts indirects, qui ne sont pas directement liés à l'exécution du projet (ex. : coûts de communication).
Date cible	Il s'agit de la date à laquelle le produit du projet doit être livré (ex. : l'ouverture à la circulation du nouveau pont prévue le 3 octobre N).

© Nathan - La photocopie non autorisée est un délit.

2 Le pilotage d'un projet

Piloter un projet signifie que le chef de projet s'assure de la bonne réalisation de chacune des prévisions à chacune des étapes par chacune des parties prenantes, afin d'atteindre l'objectif final, c'est-à-dire la réalisation du projet. Le pilotage prend appui sur différents outils.

I Les étapes du projet et les outils de pilotage associés

Étape 1 Initialisation	Étape 2 Lancement	Étape 3 Organisation	Étape 4 Exécution et suivi	Étape 5 Clôture
PRÉPARATION DU PROJET			CONDUITE DU PROJET	CLÔTURE DU PROJET
OBJECTIFS				
Définir les objectifs, les contraintes, les ressources. Prévoir l'amélioration d'une situation existante. Satisfaire un nouveau besoin. Analyser les risques et les enjeux.	Analyser l'utilité du projet en termes économiques : faisabilité technique, résultats attendus, évaluation des coûts et des délais. Repérer les acteurs concernés.	Constituer l'équipe projet. Organiser les responsabilités. Déterminer les indicateurs pour veiller à l'atteinte des objectifs. Planifier et ordonnancer les tâches.	Analyser la réalisation des prévisions et des objectifs définis dans les étapes précédentes. Évaluer la progression à l'aide d'indicateurs de performance.	Évaluer le déroulement du projet. Analyser les résultats, les écarts (les résultats ne sont pas toujours quantifiables).
PRINCIPAUX OUTILS DE PILOTAGE DU PROJET				
Note de cadrage Cahier des charges	Étude de faisabilité Veille informationnelle	Listes de contrôle Plannings Budgets	Tableaux de bord Outils de gestion du temps Réunions et comptes rendus d'avancement	Bilan de projet Rapport de clôture Réunion/séminaire de clôture
Réunions de préparation, de cadrage, d'information et comptes rendus correspondants				
Pilotage de projet →				
Communication de projet →				

II Les modalités de pilotage du projet

Une équipe projet et un comité de pilotage sont désignés pour conduire le projet et vérifier que les délais et budgets sont respectés, que les actions de communication sont correctement menées.
Le contrôle s'opère par le biais d'indicateurs de performance : suivi budgétaire, suivi des ressources, suivi des délais, suivi des risques. C'est alors, et au regard de l'analyse des résultats (conformes ou non conformes aux objectifs), que des décisions seront prises pour adopter d'éventuelles mesures correctives. Le chef de projet devra alerter sa hiérarchie en cas de dérive sur les prévisions qui pourrait mettre en péril la réalisation du projet. Un bilan est établi en fin de projet afin de vérifier la conformité des résultats par rapport aux prévisions et confirmer l'atteinte des objectifs du projet.

© Nathan - La photocopie non autorisée est un délit.

3 Les indicateurs de suivi de projet

Les indicateurs de suivi de projet sont liés aux objectifs du projet. Ils permettent de préciser les résultats attendus et sont utiles pour définir les prévisions quantitatives et/ou qualitatives afin de vérifier les écarts entre les prévisions et les réalisations. Bien communiquer auprès des parties prenantes sur l'évolution des indicateurs choisis revêt un caractère indispensable pour le bon pilotage du projet.

I Les indicateurs clés de suivi de projet

Un indicateur est toujours lié à un objectif précis : il est quantitatif ou qualitatif. La définition de chaque indicateur doit être précise. Il faut clairement distinguer l'objectif (ex. : prendre contact avec nos 1 200 clients), l'indicateur choisi (ex. : nombre de clients contactés) et la valeur prise par cet indicateur à une date donnée (ex. : 852 clients contactés, soit 71 %).

1. Les caractéristiques des indicateurs de suivi

Pour être utile et opérationnel, un indicateur doit présenter les caractéristiques suivantes :

Être indépendant : il ne doit s'appliquer qu'à un seul objectif	
Ex. : **Projet :** restructuration d'un service dont la date cible est le 01/06/N **Action** (entrant dans le cadre de ce projet) : organiser une formation des salariés **Indicateur :** respect de cette contrainte de date impérative	
Être réel : il doit refléter le contenu essentiel d'un objectif	**Être orienté vers les cibles :** il précise ce qui est attendu des acteurs du projet
Ex. : **Objectif :** évaluer la satisfaction des clients **Indicateurs :** nombre de clients contactés, nombre de clients ayant répondu à l'enquête, nombre de clients satisfaits	Ex. : **Objectif :** prévoir la sauvegarde des données numériques par les salariés 10 jours avant le déménagement (20/06/N) **Indicateur :** nombre de salariés ayant procédé à une sauvegarde entre le 17 et le 19/06/N
Être vérifiable : il doit pouvoir être évalué par des personnes extérieures et indépendantes	**Être mesurable :** il doit pouvoir être évalué quantitativement et/ou qualitativement
Ex. : **Objectif :** respecter le budget alloué de 12 000 € **Indicateur :** cumul des dépenses actuellement engagées	Ex. : **Projet :** chantier de construction d'un immeuble **Objectif :** zéro accident sur le chantier **Indicateur :** nombre d'accidents sur le chantier

2. La représentation des indicateurs

Pour le suivi et la communication, il est indispensable de représenter les indicateurs de manière claire et synthétique, car cela facilite l'analyse.

La valeur d'un indicateur peut être représentée par un graphique : courbe d'évolution, histogramme pour comparer les valeurs prévues et réelles, diagramme de Gantt pour planifier les tâches dans le temps. Les indicateurs figurent généralement dans un tableau, appelé « tableau de bord », qui précise l'indicateur, la prévision, la réalisation, les ressources et le statut.

II Le choix des indicateurs pertinents

Les indicateurs sont choisis par le chef de projet et sont négociés avec l'équipe projet avant le démarrage du projet : ils peuvent évoluer. Il est important de choisir les indicateurs pertinents, propres à chaque projet. Les indicateurs généralement choisis sont ceux relatifs aux délais, au budget, aux ressources, à la qualité. Choisir des indicateurs de suivi de projet permet de gérer les prévisions mais également les imprévus. Le pilotage de projet doit adopter des indicateurs justes : trop ambitieux ou trop modestes, ils risquent d'influer sur la conduite du projet.

© Nathan - La photocopie non autorisée est un délit.

4 La communication de projet

La communication de projet peut se définir comme un ensemble cohérent d'actions et de supports de communication. Elle permet d'atteindre les objectifs du projet et facilite la compréhension du projet par tous les acteurs.

I Les objectifs

La communication de projet permet de préparer, d'organiser, de synthétiser et d'opérer le suivi des actions de communication d'un projet à destination des parties prenantes. Elle a pour finalité de favoriser l'implication de l'ensemble des acteurs et leur contribution à la réalisation du projet, en permettant de diminuer, voire de lever, les résistances éventuelles. Elle accompagne le pilotage du projet, depuis la préparation du projet jusqu'à sa clôture. Chaque message et support (sur papier ou virtuel) créé sera conforme à l'identité et aux valeurs de l'entité qui conduit le projet. À ce titre, la communication du projet doit intégrer les éléments de la charte graphique de la structure : logo, slogan, images, typographie, police, éléments graphiques, couleurs...

II Les groupes cibles

Il s'agit de déterminer les personnes (les cibles) qui doivent être atteintes par les actions de communication : cibles internes à l'organisation, par exemple les salariés, et cibles externes à l'organisation, par exemple les clients, les fournisseurs, les partenaires. La communication de projet auprès des groupes cibles vise à atteindre quatre objectifs :
- informer de l'existence du projet ;
- faire comprendre le projet ;
- faire collaborer au projet ;
- convaincre de l'utilité du projet.

Le message à diffuser pour atteindre ces quatre objectifs sera adapté aux différentes cibles. Par exemple, pour un projet de transformation d'une bibliothèque municipale en une médiathèque à vocation régionale, les employés (groupe cible interne) devront être régulièrement informés du changement organisationnel que le projet entraîne ; il faudra recueillir leur adhésion et leur collaboration pour que le projet réussisse. Les abonnés (cibles externes) devront être informés de l'existence du projet, peut-être des désagréments (fermeture momentanée des locaux), pour profiter, à l'issue du projet, de nouveaux services au-delà du prêt de livres (prêt de DVD, CD, mise à disposition de salles multimédia...). Au-delà des abonnés, il faudra informer un plus large public susceptible d'être intéressé par le projet.

III Les actions de communication

Le type d'action de communication est choisi en fonction des cibles (internes et externes) et du message à diffuser.

Pour les cibles internes, il pourra s'agir de réunions d'information sur le projet, de séminaires de présentation du nouveau produit, de diffusion régulière de courriels pour informer sur l'avancement du projet, de diffusion d'articles dans le journal interne...

Pour les cibles externes, des campagnes d'information pourront être mises en place, dans la presse par exemple, accompagnées d'un dossier de presse ou de communiqués de presse. La promotion du projet peut également être diffusée par voie d'affichage, par mailing (envois multiples de courriers ou de courriels), ou par diffusion numérique (site Internet, newsletter, réseaux sociaux)...

© Nathan - La photocopie non autorisée est un délit.

IV La conception du planning de communication de projet

Le dispositif de communication établi dans le plan de communication peut être formalisé sur toute la durée du projet. La planification de la communication peut alors prendre la forme d'un tableau faisant le lien entre le projet et la communication.
Le planning de communication de projet permet :
– de lister les informations nécessaires à la réalisation de chaque action de communication ;
– d'assurer le suivi de chaque action menée par les différents acteurs.

Le planning pourra être élaboré sur un logiciel tableur. Il comprendra les lignes et les colonnes suivantes, selon les besoins spécifiques du projet :

PROJET		PLANNING DE COMMUNICATION DE PROJET					
Étapes		Date prévue	Groupe cible	Message	Canal/ support	Émetteur	Statut
PRÉPARATION DU PROJET	Étape 1 Initialisation						
	Étape 2 Lancement						

Étape du projet	L'une des cinq étapes du projet : initialisation, lancement, organisation, exécution et suivi, clôture.
Date prévue/échéance	La date précise à laquelle l'action doit être réalisée : on pourra trier les actions par date pour avoir une vision chronologique des échéances.
Groupe cible	Les personnes qui doivent être atteintes par les actions de communication : cibles internes et externes.
Message	Le contenu du message doit être adapté aux destinataires ciblés (groupes internes et externes) et doit répondre à l'objectif poursuivi pour le projet.
Canal de communication/ support	Le moyen par lequel l'information va circuler doit être précisé : réunion, intranet, site Internet, réseaux sociaux…
	Le support sur lequel le message va être diffusé : diaporama, vidéo, article, journal interne, newsletter, courriel, courrier…
Émetteur	La personne ou le service chargé de la rédaction du message (en tenant compte des objectifs, des destinataires et du support).
Statut	Le suivi des actions peut être assuré par le tableau mis à jour. On utilise généralement un code couleur inséré sous forme de légende : actions réalisées (vert), actions en cours ou retardées (orange), actions non réalisées, actions bloquées, actions annulées (rouge).

© Nathan - La photocopie non autorisée est un délit.

5 La note de cadrage du projet

La note de cadrage est une synthèse qui vise à expliquer clairement l'idée du projet. Elle est pertinente dès lors qu'elle est totalement compréhensible par une personne externe à la structure. Elle précise le cadre du projet dans ses grandes lignes : la nature du projet, les acteurs concernés, les étapes, les délais, le budget envisagé, les contraintes et les risques éventuellement liés au projet.

I Les objectifs de la note de cadrage

La note de cadrage structure le projet. C'est d'elle que dépend le lancement du projet : c'est la toute première démarche à mener dans la phase d'initialisation du projet. Ce document peut s'enrichir au fur et à mesure de l'avancement du projet. La note de cadrage doit alors être datée et le numéro de la version sera précisé.

II La rédaction de la note de cadrage

La note de cadrage peut être rédigée en suivant la trame suivante :

[INTITULÉ DU PROJET]	NOTE DE CADRAGE	Date : Version n°: Auteur : Nom du fichier :
Quelle est la nature du projet ?	Préciser le périmètre du projet : ce qui est inclus dans le cadre du projet et ce qui ne l'est pas.	
Quels sont les objectifs ?	Indiquer les besoins exprimés et les résultats attendus en termes d'amélioration des produits ou services, de performances, de réduction de coûts, de qualité…	
Quelle est l'organisation du projet ?	Déterminer les instances du projet (si le projet l'exige) : comité de pilotage, groupe projet, groupes de travail. Désigner les acteurs du projet, internes et externes, ainsi que le chef de projet. Définir le rôle et la responsabilité de chaque acteur.	
Quels sont les délais ?	Définir les étapes du projet : – la date de début ; – les dates intermédiaires (jalons) ; – la date de fin (date cible).	
Quel est le budget ?	Estimer le coût alloué dans la globalité. Prévoir le budget alloué par étape et le budget alloué par ressource (ressources humaines, matérielles, logicielles…).	
Quels sont les risques ?	Envisager les cinq types de risques potentiellement liés au projet : organisationnels, techniques, financiers, humains, juridiques.	
Quelle est la communication adoptée ?	Établir le dispositif de communication : – définir les cibles (internes et externes) de la communication ; – concevoir les messages en fonction des destinataires ; – choisir les moyens de diffusion ; – fixer le calendrier de la communication.	
Quels sont les indicateurs à définir ?	Indicateurs relatifs au respect de la démarche. Indicateurs portant sur l'avancement des livrables. Indicateurs évaluant la qualité des livrables. Indicateurs relatifs aux délais. Indicateurs mesurant les coûts. Indicateurs évaluant la motivation de l'équipe.	

© Nathan - La photocopie non autorisée est un délit.

1 Rendre compte d'un travail réalisé (français-anglais)

MAÎTRISE

Situation

Michèle Tana vous demande de préparer en français et en anglais le message qui informera les partenaires extérieurs du déménagement de Medi-Terra.

Consignes

COM
1. **Rédigez le message, en français et en anglais.**
2. **Envisagez les supports sur lesquels le message sera rédigé ainsi que les différents modes de diffusion et la fréquence.**
3. **Vous rendez compte à Michèle Tana de votre réflexion et formulez des propositions à l'occasion de l'entretien qu'elle vous accorde.**

2 Participer à un entretien (français)

MAÎTRISE

Situation

Jeannette Pujal, directrice Réseaux et Développement chez Medi-Terra, se rend au travail actuellement à pied. Elle va devoir prendre les transports en commun (environ une heure le matin et une heure le soir) pour se rendre dans les nouveaux locaux. Michèle Tana doit la recevoir pour envisager les différentes possibilités et apporter les meilleures réponses à ces nouvelles contraintes. Elle vous demande de l'aider à préparer l'entretien.

Consignes

1. **Recherchez les renseignements précis sur la réglementation juridique en cas de déménagement d'entreprise, sur les défraiements et les indemnités de déplacement.**
2. **Réfléchissez à une argumentation sur l'aménagement éventuel des horaires de travail de Mme Pujal.**
3. **Vous assistez à l'entretien entre Michèle Tana et Jeanette Pujal. Mme Tana vous donne la parole pour exposer le résultat de vos recherches. Vous prenez une part active aux échanges.**

3 Communiquer par téléphone (anglais)

MAÎTRISE

Situation

Assan Nasser, de l'association égyptienne Sphinx Cairo, est inscrit au séminaire de trois jours organisé par Medi-Terra prévu au mois de septembre N. Il vous adresse un courriel demandant des précisions sur les nouveaux locaux, les moyens de transport pour s'y rendre et les hébergements alentour.
Il vous demande de l'appeler pour préparer son déplacement.

Consignes

1. **Recherchez sur Internet l'ensemble des informations demandées.**
2. **Préparez votre appel téléphonique en anglais.**

© Nathan - La photocopie non autorisée est un délit.

4 Préparer le projet d'accessibilité d'un espace culturel

MAÎTRISE

Situation

Un projet de création de café-spectacle est envisagé par une coopérative culturelle dans la ville de Bordeaux (33). Avant de débuter les travaux, le conseil de direction souhaite obtenir des précisions sur les travaux à réaliser pour favoriser l'accessibilité des personnes à mobilité réduite. Vous êtes chargé(e) d'accompagner la direction dans les démarches de réflexion pour mettre les locaux en conformité avec la réglementation et accueillir tous les publics.

Consignes

1. **Étudiez les éléments permettant d'anticiper les besoins du futur café-spectacle en matière d'accessibilité.**
2. **Résumez les informations réglementaires relatives à l'accessibilité.**
3. **Recensez les démarches administratives et les partenaires institutionnels susceptibles d'accompagner le projet (document 2).**
4. **Présentez l'ensemble des informations recueillies sous forme de tableau.**

Document 1 La description du projet de café-spectacle

Projet

Le futur café-spectacle se situera à 150 mètres du Conservatoire de musique. Actuellement, ce n'est encore qu'un local commercial de 320 m², avec deux appartements de 35 m² au premier étage. Le lieu a abrité successivement un garage, un supermarché et un cours de danse. Aujourd'hui, un scénographe et un architecte travaillent à la réaffectation des lieux. L'entrée de 100 m² sera transformée en café-espace de restauration. Une arrière-salle formera la future scène de 7 m × 7 m. En contrebas, un atelier de 100 m² sera transformé en espace d'accueil du public.
Début des gros travaux : juin prochain.

Budget

Près d'un million d'euros seront alloués au projet. L'ensemble immobilier est cédé au prix de 490 000 €, et le coût des travaux est fixé à 505 000 €. Ils concerneront aussi bien la création de sanitaires, de deux mezzanines, d'une cuisine, que des renforcements de charpente, d'étanchéité acoustique, de mises aux normes de sécurité et d'accessibilité.

Document 2 Vidéo : « L'accessibilité des établissements recevant du public »

VIDÉO

- **Titre :** « L'accessibilité des ERP »
- **Durée :** 3'27 minutes
- **Lien :** liennathan.fr/tz259d

© Nathan - La photocopie non autorisée est un délit.

Document 3 La réglementation en matière d'accessibilité aux lieux publics

La **loi du 11 février 2005**, entrée en vigueur le 1er janvier 2007, réaffirme le principe d'accessibilité pour tous et notamment aux personnes handicapées quel que soit le type de handicap. Elle redéfinit les critères d'accessibilité et les délais de mise en conformité. Ainsi, dix ans sont laissés aux établissements existants recevant du public, aux transports collectifs, aux communes et services de communication publique pour se mettre en conformité.

L'**ordonnance du 26 septembre 2014** met en place l'agenda d'accessibilité, obligatoire pour tous les propriétaires ou exploitants d'ERP qui ne respecteraient pas leurs obligations d'accessibilité au 1er janvier 2015. Cet outil permet, *via* l'engagement de réaliser des travaux dans un délai déterminé (jusqu'à 3 ans) de prolonger le délai prévu par la loi de 2005.

L'**arrêté du 8 décembre 2014** devient, au 1er janvier 2015, le référentiel des mesures pratiques d'accessibilité applicable à tous les ERP existants, ou aux ERP neufs créé dans un bâti existant. Les éléments concernés sont notamment :
- les cheminements extérieurs ;
- le stationnement automobile ;
- l'accès à l'établissement ;
- l'accueil du public ;
- les circulations intérieures horizontales ;
- les circulations intérieures verticales ;
- les tapis roulants, escaliers et plans inclinés mécaniques ;
- les portes, portiques et sas ;
- les sanitaires ;
- les sorties ;
- les cabines et espaces à usage individuels ;
- les caisses de paiement.

5 Réunir les éléments pour un projet de certification

EXPERTISE

Situation

L'Auberge des Pins est située à Contis-les-Bains dans les Landes (40). Les propriétaires, Naïma et Peter Lowel, sont engagés dans une démarche responsable vis-à-vis de l'environnement. Pour leur clientèle européenne très fidèle, ils proposent une cuisine locale et bio, et font une utilisation raisonnée de leurs ressources (eau, énergie solaire), des produits d'entretien et de la gestion de leurs déchets. Naïma et Peter ont pour projet d'obtenir la certification Ecolabel.

Ils vous demandent de les accompagner dans cette démarche. À l'aide de vos recherches, vous rassemblez les éléments très précis du dossier contenant les modalités, les coûts, le délai d'obtention et les avantages de ce projet de certification.

Consignes

1. Recherchez et définissez les étapes de la certification Ecolabel.
2. Évaluez les coûts relatifs à la certification.
3. Précisez les intérêts et avantages liés au projet de certification pour l'Auberge des Pins.
4. COM Présentez vos recherches et analyses sous forme de synthèse rédigée.

© Nathan - La photocopie non autorisée est un délit.

APPLICATIONS PROFESSIONNELLES

Document 1 La réglementation de l'écolabel européen

L'écolabel européen a été institué en 1992. Le règlement communautaire en vigueur aujourd'hui est le règlement CE n° 66/2010 du 25 novembre 2009. Il est applicable depuis le 20 février 2010. Il concerne les produits et les services. Le dispositif est porté par la Commission européenne et un site Internet est dédié à ce label : http://ec.europa.eu/environnement/ecolabel.

En France, l'organisme certificateur est l'AFNOR (Association française de normalisation) : www.afnor.org.

Toutes les informations relatives à la certification écolabel européen sont également disponibles sur le site www.ecolabels.fr.

Document 2 L'écolabel européen « Services d'hébergement touristique »

Écolabel européen et tourisme

Créé en 2003, l'Écolabel européen « Services d'hébergement touristique » a été adopté par un nombre croissant d'établissements en France et en Europe.

En apposant le label écologique européen, ces établissements touristiques affichent les engagements suivants :
- faible consommation d'énergie ;
- faible consommation d'eau ;
- faible production de déchets ;
- utilisation de sources d'énergie renouvelables et de substances moins nocives pour l'environnement ;
- communication et éducation des clients en matière d'environnement.

Ils répondent à des critères stricts décrits dans des cahiers des charges communs à tous les pays de l'Union européenne.

www.ecolabels.fr

Document 3 Vidéo : « Les logos environnementaux, l'écolabel européen »

VIDÉO

- **Titre :** « Les logos environnementaux, l'écolabel européen »
- **Durée :** 4'11 minutes
- **Lien :** liennathan.fr/vd27p5

© Nathan - La photocopie non autorisée est un délit.

Chapitre

2

Identifier les différents acteurs et leur rôle

ACTIVITÉ **2.1.** Préparation du projet
COMPÉTENCE Formaliser le cadre du projet
TÂCHE **2.1.2.** Identification des différents acteurs et de leur rôle

VERS PIX **1.1.** Mener une recherche et une veille d'information
2.2. Partager et publier
3.1. Développer des documents textuels

Situation professionnelle

L'association Medi-Terra intégrera ses nouveaux locaux en juin N+1. Michèle Tana, la présidente, souhaite que l'équipe projet soit formée au plus vite afin de passer à la phase opérationnelle.
Les 42 salariés de l'association sont occupés à temps plein et ne peuvent pas se consacrer uniquement à la réalisation du projet. La présidente souhaite donc constituer autour d'elle une équipe réduite. Cependant, elle a à cœur d'associer les 42 salariés à ce déménagement car elle sait qu'il engendrera du stress. Elle souhaite donc les informer régulièrement afin de partager ce projet et profiter également de leurs idées.

Comprendre le contexte

1. **Qui est responsable du projet ?**
2. **Quels sont les enjeux de la constitution d'une équipe projet efficace ?**
3. **Pourquoi Michèle Tana souhaite-t-elle associer l'ensemble du personnel au projet ?**

Découvrez l'association Medi-Terra en vidéo
liennathan.fr/pcy675

© Nathan - La photocopie non autorisée est un délit.

VOTRE MISSION

Michèle Tana doit constituer l'équipe avant la réunion de lancement du projet au cours de laquelle elle répartira les rôles et responsabilités des membres de l'équipe. Elle vous charge de l'accompagner dans cette tâche. Pour cela, elle met à votre disposition un certain nombre d'informations afin que vous prépariez le travail et fassiez des propositions.

TRAVAIL À FAIRE

I. Participer à l'organisation de l'équipe projet

1. Listez les parties prenantes au projet en distinguant les acteurs internes et externes. — Fiche ressource 1

2. Proposez une organisation de l'équipe projet :

a. Identifiez les compétences dont vous allez avoir besoin dans l'équipe projet. — Fiche ressource 2

b. Les facteurs de personnalité sont-ils à prendre en compte ? Justifiez votre réponse. — Annexes 1 2 3

c. Proposez quatre membres pour compléter l'équipe projet et justifiez vos choix.

d. Répartissez les rôles et responsabilités des acteurs, en utilisant un tableau de répartition des rôles.

COM **e.** Concevez une diapositive dans laquelle vous présenterez l'équipe projet et qui sera intégrée au diaporama de la réunion de lancement de projet.

II. Créer une dynamique de groupe

La réunion de lancement de projet a lieu et Michèle Tana souhaite obtenir l'adhésion de l'ensemble des membres de l'équipe projet.

3. L'équipe présente-t-elle bien les caractéristiques d'un groupe projet ? Justifiez.

4. Relevez dans les propos de Michèle Tana les éléments visant à instaurer une dynamique de groupe. — Fiche ressource 3

5. Quel est le style de *leadership* de Michèle Tana ? Quelles conséquences cela peut-il avoir sur le groupe ? — Annexe 4

6. Quelles sont les règles de fonctionnement du groupe proposées par Michèle Tana ?

7. Quel mode de décision préconise-t-elle ? Quelles en sont les conséquences ?

Plusieurs participants formulent des remarques ou des objections.

8. Quelle est l'attitude à adopter face aux réactions des membres de l'équipe projet ? — Annexe 5

9. Proposez des réponses qui pourraient être apportées aux objections.

III. Échanger les documents et les informations du projet

Lors de la réunion de lancement du projet, Michèle Tana fait part à l'ensemble de l'équipe de son souhait d'échanger les informations et les documents sur un espace collaboratif.

10. Dans l'attente de choisir et de mettre en place une plateforme collaborative, vous proposez à Michèle Tana de partager les informations et documents sur Google Drive.

a. Proposez une arborescence du drive qui permettrait de classer dans des dossiers et sous dossiers les documents liés à la communication sur le projet et aux différents documents produits par les membres de l'équipe.

© Nathan - La photocopie non autorisée est un délit.

b. Préparez votre drive en créant les dossiers nécessaires.

c. Enregistrez dans votre drive les documents que vous avez créés (tableau de répartition des rôles, diapositive pour la réunion).

11. Dans un tableau, attribuez à chaque membre de l'équipe les droits d'accès aux différents dossiers en tenant compte des attributions de chacun dans le projet et des droits proposés aux utilisateurs sur google drive.

Annexes 2 3

E5-B **12.** Completez la fiche descriptive de projet Medi-Terra utilisée dans le chapitre 1.

Chap2-annexe6.docx

DONNÉES DE LA SITUATION

Annexe 1 Entretien avec Michèle Tana – Lundi 4 décembre

Michèle Tana : « Bonjour Camille. »

Camille : « Bonjour Michèle. »

Michèle Tana : « La première réunion de l'équipe projet est programmée pour le 20 décembre. Il faut donc que je constitue l'équipe projet. J'y ai déjà travaillé et j'ai présélectionné 9 collaborateurs, les voici (elle remet la liste à Camille). Je souhaiterais avoir une équipe de 5 personnes, ce qui ferait 6 avec moi en tant que cheffe de projet. Je vous inclus dans l'équipe, bien entendu. Pourriez-vous me faire une proposition d'équipe d'ici la semaine prochaine ? J'arrêterai ma décision ensuite. »

Camille : « Oui bien sûr. J'ai commencé à consulter les fiches de poste des collaborateurs afin de tenir compte des compétences de chacun. J'ai également réalisé le relevé de leurs missions. Je vais simplement l'adapter pour n'y retrouver que les personnes que vous avez sélectionnées. »

Michèle Tana : « Très bien ! Vous pourrez également vous appuyer sur l'organigramme des tâches du déménagement que nous avons réalisé ensemble. Et puis, pour constituer une équipe efficace, il faudra tenir compte de la personnalité de chacun, de son adhésion au projet et du temps qu'il pourra y consacrer. »

Camille : « Il n'y a pas de problème, je les connais tous bien. Nous discutons souvent du déménagement à la pause repas. Les collègues sont assez satisfaits d'emménager dans des locaux neufs et spacieux. Par contre, Jarna et Lydia acceptent assez mal l'idée de déménager à 40 minutes d'ici. Jarna n'a pas son permis de conduire, elle vient travailler à pied. Lydia s'inquiète car elle va devoir s'organiser différemment pour ses enfants. »

Michèle Tana : « Peut-être que d'être impliquées dans le projet, cela les motiverait ! Jarna est très efficace dans son travail et a une grande aisance relationnelle. Lydia est elle aussi compétente et dynamique ; elle a une grosse capacité de travail. »

Camille : « C'est vrai que Lydia dispose de solides compétences en informatique. J'ai aussi pensé à Carlita pour que l'on puisse bénéficier de son expérience dans la conduite de projet. »

Michèle Tana : « Oui, effectivement, mais en ce moment, elle est très occupée par deux projets de développement. Elle assure de nombreux déplacements et je doute qu'elle soit suffisamment disponible. Jeannette l'accompagne sur ces deux projets. Elle est très prise également. »

Camille : « Que pensez-vous de Luccio ? Je ne le connais pas très bien. »

Michèle Tana : « Il remplit ses missions mais n'apprécie pas vraiment de travailler en équipe. Et Nino ? »

Camille : « Il m'arrive de travailler avec lui sur certains dossiers : il est très rigoureux. »

Michèle Tana : « C'est vrai, mais dommage qu'il ait un caractère spécial : il lui arrive, par exemple, de quitter les réunions quand il n'est pas d'accord. C'est difficilement envisageable dans un groupe projet. »

Camille : « Reste Aurélien qui adhère totalement au projet. Il est apprécié et c'est un bon communicant. »

Michèle Tana : « N'oubliez pas Laurent, notre secrétaire, qui est très organisé : il est habitué aux tâches et formalités administratives. »

Camille : « Très bien. Je tiendrai compte de vos avis et reviendrai vers vous très rapidement. »

© Nathan - La photocopie non autorisée est un délit.

Annexe 2 Organigramme des tâches

PROJET DE DÉMÉNAGEMENT

- **Logistique**
  - Inventaire du matériel et meubles à déménager
  - Sélection du déménageur (cahier des charges/appel d'offres)
  - Choix et commande du nouveau mobilier
  - Organisation et supervision des opérations de tri et d'emballage
- **Financier**
  - Établir le budget prévisionnel
  - Suivre le budget
- **Administratif**
  - Donner le préavis de départ des locaux actuels
  - Procéder aux changements d'adresse
  - Gérer les assurances
- **Informatique et télécommunications**
  - Organiser et superviser les sauvegardes informatiques
  - Faire transférer le parc informatique
  - Mettre en place l'espace de travail collaboratif (échange d'informations, de documents, suivi du projet)
  - S'occuper de l'installation et de la résiliation des lignes téléphoniques et Internet
- **Communication**
  - Communiquer auprès des salariés : annoncer le projet, les délais, l'équipe projet
  - Communiquer les consignes (tri, emballage)
  - Répondre aux questions (réunion et/ou entretiens personnalisés si nécessaire)

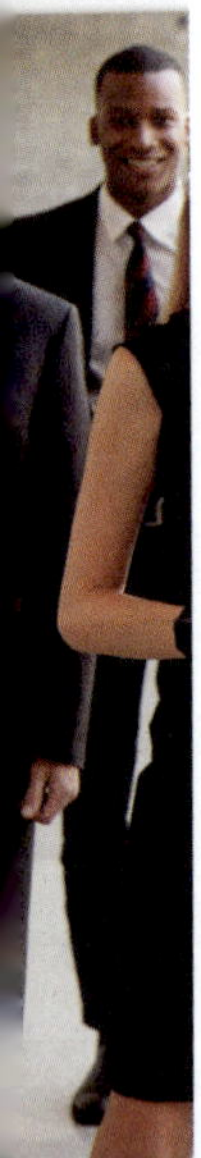

© Nathan - La photocopie non autorisée est un délit.

Annexe 3 Missions des salariés présélectionnés par Michèle Tana

	Missions
 **Laurent Jarrouch** Secrétaire	· Tient les registres de l'association · Rédige les procès-verbaux des assemblées et conseils d'administration · Prend en charge l'essentiel des tâches administratives ainsi que les déclarations en préfecture
Camille Bourgeois Collaboratrice ou collaborateur de la présidente	· Joue un rôle d'interface avec les interlocuteurs de l'association · Tient l'agenda de sa responsable · Organise et anime les réunions · Organise les déplacements des salariés de l'association en France et/ou à l'étranger · Seconde la présidente dans les tâches de gestion du personnel (recrutement, formation, congés)
 **Nino Kalvo** Contrôleur financier	· Supervise l'aspect comptable · Est chargé de l'analyse économique et prévisionnelle · Prépare les budgets
 **Jarna Baler** Directrice grands partenaires et publications	· Définit les secteurs d'activité et entreprises à prospecter · Définit la stratégie de collecte de fonds auprès d'entreprises mécènes · Prépare les RDV avec les partenaires · Développe les partenariats · Négocie les contrats
 **Carlita Puentes** Chargée de projet Développement économique	· Assure la veille territoriale · Rencontre les professionnels (start-up, CCI, incubateurs…) · Accompagne les chefs d'entreprise et les futures entreprises · Effectue les enquêtes de terrain · Conduit les projets
 **Jeannette Pujal** Directrice Réseau et développement	· Élabore les stratégies commerciales afin d'optimiser les résultats et agrandir, voire développer le réseau. Pour cela, elle met en œuvre des plans d'actions commerciales, de marketing et de communication
 **Aurélien Niloni** Chargé de communication	· Participe au développement de la notoriété de l'association · S'occupe de la promotion des événements et du suivi des campagnes de communication · Assure l'interface entre l'association et ses interlocuteurs · Conçoit les supports de communication
 **Lydia Kaouter** Responsable Système d'information et webmestre	· Assure la veille technologique · Détermine les besoins informatiques de l'association · Met en place le tableau de bord de performance du SI et en assure le suivi · Gère le site Internet · Gère les outils de travail collaboratif · Assure les formations pour les collaborateurs
 **Luccio Basso** Chargé de veille	· Assure des fonctions de veille en intelligence économique, sur l'évolution des métiers, l'entreprenariat… · Se rend dans les salons

© Nathan - La photocopie non autorisée est un délit.

Annexe 4 Extrait de l'intervention de Michèle Tana lors de la réunion du 20 décembre

« Merci d'être présents. Je vous ai réunis car vos compétences m'ont conduite à vous intégrer à l'équipe projet du déménagement.
Nous allons nous réunir à intervalle régulier jusqu'au mois de juin.
Afin de faciliter les échanges dans notre groupe, j'ai constitué une équipe restreinte, mais, bien sûr, l'ensemble des salariés sera régulièrement informé de l'avancement du projet. Nous leur adresserons la présentation du projet avec le rôle de chacun.
Voici quelques règles de fonctionnement que je souhaiterais que nous respections :
– Pour les échanges d'informations et de documents, je vous propose de travailler sur un espace de travail collaboratif. Lydia pourrait peut-être le mettre en place ?
– La présence aux réunions me paraît indispensable pour assurer la coordination du projet et en suivre l'avancement. Je pense qu'une réunion d'une heure environ tous les quinze jours devrait suffire. Entre les réunions, nous pourrions organiser des moments informels pour échanger sur le projet, par exemple déjeuner ensemble une fois par semaine.
– Avant d'arrêter une décision, je souhaiterais que nous en discutions tous ensemble.
Avez-vous des remarques ou des suggestions ?
Je vous remercie pour votre implication : ensemble, nous relèverons ce défi ! »

Annexe 5 Quelques réactions durant la réunion de lancement

Réaction n° 1

« Serait-il possible que la personne qui communiquera au personnel les consignes de tri et d'emballage prenne également en charge l'organisation et la supervision de ces opérations ? Cela paraîtrait logique. »

Réaction n° 2

« Je suis ravi de faire partie de l'équipe, mais je ne vois pas comment m'y consacrer alors que j'ai déjà une activité à plein temps et des délais très serrés avec le rapport annuel qui doit sortir à la mi-février. Les tâches qui me sont confiées sont assez lourdes, prendre en plus en charge la supervision des opérations de tri et d'emballage me paraît irréaliste. À moins qu'un aménagement de ma charge de travail soit envisageable ! Qu'en pensez-vous, Michèle ? »

Réaction n° 3

« Je tiens à signaler que, dans l'ensemble, tout le monde est ravi d'emménager dans des locaux neufs, mais il y a une inquiétude de la part de certains collègues pour lesquels le trajet domicile-travail va être allongé de 40 minutes voire plus, ce qui pose des problèmes d'organisation.

Il y a deux collègues qui n'ont pas le permis de conduire. Personnellement, je vais devoir partir de chez moi très tôt le matin ; la crèche de mes enfants ne sera pas encore ouverte et quand je rentrerai, elle sera fermée. Avez-vous pensé à des solutions ? Qu'allons-nous dire aux collègues pour les rassurer et, surtout, pour les aider à trouver des solutions ? »

© Nathan - La photocopie non autorisée est un délit.

1 Les acteurs du projet

Les acteurs du projet constituent les parties prenantes, c'est-à-dire l'ensemble des personnes et organisations ayant une part active au projet. Ce sont donc aussi bien des acteurs internes qu'externes.

I Les acteurs du projet

Un projet met en relation un certain nombre d'acteurs dont les rôles s'articulent ainsi :

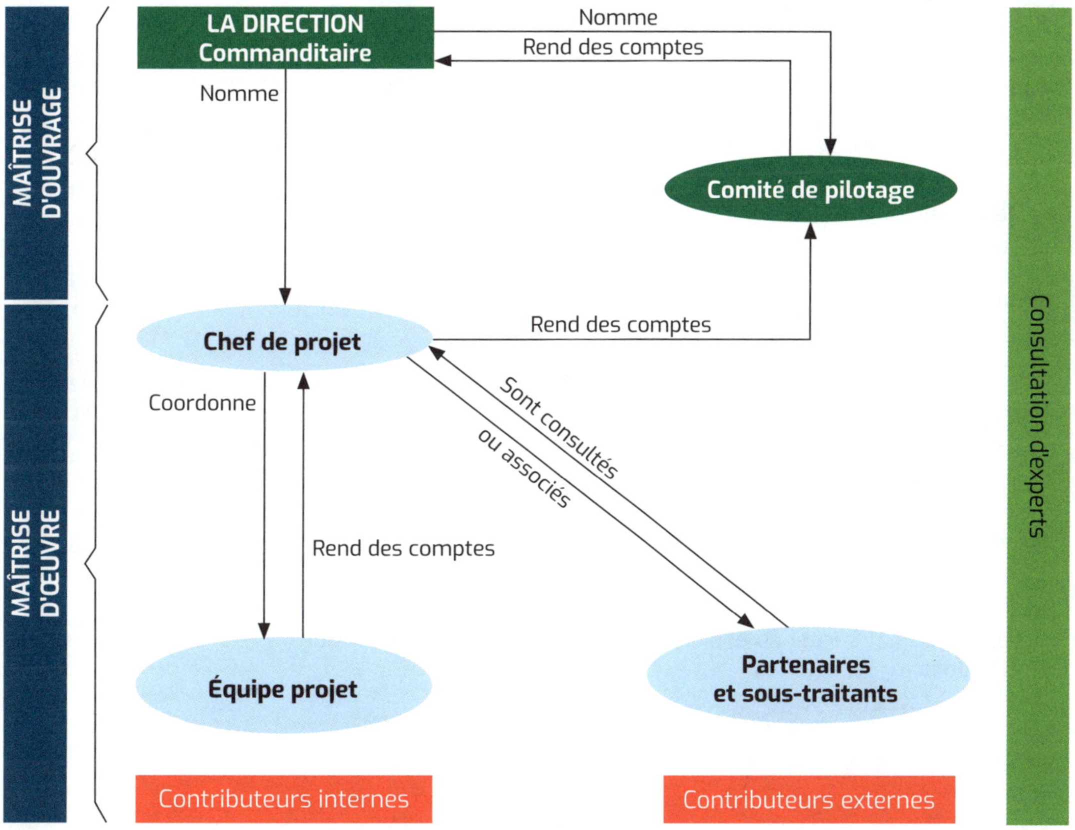

Cette organisation type variera selon l'ampleur du projet. Un projet simple comme la création d'un site Web ou la mise en place d'une démarche éco-responsable ne nécessitera pas forcément un comité de pilotage : ce rôle sera assuré par l'équipe projet. En revanche, un projet de grande ampleur comme l'implantation d'une filiale à l'étranger ou la restructuration d'une entreprise mobilisera davantage d'acteurs (groupes de travail thématiques, etc.).

© Nathan - La photocopie non autorisée est un délit.

II Le rôle des acteurs du projet

Un projet met en relation un certain nombre d'acteurs dont les rôles s'articulent ainsi :

LA MAÎTRISE D'OUVRAGE (MOA)	
Personne physique ou morale, nommée par la direction de l'entreprise pour laquelle l'ouvrage est réalisé (entreprise, administration, service…) et qui sera le propriétaire du projet, c'est-à-dire le commanditaire. Elle est constituée par le comité de pilotage.	
Le comité de pilotage	Il est constitué par un groupe de dirigeants chargé de veiller au bon déroulement du projet. Ce sont des décideurs qui vont mener les arbitrages nécessaires à la conduite du projet
LA MAÎTRISE D'ŒUVRE (MOE)	
Groupe d'acteurs constitué par un chef de projet et son équipe, garant de la réalisation du projet, le MOE est choisi par le MOA pour conduire le projet. La maîtrise d'œuvre peut être sous-traitée à un prestataire externe.	
Le chef de projet	Nomme et pilote l'équipe projet
L'équipe projet	Groupe composé de personnes qui assiste le responsable de projet, prépare et exécute les tâches
Les experts	Personnes internes ou externes à l'entreprise éventuellement consultées par la MOA ou la MOE pour apporter leur expertise au projet dans un domaine qui leur est propre (sécurité, finances, juridique, commercial…)
Les partenaires	Personnes externes nécessaires à la mise en œuvre du projet. Il peut s'agir d'acteurs divers (fournisseur, commune, conseil départemental, cabinet-conseil, banque, sponsor…)
Les sous-traitants	Certaines activités du projet peuvent être confiées à des entreprises sous-traitantes

© Nathan - La photocopie non autorisée est un délit.

2 L'équipe projet

L'équipe projet est formée par le chef de projet. Pour constituer une équipe efficace, il va devoir réunir les compétences adaptées au projet et choisir des personnes qui adhèrent au projet, qui ont une expertise métier, qui sont aptes au travail d'équipe et seront complémentaires en termes de compétences et de personnalité.

I Les caractéristiques du groupe projet

1. Un groupe restreint

Le chef de projet veillera à former un groupe restreint, composé de 3 à 20 personnes maximum, selon l'importance, la complexité et le type de projet. Il sera plus facile de favoriser la cohésion et l'esprit d'équipe, de faciliter les échanges dans un groupe restreint.

2. Un groupe formel

L'équipe projet constitue un groupe formel car il est formellement reconnu dans l'organisation ; par opposition, le groupe informel se forme de façon naturelle et spontanée et n'a pas d'existence officielle (ex. : des collaborateurs qui se retrouvent en salle de remise en forme).

3. Un groupe temporaire

Le groupe projet est constitué pour une durée déterminée. Il sera dissous lorsque le projet sera terminé. Le groupe pourra parfois être modifié dans sa composition au fur et à mesure du développement du projet.

II Les normes sociales du groupe

Comme dans tout groupe de travail restreint, l'équipe projet va agir selon une culture et des normes sociales communes.

	Définition	Exemples
Des valeurs	Ce sont des principes partagés par les membres du groupe qui donnent un sens aux actions.	Recherche du développement durable.
Des normes	Ce sont les règles de conduite qui encadrent les membres du groupe. Elles peuvent être formalisées dans des procédures ou des processus. Leur non-respect peut entraîner des sanctions.	Respect des délais fixés pour la réalisation des tâches du projet. Présence obligatoire aux réunions d'avancement du projet.
Des codes	Il s'agit de symboles qui indiquent l'appartenance à un groupe. Ce sont des codes verbaux et non verbaux.	Tutoiement au sein du groupe projet.
Des rituels	Ce sont des coutumes dont le rôle est de faciliter le sentiment d'appartenance.	Tous les matins, le groupe projet se retrouve devant la machine à café.
Une culture	C'est l'ensemble des connaissances, normes et valeurs qui vont donner au groupe un caractère unique. La culture de l'entreprise pourra influer sur le groupe.	Système de motivation et de récompenses instauré dans l'entreprise et dans les équipes projet.

© Nathan - La photocopie non autorisée est un délit.

III La répartition des rôles et responsabilités au sein de l'équipe projet

1. La répartition des rôles et des responsabilités

Le chef de projet va devoir déterminer les rôles et responsabilités de chaque acteur en fonction des compétences et des motivations de chacun. Il pourra utiliser des outils permettant de matérialiser la répartition des rôles et les responsabilités des acteurs.

2. Les outils de répartition des rôles et responsabilités

2.1 Le tableau de répartition des rôles

Ce tableau a pour fonction de clarifier la répartition des missions entre les membres d'une équipe.

	J. Bertin Chef de projet	J. Pélissier Assistant	L. Antonelli Webmestre	S. Colson Responsable communication
Budget	x			
Planification		x		
Site Web			x	
Communication interne				x

2.2 Le tableau de répartition des tâches

Ce tableau permet de représenter la répartition des tâches au sein d'un groupe de travail (service, groupe projet) ou de rééquilibrer les tâches entre les membres du groupe.

Tableau de répartition des tâches en heures					
Groupe projet : organisation du salon Bio du 20 mai N			**Durée : 1 mois**		
Activités ou tâches	J. Bertin Chef de projet	J. Pélissier Assistant	L. Antonelli Webmestre	S. Colson Responsable communication	**Total par tâche**
Budget	15 h	20 h			**35 h**
Planification	2 h	3 h		6 h	**11 h**
Site Web	6 h	4 h	17 h	15 h	**42 h**
Communication interne		3 h	6 h	2 h	**11 h**
...	...	...	...	...	
Total mensuel	**23 h**	**29 h**	**23 h**	**20 h**	**99 h**

On procède éventuellement à une analyse de la répartition de la charge de travail, globale et par activité. On vérifie la répartition équitable des tâches entre les membres du groupe, pour éventuellement réaliser des changements selon les compétences et le niveau de formation de chacun. On construit ensuite un nouveau TRT afin de procéder aux ajustements nécessaires.

© Nathan - La photocopie non autorisée est un délit.

3 Gérer et animer l'équipe projet

I Favoriser une communication orale efficace

1. Faciliter la communication

Pour rendre la communication orale efficace, le chef de projet devra adopter des attitudes qui facilitent la communication.

Faire preuve d'empathie	Les membres de l'équipe doivent avoir le sentiment d'être écoutés. Le chef de projet devra faire preuve de compréhension et éviter tout jugement de valeur.
Pratiquer l'écoute active	Il s'agit d'avoir une attitude positive et de la tolérance afin de favoriser les échanges d'opinions et créer ainsi un climat relationnel favorable à la communication. Ainsi, pendant une réunion, le chef de projet veillera à pratiquer la reformulation et le questionnement afin de vérifier la bonne compréhension du message.
Argumenter	Le chef de projet va tenter d'obtenir l'adhésion de son équipe en faisant valoir ses opinions. Il devra convaincre, sans tenter de manipuler ses interlocuteurs par l'usage des sentiments (la menace, la séduction, les émotions...).

2. Favoriser les échanges informels

À côté des réunions planifiées, l'équipe peut se rencontrer en dehors du cadre de travail, lors de la pause repas, par exemple. Cette façon de collaborer va renforcer l'esprit d'équipe et améliorer la communication.

3. Recadrer un collaborateur

Toute personne qui anime l'équipe projet peut être amenée à recadrer un membre qui ne respecterait pas les règles de fonctionnement mises en place. Le recadrage peut se faire au cours d'un entretien préalablement préparé. Il s'agira de dire au collaborateur ce que l'on attend de lui, en prenant soin d'être à son écoute et en le laissant s'exprimer.

II Créer une dynamique de groupe

Comme dans tout groupe restreint, la dynamique du groupe projet peut être définie par la manière dont le groupe fonctionne (règles, rituels...). Sa survie va être conditionnée par la cohésion qui unit les membres du groupe.

1. Créer la cohésion dans le groupe

Pour créer la cohésion dans son équipe, c'est-à-dire faire en sorte que les membres soient unis, le chef de projet devra combiner plusieurs facteurs.

Motiver son équipe	Pour instaurer une bonne communication, le chef de projet précisera les objectifs, les rôles et responsabilités de chacun. Il veillera à favoriser les échanges pour rendre l'équipe plus productive et développer sa capacité d'innovation. Il sera accessible et à l'écoute de ses collaborateurs.
Installer un climat de confiance	Pour susciter l'engagement des collaborateurs et favoriser un climat de confiance, le chef de projet devra leur laisser une marge d'initiative et de responsabilités. Il évitera d'imposer son autorité.
Développer le sentiment d'appartenance	Développer le sentiment d'appartenance au groupe par le fait de collaborer à la poursuite d'objectifs communs.
Faire preuve de reconnaissance	Féliciter ses collaborateurs lorsque le travail est bien fait. Il est important de valoriser les résultats de l'équipe ainsi que leur investissement.

▶▶▶

© Nathan - La photocopie non autorisée est un délit.

2. Trouver le bon leadership

Le leadership est la capacité du leader, de par son influence, à conduire les membres d'une équipe vers le but à atteindre.
Le chef de projet, considéré comme le leader du groupe, doit adopter le leadership nécessaire à la réussite du projet. Il doit être capable de résoudre des problèmes, de prendre des décisions, de négocier. Il exerce une influence sur les membres de son équipe qui, en général, adhèrent à ses idées.

Styles de leadership	Définition	Conséquences
Style directif	Le chef de projet commande et prend seul toutes les décisions. Le groupe doit s'exécuter.	Hostilité des membres du groupe.
Style participatif	Tous les membres du groupe participent à la prise de décision, le chef de projet favorise le dialogue et le travail en équipe. Il fournit des directives et des recommandations mais reste à l'écoute de son équipe.	Accroît la motivation, suscite la créativité et renforce la cohésion du groupe.
Style délégatif	Le chef de projet délègue des tâches à ses collaborateurs. Il est en retrait mais reste disponible et répond aux sollicitations. Il donne peu de directives.	Peu de relations avec le chef de projet, consignes parfois imprécises, autonomie et responsabilisation, risque de faible productivité du groupe.

3. Établir les règles de fonctionnement du groupe

Elles sont constituées par les règles de conduite qui définissent le cadre de travail du groupe. Ces règles doivent être définies le plus tôt possible par l'équipe au complet afin d'obtenir l'adhésion de tous les membres.
Elles peuvent être consignées par écrit dans des procédures (choix du mode de décision...) ou être imposées par les membres du groupe (assiduité, autonomie, confidentialité, transparence, fréquence et durée des réunions...).

III Mettre en place un mode de décision

Modes de décision		Avantages	Inconvénients
Mode de décision individuelle	Le leader prend seul la décision de manière autoritaire, et l'équipe l'applique.	· Prise de décision rapide	· Risque de non-adhésion du groupe à la décision · Nuit à la cohésion du groupe
Mode de décision collective	La décision est prise par l'ensemble du groupe.	· Les membres du groupe acceptent mieux la décision finale. · Permet de partager différents points de vue · Le potentiel de créativité du groupe est plus important que celui d'un individu.	· La prise de décision prend davantage de temps. · Les différentes prises de position peuvent engendrer des conflits dans le groupe. · Des personnes leaders peuvent influencer la prise de décision.

© Nathan - La photocopie non autorisée est un délit.

1 Communiquer sur le projet avec les salariés de Medi-Terra

MAÎTRISE

Situation

Michèle Tana souhaite communiquer sur le projet avec l'ensemble des salariés et a à cœur d'obtenir l'adhésion de tous. En vue de la réunion de présentation du projet qu'elle va prochainement organiser, elle vous demande de réfléchir à des solutions. Vous avez donc procédé à quelques recherches.

Consignes

1. **Présentez vos idées sous la forme d'une *check-list*.**

COM 2. **Dans une note qui servira de support à la réunion, faites part à Michèle Tana des solutions concrètes que vous proposez, en justifiant vos choix.**

Document « Quelques idées pour faire adhérer vos salariés au projet de déménagement »

Impliquez tous les salariés de l'entreprise quel que soit leur niveau hiérarchique. Il est primordial pour la réussite du projet d'associer les futurs utilisateurs au projet. Vous pouvez prévoir d'organiser des ateliers de discussion pour répondre aux questions concernant la logistique du déménagement, le futur espace de travail... Afin que les salariés soient représentés dans ces réunions, il convient de désigner un référent de chaque service et de les intégrer éventuellement au comité de pilotage. L'idéal est par exemple de les faire participer au choix du mobilier, de la décoration, à l'aménagement de son poste de travail...

Récoltez les besoins de chacun. Au cours de réunions, vous recueillerez les besoins détaillés de chacun : emplacement du poste de travail, mobilier, équipement, etc. Consultez la personne référente de chaque service pour qu'elle vous fasse remonter une check-list des besoins.

« Vendez » votre projet. Locaux plus modernes, plus spacieux, une salle pour la pause avec machine à café, canapés, parking... Afin d'accompagner le changement de lieu de travail, il convient d'accorder aux salariés des contreparties.

Accordez des contreparties. Tickets-restaurant afin de rassurer ceux qui ne peuvent pas rentrer déjeuner chez eux le midi ; prenez en charge les frais de transport. Ces contreparties contribueront à accompagner le changement.

Le livret d'accueil. Vous pouvez prévoir la conception d'un livret d'accueil qui facilitera l'intégration des salariés dans leur nouvel environnement de travail. Il présentera toutes les informations pratiques concernant le nouveau site : le plan des locaux, les restaurants d'entreprises situés près du site, les moyens de transport, les crèches et les lieux de loisirs à proximité (cinéma, salle de sport...).

L'après-déménagement. Pensez à consulter les salariés après le déménagement par le biais d'une réunion, réalisez une enquête de satisfaction quelques mois après.

Soyez à l'écoute. Trouvez des solutions aux problèmes de chacun. Le déménagement est un chamboulement pour certains : plus longue distance entre le lieu du domicile et les nouveaux locaux, problèmes de garde d'enfants. On peut réfléchir à l'assouplissement des horaires, une aide au déménagement, une crèche d'entreprise... Ces contreparties doivent être appliquées au cas par cas en fonction des besoins de chacun.

© Nathan - La photocopie non autorisée est un délit.

2 Recadrer un membre de l'équipe projet

MAÎTRISE

Situation

Vous avez animé une réunion de travail avec l'équipe projet afin de proposer d'acquérir un logiciel de TCAO (Travail collaboratif assisté par ordinateur). L'un des membres de l'équipe s'oppose formellement à l'utilisation des outils de travail collaboratif. Vous en faites part à Michèle Tana qui souhaite le recadrer afin que son comportement ne dégrade pas l'ambiance et la cohésion de l'équipe. Elle souhaite que vous le receviez tous les deux en entretien.

Consignes

1. **Préparez le plan de déroulement de l'entretien.**
2. **Notez vos arguments pour défendre la solution que vous avez proposée au cours de la réunion. Vous vous aiderez de recherches sur Internet.**
3. **Réfléchissez à des solutions pour convaincre Laurent et l'accompagner dans l'utilisation de cet outil.**

Document Votre prise de notes lors de la séance de travail

Camille : « On utilise beaucoup les mails pour communiquer et échanger sur le projet. Je trouve que ce n'est pas très pratique. On n'arrive pas à avoir la dernière version finalisée des documents. Il faut rechercher dans les mails et on perd beaucoup de temps. »
Aurélien : « Je suis d'accord avec toi, on s'envoie des fichiers lourds et ma boîte est constamment saturée. »
Lydia : « C'est vrai, on a tendance à abuser des mails, mais ce n'est pas pratique. J'ai pensé que l'on pourrait utiliser un logiciel de travail collaboratif. »
Camille : « J'y ai pensé aussi, c'est ce que je voulais vous proposer. J'ai commencé à faire quelques recherches. »
Lydia : « Je peux m'en occuper si tu veux, c'est ma partie ! »
Aurélien : « Très bonne idée. C'est bon : tout le monde est d'accord. »
Laurent : « Et moi, personne ne me demande mon avis ? Communiquer par mail, cela me va très bien. Je n'ai pas envie de perdre du temps avec un outil que je ne maîtrise pas et dont je ne vois pas l'utilité. »
Camille : « Une plateforme collaborative, c'est en fait... »
Laurent : « Ne te fatigue pas Camille, puisqu'apparemment mon avis n'intéresse personne. Je préfère partir. Continuez sans moi. »

3 Organiser une équipe projet pour l'organisation d'un défilé

EXPERTISE

Situation

La maison Laureen Bello (BL) est une société spécialisée dans le stylisme et le modélisme, elle est située dans le 18e arrondissement de Paris. Elle emploie 47 personnes. Elle a été créée il y a 8 ans par Laureen Bello. Elle a présenté de nombreuses collections et s'est distinguée dans la création de costumes de théâtre et de danse.
Vous êtes l'assistant(e) de Laureen Bello depuis 4 ans. Cette année, elle a été désignée « Marraine » et membre du jury du concours « European Fashion Prize » organisé par la Maison européenne des métiers de la mode (MEMM). À cette occasion, le jury a sélectionné 10 lauréats sur 200 candidatures issues de 15 pays européens. Laureen Bello souhaite organiser un défilé pour donner l'occasion aux jeunes lauréats de présenter leur collection afin de mettre en avant leur savoir-faire et se faire connaître du grand public. Le défilé se déroulera à Paris au mois de novembre prochain. Laureen Bello assurera le pilotage et la coordination de l'équipe projet. Elle vous demande de l'accompagner dans cette tâche.

© Nathan – La photocopie non autorisée est un délit.

Consignes

1. Listez les parties prenantes internes et externes du projet.
2. Proposez une équipe projet et justifiez vos choix.
3. Élaborez la liste des tâches du projet et concevez le tableau de répartition des rôles.

Document 1 Structure de la société et missions des collaborateurs

Laureen Bello : directrice

Office manager de Laureen Bello : il ou elle est chargé(e) des tâches d'assistanat classique (organisation de réunions, tenue de l'agenda du manager, organisation des déplacements...), il/elle participe à l'organisation d'événements... Il/elle est l'interface entre les partenaires internes et externes de la société.

Julia Verroni, responsable ressources humaines : elle assure la gestion de la paye et des temps de travail. Elle supervise un assistant RH, une collaboratrice chargée du recrutement et de la formation.

Nicolas Martin, responsable comptabilité-finances : il gère la comptabilité, la fiscalité et assure la gestion financière. Il supervise un comptable et une secrétaire comptable.

Sabrina Kadour, directrice marketing et commerciale : elle définit la stratégie commerciale de la marque, analyse le marché, pratique une veille concurrentielle. Elle supervise huit commerciaux en France et à l'étranger. Elle est secondée par **un chef de produit, Corentin Legendre**, qui intervient à chaque étape de la vie du produit, de sa conception par les stylistes à sa distribution dans les boutiques. Il assure la mise sur le marché des créations.

Angela Di-Michelli, directrice de la création : elle oriente et coordonne le travail entre les ateliers et la direction commerciale à partir des tendances de mode jusqu'à la présentation de la collection aux acheteurs. Elle supervise quatre stylistes, quinze couturières et quatre mannequins.

Maxime Costa, directeur de la communication : il valorise l'image de l'entreprise en réalisant des actions de communication. Il met en place le plan de communication annuel qui fixe à la fois les objectifs, les cibles, les messages et discours à tenir, conçoit des supports (plaquettes de présentation, outils commerciaux...), est responsable du site Internet, de l'événementiel (défilés..), des relations publiques (conférences, soirées...). Il est secondé par **un responsable communication, Louis Delcourt**, et supervise deux chargés de communication et un attaché de presse.

Document 2 Informations laissées par Laureen Bello

L'équipe sera composée de 4 personnes, 5 avec moi. Il est souhaitable que les membres de l'équipe soient suffisamment disponibles actuellement. Maxime Costa est très occupé par un projet en cours.

L'événement se déroulera au mois de novembre à Paris dans un lieu qui n'est pas encore déterminé. Il faudra compter environ 150 invités. Le défilé sera suivi d'un repas servi par un traiteur. Les stylistes lauréats du concours seront logés sur le lieu de l'événement, cela laisse supposer que ce lieu pourrait être un hôtel.

Il faudra contacter des agences pour le recrutement des mannequins.

Un membre de l'équipe projet se chargera de la scénographie et de la chorégraphie pour le défilé en relation avec les lauréats du concours. Des réunions à distance seront organisées avec les stylistes. Cela suppose que des membres de l'équipe maîtrisent parfaitement l'anglais. Au service commercial et communication, tout le monde a un très bon niveau en anglais.

Nous aurons besoin de prestataires externes (caméraman, ingénieur du son, décorateur...).

La personne qui se charge de la communication de l'événement doit avoir des compétences en la matière. Je souhaite une communication dans la presse, sur notre site Internet et bien sûr sur les réseaux sociaux.

Une personne se chargera de la logistique du défilé et des relations avec les stylistes.

Une évaluation des coûts du projet doit être réalisée au plus vite.

Nous ferons le point à mon retour.

Bonne journée, LB.

© Nathan - La photocopie non autorisée est un délit.

4 Créer une dynamique de groupe au sein de l'équipe projet

EXPERTISE

Situation

La société Naturea Cosmétique est spécialisée dans la fabrication et la vente d'une gamme de produits cosmétiques naturels pour hommes et pour femmes. Elle a été créée en 1994 par son actuel directeur Laurent Duprès. Son siège social est situé à Saint-Tropez. Deux nouvelles filiales ont été créées en 2015, une à Aix-en-Provence et une à Draguignan. À sa création, Naturea employait 23 personnes ; l'effectif compte aujourd'hui 80 salariés. Elle est présente dans 50 pays à travers le monde et réalise 20 % de son chiffre d'affaires à l'exportation. En N, l'entreprise a réalisé un chiffre d'affaires de 24 millions d'euros. Elle souhaite poursuivre sa croissance. Pour cela, Alexis Duprès souhaite créer un site de e-commerce. Pour mener à bien ce projet, il a constitué une équipe composée de cinq personnes : deux responsables commerciaux (Olivia Mendès, du site de Saint-Tropez, et Léo Duriet, du site d'Aix-en-Provence), la responsable de communication Lisa Clément (Saint-Tropez), lui-même en tant que chef de projet, et vous-même qui le secondez dans la réalisation et le suivi de ce projet. Alexis Duprès a du mal à dynamiser cette équipe, qui manque de cohésion et de motivation.

Consignes

1. **Quel est le problème soulevé par Alexis Duprès concernant le groupe projet ?**
2. **Proposez des solutions pour créer la cohésion nécessaire au bon fonctionnement de l'équipe et à la réussite du projet. Menez les recherches nécessaires. Justifiez vos propositions.**

Document Entretien avec Alexis Duprès, directeur de Naturea Cosmétique

Vous : « Bonjour monsieur Duprès, vous vouliez me voir ? »

A. Duprès : « Oui, je vous en prie, asseyez-vous. Je voulais vous parler de notre équipe projet concernant le site de e-commerce. Notre équipe a du mal à démarrer, elle manque de dynamisme. Il n'y a pas d'esprit d'équipe. »

Vous : « Oui, je suis d'accord, il y a peu de communication dans le groupe. Il est difficile de savoir où chacun en est de ses tâches. Je pense que cela vient aussi du fait que nous nous connaissons peu : Olivia est arrivée dans la société il y six mois, et Léo est à Aix, ce n'est pas facile. »

A. Duprès : « Je tiens vraiment à ce projet, je veux qu'il réussisse. Je compte sur vous pour trouver des solutions pour créer une dynamique dans l'équipe et pour collaborer efficacement. Au fait, j'ai entendu parler du *team building* comme solution de cohésion d'équipe. Ce serait bien de faire quelques recherches afin de pouvoir s'en inspirer. »

Vous : « Très bien, vous pouvez compter sur moi… »

© Nathan - La photocopie non autorisée est un délit.

Chapitre

3 Planifier le projet

ACTIVITÉ **2.1.** Préparation du projet
COMPÉTENCE Formaliser le cadre du projet
TÂCHE **2.1.3.** Planification du projet

VERS PIX **1.2** Gérer des données
2.3 Collaborer

Situation professionnelle

Le projet de déménagement de l'association Medi-Terra a bien avancé : l'aménagement des nouveaux locaux du parc d'activités Eurêka à Montpellier est pratiquement terminé. Un appel d'offres a permis de choisir l'entreprise de déménagement qui s'occupera des cartons ; une autre entreprise, InfoService, s'occupera de désinstaller, transférer et réinstaller le matériel informatique. Une troisième entreprise, AlphaClean, dispose déjà de l'ensemble des consignes pour le nettoyage des locaux.
Nous sommes le vendredi 25 mai, la date du déménagement est arrêtée pour les trois premiers jours de la dernière semaine du mois de juin, soit les 25, 26 et 27 juin.
Nous entrons dans une phase finale où les tâches sont encore nombreuses alors qu'il reste peu de temps. Michèle Tana, la chef de projet, en est consciente et vous demande de gérer avec elle cette contrainte de temps : elle a besoin de disposer d'un schéma global de travail à accomplir jusqu'à la date butoir et aimerait disposer d'un outil lui permettant de suivre son avancement pour agir au plus vite en cas de risque de retard.

Comprendre le contexte

1. Quelle est la date cible du projet ?
2. Selon vous, pourquoi est-il nécessaire de disposer d'un outil de planification du projet ?
3. Quelles sont les personnes qui devront avoir connaissance de ce document ? Justifiez votre réponse.

Découvrez l'association Medi-Terra en vidéo
liennathan.fr/pcy675

© Nathan - La photocopie non autorisée est un délit.

VOTRE MISSION

Nous sommes à cinq semaines du déménagement et il reste encore beaucoup à faire ! Vous suggérez à Michèle Tana de détailler précisément les tâches à accomplir sur les semaines à venir et d'utiliser un outil qui permettra de suivre les délais jusqu'à la date finale.

TRAVAIL À FAIRE

I. Repérer les phases du projet

Fiche ressource 1 — Annexes 1 2

1. Le projet est bien avancé et l'entreprise de déménagement est mobilisée pour le 25 juin : quel est le risque majeur aujourd'hui ?

2. Pour avoir une vision globale du travail à faire, vous avez découpé votre projet en quatre phases. Proposez un titre pour chacune d'elles.

3. Proposez un livrable destiné à marquer la fin de chacune des phases.

II. Mesurer la contrainte de temps

Fiche ressource 2 — Annexe 2

4. Cinq semaines nous séparent du 25 juin. Combien de jours ouvrés cela représente-t-il ? (Vous tiendrez compte des week-ends mais négligerez, par simplification, les éventuels jours fériés.)

5. Vous avez listé les tâches à réaliser pour chaque phase et avez estimé leur charge de travail à 35 journées. Cela signifie-t-il que nous ne pourrons pas respecter la date cible du 25 juin ? Justifiez votre réponse.

III. Ordonnancer les tâches

Fiche ressource 3 — Annexe 2

6. Comparez les tâches C et G. Laquelle est simple, laquelle est complexe ? Justifiez.

Vous avez identifié les tâches qui peuvent être réalisées en parallèle et celles qui doivent être réalisées successivement, puis vous avez tracé un schéma simplifié d'ordonnancement des tâches (PERT).

Fiche ressource 4 — Annexe 3

7. Surlignez le chemin critique. En combien de jours pouvez-vous réaliser l'ensemble des tâches ? La date cible est-elle atteignable ?

8. Pourquoi faut-il suivre tout particulièrement les tâches situées sur le chemin critique ?

IV. Informer les salariés

Annexe 4

Vous préparez une note d'information à destination des salariés afin qu'ils se rendent disponibles à certaines dates clés.

COM **9.** Rédigez la note à l'attention des salariés.

Après diffusion de votre note, vous avez reçu quelques mails de salariés inquiets qui redoutent de manquer de temps pour trier et emballer les dossiers dans les cartons.

10. Vous avez affecté quatre journées aux salariés pour trier et emballer leurs dossiers dans des cartons (tâches J et L). Disposez-vous d'une marge ? Justifiez.

11. Allez-vous pouvoir rassurer les salariés ?

© Nathan - La photocopie non autorisée est un délit.

V. Préparer un diagramme de Gantt

Fiche ressource 4
Annexe 5

12. Quelle information n'apparaissant pas sur votre PERT pourrait vous être donnée par un diagramme de Gantt ?

13. À l'aide de l'ensemble des éléments à votre disposition, repérez les dates de début et de fin pour chaque tâche (annexe 5 à compléter).

Michèle Tana souhaite disposer d'un support plus élaboré permettant un suivi des délais et calculant automatiquement les éventuels retards. Vous avez sélectionné quelques outils de planification.

Fiche ressource 5

14. Sélectionnez l'outil de planification que vous souhaitez utiliser. Argumentez votre choix.

15. Saisissez votre planning dans ce logiciel.

VI. Suivre les délais du projet

Nous sommes le 20 juin. Vous avez relevé quelques retards pris sur certaines tâches.

Fiche ressource 6
Annexe 6

16. Construisez un tableau de suivi des livrables, sur le logiciel de votre choix.

17. Mettez à jour les informations dans votre logiciel de planification et imprimez une liste de contrôle.

COM **18.** Rédigez une courte note à l'attention des membres de l'équipe projet dans laquelle vous ferez un point sur le respect des délais jusqu'au 20 juin. Vous présenterez aussi les délais à respecter et les marges possibles pour la dernière phase du projet. Vous annexerez la liste de contrôle établie précédemment.

E5-B **19.** Complétez la fiche descriptive du projet Medi-Terra utilisée dans les chapitres 1 et 2.

Chap3-annexe7.docx

DONNÉES DE LA SITUATION

Annexe 1 Dates et échéances importantes du projet

Vous avez photographié le tableau du projet, placé dans votre bureau, qui comporte divers messages liés aux échéances :

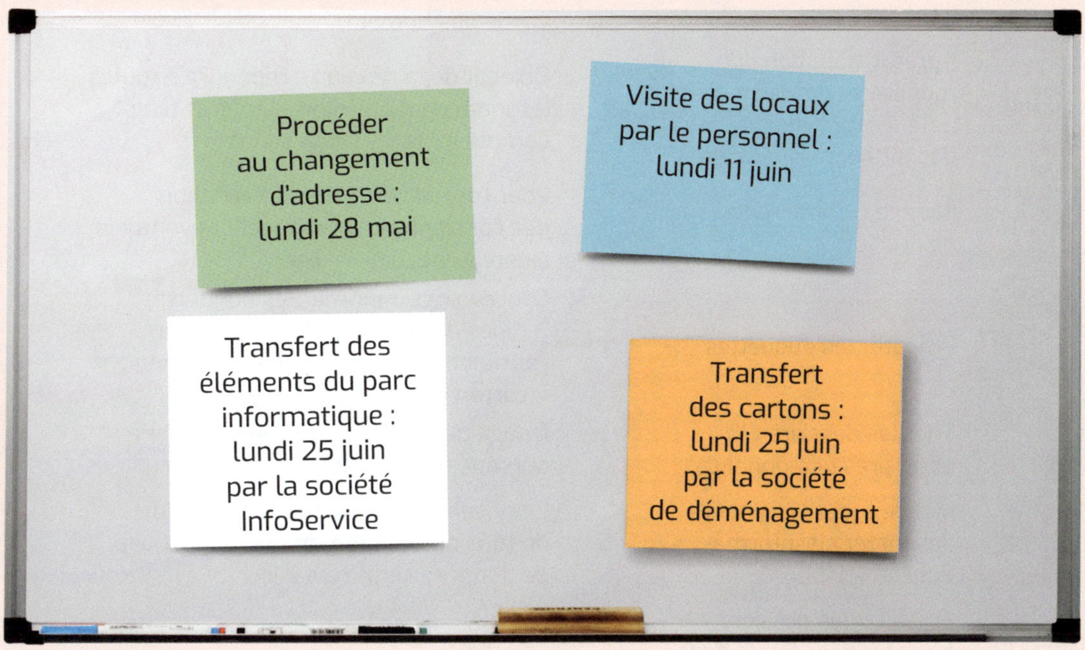

© Nathan - La photocopie non autorisée est un délit.

DONNÉES DE LA SITUATION

Annexe 2 Liste des tâches

Phase	Tâche	Description	Durée (jours)	Observations	Livrable ?
Préparation des nouveaux locaux	A	Procéder au changement d'adresse	1	Urssaf, Sécurité sociale, préfecture, impôts, La Poste Mettre à jour les abonnements presse Prévenir nos partenaires	
	B	Établir un plan précis des nouveaux locaux pour installation du personnel et des mobiliers	2	Prévoir schématiquement la place du mobilier Préciser les noms des salariés dans chaque bureau Marquer emplacement prise téléphone et connexion Internet pour chaque bureau *Document à adresser au prestataire mobilier pour livraison et répartition du nouveau mobilier (sera transmis aux salariés de l'entreprise ; sera transmis à la société informatique)*	
	C	Contacter prestataire InfoService pour faire ouvrir les lignes téléphoniques et connexion Internet dans les nouveaux locaux	3	Envoyer le plan des locaux par mail Le fournisseur devra intervenir physiquement dans les locaux pour installer le serveur téléphonique et l'accès Internet.	
	D	Après connexion Internet, déclencher la livraison du mobilier neuf par MobilierPro	5	Transmettre le plan des locaux Prévoir un personnel interne pour pointage Une fois le travail terminé, MobilierPro laisse un bon de livraison et installation + schéma validé des bureaux meublés	
Donner les consignes aux employés	E	Préparer les consignes déménagement	2		
	F	Rédiger et diffuser la note d'information aux salariés	1	La note précisera que nous avons prévu 1 journée de préparation au déménagement : visite des locaux le matin (après installation du mobilier), réunion l'après-midi. La note sera accompagnée des consignes de déménagement, des détails exacts de la nouvelle adresse et du schéma validé des bureaux.	
	G	Après installation du mobilier et diffusion de la note d'information, visite des locaux puis réunion	1	Objectif de la réunion : répondre à toutes les interrogations des salariés et tenir compte de leurs suggestions	
	H	Faire le compte rendu de réunion	1	Pour formaliser la bonne réception des consignes au personnel et éventuels ajustements à la marge	
Préparation du déménagement	I	Préparer les étiquettes	1	Concevoir et imprimer les étiquettes : 2 types d'étiquettes disponibles sur l'intranet (« informatique et téléphonie », « carton »)	
	J	Trier les dossiers et affaires personnelles	2	Il s'agit d'éliminer les dossiers et affaires qui sont anciens ou qui ne sont plus utilisés.	
	K	Mettre à jour l'inventaire des matériels informatique et téléphonie	5	Cet inventaire sera réalisé avec l'aide de tous nos collaborateurs. Notre base de données sera mise à jour.	
	L	Emballer les dossiers à garder dans les cartons	2		

▪▪▪

© Nathan - La photocopie non autorisée est un délit.

Annexe 2 Liste des tâches (suite)

	M	Étiqueter les cartons et le matériel informatique inventorié	1	À partir des étiquettes mises à disposition sur l'intranet	
	N	Faire une liste récapitulative de tous les matériels à emporter	1		
Finalisation du déménagement	O	Une fois les matériels à emporter étiquetés, désinstaller le parc informatique et téléphonie	1	Désinstallation du parc dans les anciens locaux Ces opérations seront effectuées par InfoService	
	P	Transférer le parc informatique et téléphonie	1	Prise en charge par InfoService	
	Q	Installer le matériel informatique selon le plan	2	Réinstallation, mise en service du matériel dans les nouveaux locaux (par InfoService)	
	R	Déménagement des cartons	1	Prise en charge par l'entreprise de déménagement	
	S	Déballage des cartons, installation dans les locaux	1	Par chaque salarié	
	T	Test matériel informatique Remplir le document « état d'installation »	1	Par chaque salarié	

Annexe 3 Formalisation d'un PERT simplifié

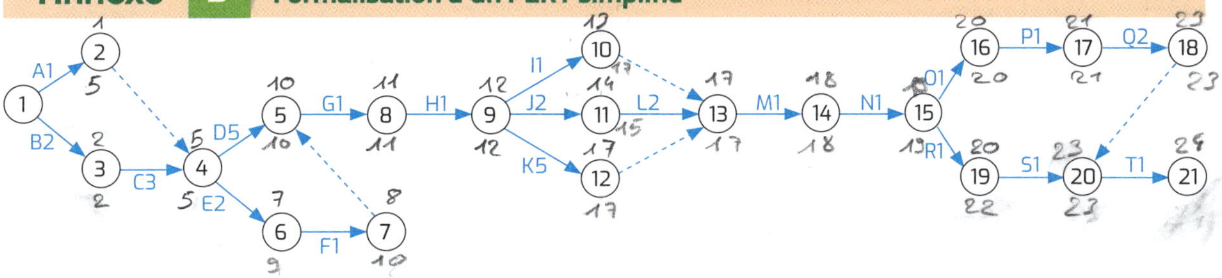

Annexe 4 Liste des points à mentionner pour les consignes aux salariés

Préciser les dates clés :

– Visite des locaux le 11 juin au matin
– Réunion le 11 juin après-midi
– Déménagement des cartons le 25 juin
– Déménagement du matériel informatique le 25 juin

Préciser le rôle des salariés :

– Les salariés disposeront de deux jours (mercredi 13 et jeudi 14 juin) pour trier l'intégralité de leur bureau : vérifier l'archivage des dossiers, jeter les dossiers inutiles, trier les effets personnels…
– Deux autres journées (vendredi 15 et lundi 18 juin) seront consacrées au rangement des dossiers dans les cartons, en veillant à trier correctement les dossiers afin de ne

pas démultiplier le nombre de cartons à déménager.
– Les cartons seront étiquetés avec précision. Ils seront stockés en salle de réunion.
– Les étiquettes seront à disposition de tous sur l'intranet de l'entreprise à partir du mercredi 13 juin.

© Nathan - La photocopie non autorisée est un délit.

Annexe 5 Positionnement des dates sur un calendrier (à compléter)

Phase	Tâche	Durée (en journées)	Début	Fin
	A	1	Lundi 28/05	
	B	2		
	C	3		
	D	5		
	E	2		
	F	1		
	G	1		
	H	1		
	I	1		
	J	2		
	K	5		
	L	2		
	M	1		
	N	1		
	O	1		
	P	1	Lundi 25/06	
	Q	2		
	R	1	Lundi 25/06	
	S	1		
	T	1		

Annexe 6 Le point sur les délais au 20 juin

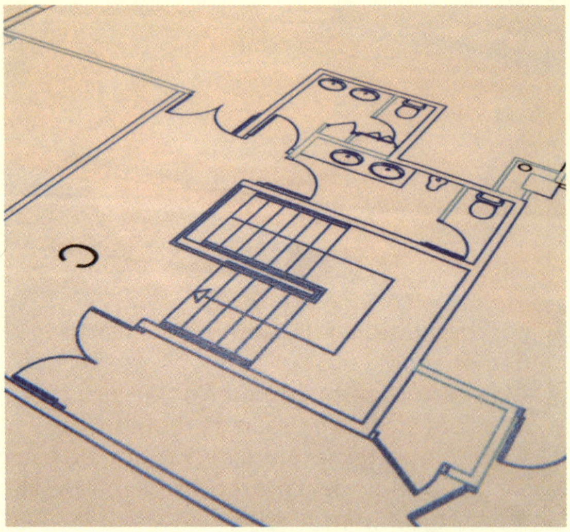

L'élaboration du plan précis des locaux (tâche B) a été plus compliquée que prévu. Le bureau dédié initialement à un personnel handicapé n'était pas assez fonctionnel et a nécessité de réorganiser, à la marge, la répartition des bureaux entre les salariés. Le plan final a été prêt après trois journées de travail au lieu des deux journées initialement prévues.

L'entreprise a livré et réparti les mobiliers (tâche D) en quatre jours au lieu de cinq initialement prévus.

Le tri des affaires personnelles (tâche J) a nécessité trois journées au lieu de deux.

© Nathan - La photocopie non autorisée est un délit.

1 L'intérêt de planifier un projet

I Les objectifs de la planification

La planification du projet consiste à déterminer les différentes phases et tâches élémentaires du projet et à organiser leur enchaînement. Elle tient compte des contraintes (de coût, de délais...) et des ressources (humaines, techniques...) pour proposer un enchaînement des tâches le plus efficace possible.

II La gestion du temps, un enjeu

1. Le risque majeur du projet

Par définition, les projets se déroulent sur un temps limité qu'il faut respecter. La problématique principale d'un projet repose sur le respect des délais.

2. La planification et la gestion des délais

Sans planification, le chef de projet et son équipe navigueraient à vue sans avoir conscience de l'état d'avancement du travail. Avec la planification, au contraire, ils détiennent une **vision globale du projet** et de son déroulement jusqu'à la date butoir.

La planification permet aussi de prévoir des **marges de sécurité et/ou scénarios de secours**, à des moments clés afin de garantir la continuité du projet.

En mettant en place des **indicateurs de contrôle de l'avancement du travail**, la planification permet enfin de mesurer et signaler un éventuel retard sur une tâche, ce qui permettra au chef de projet de mettre en place une solution de secours afin que l'ensemble du projet puisse se dérouler dans les temps.

III Le découpage du projet dans le temps

La conduite d'un projet repose sur son découpage chronologique en plusieurs **phases**. Chaque phase doit préciser les **tâches** (ce qui doit être fait), les **ressources** (avec quels moyens), les **livrables** (les résultats à produire) et les **jalons** (événement marquant la fin de la phase).

Le livrable est un résultat (produit, maquette...) ou un document (rapport, appel d'offres, contrat, mode d'emploi, plan de communication...) qui marque la fin du projet ou la fin d'une phase dans le projet. Le livrable est une production réelle, tangible, mesurable.

Le jalon est la fin d'une phase intermédiaire au projet. Il est généralement lié à un événement clé, à une date importante, à la fin d'un travail important. **Le passage des jalons permet de contrôler l'avancée – ou le retard – du projet.**

Exemple : Projet d'organisation de trois jours de séminaire de fin d'année.

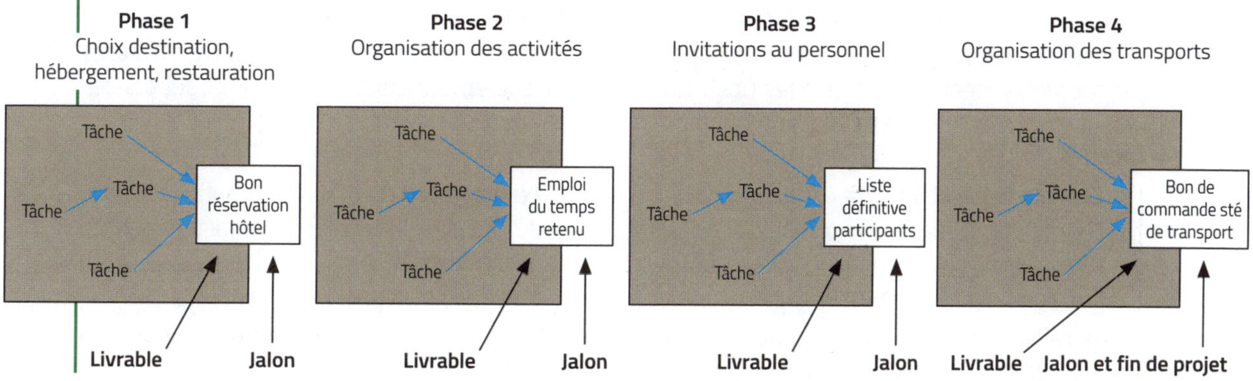

© Nathan - La photocopie non autorisée est un délit.

2 Le besoin d'ordonnancement des tâches

Pour planifier un projet, il faut calculer par avance la durée nécessaire à sa réalisation, du début à la fin. Pour cela, il faut calculer un temps nécessaire à chaque phase et donc un temps nécessaire à chaque tâche.

I La définition des tâches et de leur charge de travail

1. La notion de tâche

Les phases du projet sont constituées de plusieurs tâches. Les tâches correspondent à des **actions à mener** pour aboutir à un résultat (un livrable).

Exemple : Projet « Organisation d'un séminaire de trois jours » : liste des tâches pour la phase 2 « Organisation des activités » :

- Lister les activités proposées par le prestataire hébergement
- Contacter l'office du tourisme local
- Contacter l'agence de voyages
- Dresser la liste des possibles
- Étudier la faisabilité en fonction du nombre de personnes
- Calculer les coûts
- Réunir l'équipe projet pour faire un choix
- Mettre en forme l'emploi du temps sur trois jours

2. L'association d'une tâche à une charge de travail

Pour chaque tâche, il s'agit d'estimer un **temps nécessaire mesuré en nombre de journées-homme.** Combien de temps faut-il pour réaliser cette tâche ?

Exemple (suite) : Estimation des temps nécessaires (en journées) :

- Lister les activités proposées par le prestataire hébergement	2	- Étudier la faisabilité en fonction du nombre de personnes	2
- Contacter l'office du tourisme local	1	- Calculer les coûts	3
- Contacter l'agence de voyages	2	- Réunir l'équipe projet pour faire un choix	1
- Dresser la liste des possibles	5	- Mettre en forme l'emploi du temps sur trois jours	2

Généralement, le total des journées de travail nécessaires à la réalisation de l'ensemble des tâches est supérieur au nombre de jours à disposition jusqu'à la date cible. C'est pourquoi il faut ordonnancer les tâches entre elles.

Exemple (suite) : La réalisation de l'ensemble des tâches requiert 18 journées. Nous sommes le 25 mars et cette phase doit être terminée le 3 avril au plus tard : nous disposons donc de seulement 8 jours sur le calendrier...

II Le principe de l'ordonnancement des tâches

L'ordonnancement consiste à organiser, à **agencer de façon méthodique les tâches entre elles** de façon à trouver un ordre qui permette de les réaliser sur une durée la plus courte possible. Pour cela, on repère les **séquencements** et les **parallélismes** possibles.

Certaines tâches sont obligatoirement traitées **séquentiellement**, c'est-à-dire les unes après les autres, car elles dépendent les unes des autres.

Exemple (suite) : La tâche « Mettre en forme l'emploi du temps sur trois jours » ne peut être réalisée qu'après la tâche « Réunir l'équipe projet pour faire un choix »

Certaines tâches peuvent être traitées **parallèlement** car elles sont indépendantes les unes des autres.

Exemple (suite) : Les tâches « Contacter l'office du tourisme local » et « Contacter l'agence de voyages » peuvent être réalisées en parallèle car elles sont indépendantes.

Les parallélismes permettent de **raccourcir les délais** (sans réduire le nombre de journées-homme). Ils nécessitent parfois l'intervention de plusieurs personnes (ressources).

© Nathan - La photocopie non autorisée est un délit.

3 La recherche du chemin critique

I La prise en compte des tâches simples et des tâches complexes dans le calcul de la durée du projet

1. Les tâches simples

Certaines tâches ne sont précédées que d'une tâche antérieure. Dans ce cas, la durée de l'ensemble correspond à la somme des journées de travail.

Exemple : La tâche « Sélection du mobilier pour l'emplacement » ne peut être commencée que lorsque la tâche « Réservation emplacement salon » sera terminée puisque le mobilier doit être adapté à la surface et à la configuration de l'emplacement. Ces deux tâches nécessitent 1 + 2 journées-homme de travail, donc une durée de 3 jours pour l'ensemble.

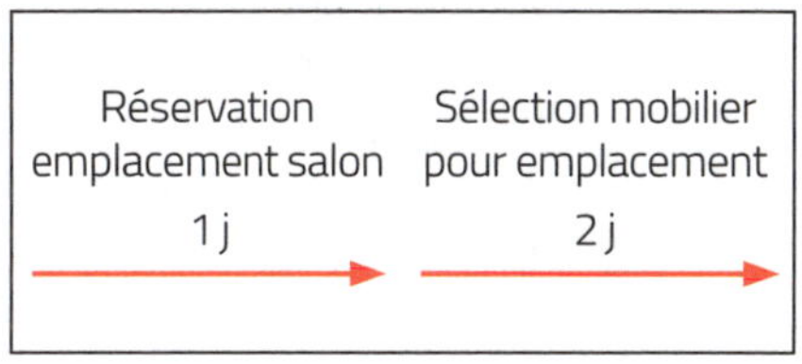

2. Les tâches complexes

Certaines tâches sont précédées de plusieurs tâches antérieures qui peuvent être traitées parallèlement. Dans ce cas, **la durée de l'ensemble est inférieure à la somme des journées de travail**.

Exemple : La tâche « Animation de la réunion » (1 journée) ne peut être commencée que lorsque les tâches « Convocation et inscription des participants » (3 journées) et « Préparation de la salle de réunion » (1 journée) seront terminées.
Ces trois tâches nécessitent 3 + 1 + 1 = 5 journées-homme de travail, mais deux tâches pouvant être traitées en parallèle, la durée de l'ensemble de ces trois tâches n'est donc que de 3 + 1 = 4 jours.

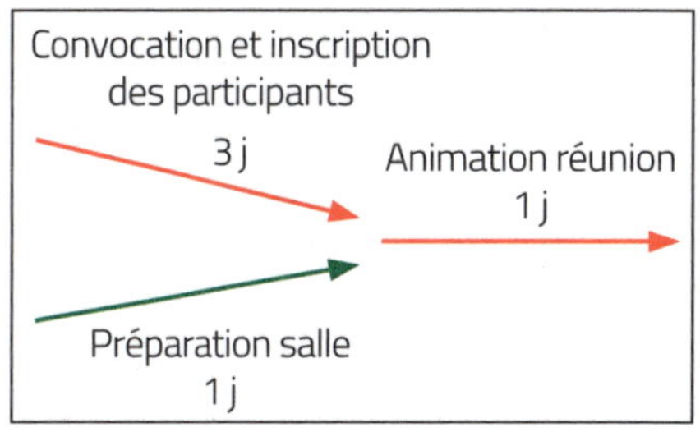

II Le calcul de la durée du projet à l'aide du chemin critique

1. La schématisation du chemin critique

Si les tâches sont représentées par des flèches (comme sur le schéma ci-dessus), la succession des flèches représente un « chemin ». Dans une situation de tâches complexes apparaissent donc plusieurs chemins.

Pour calculer la durée du projet, il faut retenir un seul chemin, **le plus long**, appelé « **chemin critique** ». Le chemin critique est continu, du début jusqu'à la fin du projet. Il permet de calculer la durée minimale, incompressible, du projet.

Exemple (suite) : Deux chemins apparaissent sur le schéma : l'un est représenté par la succession de flèches rouges, l'autre par la succession de flèches vertes et rouges. Le chemin critique correspond à la succession de flèches rouges (3 + 1). On ne peut pas préparer et animer la réunion en moins de 4 jours.

2. Le suivi des délais sur le chemin critique

Tout retard pris sur **une tâche du chemin critique** est intégralement répercuté sur la durée du projet, donc sur sa date de fin.
La marge correspond à la possibilité qu'a une tâche d'être retardée. Les tâches sur le chemin critique n'ont aucune marge.

Exemple (suite) : Nous avons estimé une durée de 4 jours pour le projet « Réunion ». Si la convocation et l'inscription des participants prend 1 jour de retard, la durée totale du projet nécessitera 5 jours. Si on ne décale pas la date finale de 1 jour, la réunion ne pourra pas avoir lieu. En revanche, nous disposons d'un délai de 3 jours pour préparer la salle alors qu'un seul jour suffit. Nous avons donc 2 jours de marge pour gérer d'éventuels imprévus sans impacter la date de fin du projet.

© Nathan - La photocopie non autorisée est un délit.

FICHE RESSOURCE

4 La représentation globale du projet

Diverses possibilités existent pour représenter la planification du projet. La méthode PERT et le diagramme de Gantt sont les deux représentations les plus courantes.

I La méthode PERT

Le PERT représente les tâches sous forme de réseau et présente l'avantage de bien mettre en valeur le chemin critique. Il facilite les décisions d'arbitrage sur les délais, les tâches, les moyens, et est bien adaptée aux projets longs.
Schématiquement, des cercles représentent les début et fin de tâche. Les numéros dans les cercles représentent le dénombrement des passages d'une tâche à l'autre.
Les flèches représentent les tâches. Par gain de place, on ne décrit pas la tâche sur la flèche mais on place une lettre qui renvoie à une légende ; à côté de la lettre, le chiffre représente le temps nécessaire pour réaliser la tâche.

Exemple (simplifié) :

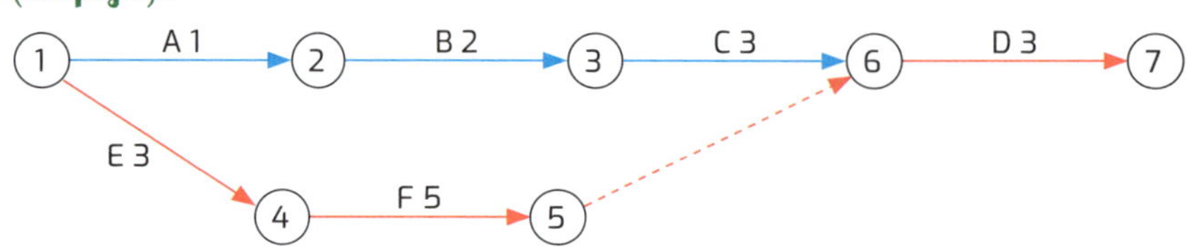

On repère ici le chemin critique qui passe par les étapes 1, 4, 5, 6 et 7 car le total des temps nécessaires est de 3 + 5 + 3 = 11 (le total des temps nécessaires par le chemin bleu est de 9). Ainsi, il faut disposer de 11 jours pour réaliser ce projet.
On saura que les tâches E, F, D ne disposent d'aucune marge puisqu'elles sont situées sur le chemin critique. Tout retard sur l'une de ces tâches entraînera un recul de la date finale. En revanche, on dispose de 2 jours de marge (11-9) pour l'ensemble des tâches A, B, C.

II Le diagramme de Gantt

Le diagramme de Gantt représente les tâches sous forme de **barres de longueur proportionnelle à leur durée**.
À la différence du réseau PERT, le diagramme de Gantt fait apparaître les dates. Schématiquement, on liste l'ensemble des tâches à effectuer dans la partie gauche. La partie droite représente, sur une échelle, les unités de temps (heures, jours, semaines…). On peut aussi y inclure les ressources, le degré d'accomplissement et les liens de dépendance entre les tâches.
Une fois le diagramme réalisé et le projet démarré, il conviendra de l'ajuster en permanence pour assurer un suivi régulier.

Exemple : On visualise ici les six tâches à réaliser pour concevoir un *flyer*, représentées par six barres bleues. Les deux premières sont traitées séquentiellement, la première et la troisième en parallèle.

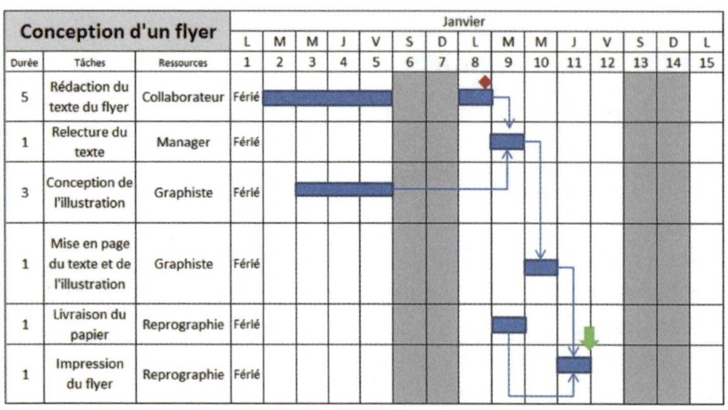

On peut voir l'avancée du projet sur un calendrier précis :
- ◆ représente un livrable
- ⬇ représente une date cible
- représente les liens de dépendance (par exemple la tâche « relecture du texte » dépend de la première et troisième tâches).

Gantt Project en 10 minutes liennathan.fr/34g8ff

© Nathan - La photocopie non autorisée est un délit.

5 Choisir un outil de planification de projet

De nombreux outils informatiques (plus de 200 !) permettent de représenter la planification du projet et le suivi de son déroulement. Ils correspondent, parfois, au module d'un PGI ou d'une plateforme collaborative.

En voici quelques-uns :

Nom	Particularités – Commentaires	Mode	Modèle
Agora-Project	Espace de travail collaboratif, avec partage de fichiers, agenda, forum de discussion, annuaire de contacts, tâches partagées et diagramme de Gantt, envoi de newsletters et messagerie instantanée. Téléchargement gratuit de la version locale. Particulièrement adapté aux **projets longs avec de nombreux intervenants distants** qui ont un besoin d'organisation et de communication, il permet un *reporting* en continu des tâches.	Cloud	Gratuit/ abonnement
MindManager	Outil de management visuel qui permet de transformer les idées et données éparpillées entre collaborateurs en supports visuels dynamiques, cartes mentales, schémas, diagramme de Gantt… Adapté à **tout type de projet en équipe restreinte, de préférence en présentiel** avec une dominante organisationnelle. La finalité de l'outil réside dans la **présentation intuitive et fiable** d'une vue d'ensemble du projet. L'outil peut être synchronisé avec Microsoft Teams.	Monoposte	Acquisition
Microsoft Project	Très complet et personnalisable, il souffre cependant d'une **ergonomie assez lourde**. Permet de créer des réseaux logiques, diagrammes de Gantt, états des ressources et des coûts, rapports… Plutôt adapté à de **longs projets portés par des équipes peu nombreuses**. Le chef de projet dispose d'une vision globale avec des tableaux de bord interactifs et des flux de travail automatisés. L'association avec Microsoft Teams permet de tirer parti de fonctionnalités de collaboration, de discussions, de réunions et de partage de fichiers…	Monoposte/ Cloud	Acquisition
GanttProject	**Probablement le plus connu et le plus utilisé** des logiciels de planification open source. **Réservé à une utilisation occasionnelle ou dans le cadre de projets en PME**. Le programme permet de distribuer les activités par personne ou par ressource, de construire le réseau PERT, de visualiser automatiquement le chemin critique, de gérer les jours fériés, avec une compatibilité des fichiers en import et export Microsoft Project… **Gratuit, mais rudimentaire,** la durée d'une tâche ne peut être inférieure à un jour. On note une **lenteur lorsque le nombre de tâches est trop important**.	Monoposte	Gratuit
Tom's Planner	Logiciel de **diagramme de Gantt en ligne** avec de nombreux modèles de projets courants accessibles. Il est possible d'inviter des collaborateurs en ligne. **La prise en main est très intuitive** avec son interface graphique visuelle. Plus adapté aux **projets classiques ou complexes où les intervenants sont sur des sites distants**. Il met à disposition des outils de suivi multiples qui permettent d'améliorer la productivité.	Cloud	Gratuit/ professionnel

© Nathan - La photocopie non autorisée est un délit.

FICHE RESSOURCE

6 Le suivi de l'avancée du projet

I Les listes de contrôle

Cet outil permet de suivre l'avancement d'un projet.
Le principe est de comparer la durée prévue de chaque tâche avec la durée effectivement réalisée, au fur et à mesure que le projet se déroule.
On note les écarts en plus (retards) ou en moins (avances). La durée globale prévue s'obtient en additionnant les durées prévues de toutes les tâches critiques.

Exemple :

Résidence hôtelière ACADIA – Projet de réaménagement du 3e étage Liste de contrôle des délais (en semaines)							
Tâche		Tâche antérieure	Critique O/N	Marge libre	Durée prévue	Durée réalisée	Écart
A	Choix d'un architecte d'intérieur	-	O	0	1	1,5	+ 0,5
B	Étude générale de l'aménagement des différentes chambres	A	O	0	2	3	+ 1
C	Description du mobilier nécessaire	B	O	0	1	0,5	- 0,5
D	Demandes de devis auprès de différents fournisseurs	C	O	0	2		
E	Dépouillement des devis et choix des fournisseurs retenus	D	O	0	5		
F	Rédaction et diffusion des commandes	E	O	0	1		
G	Spécifications des travaux complémentaires nécessaires	B	N	0	2		
H	Choix de l'équipe chargée des travaux	G	N	0	1		
I	Exécution des travaux complémentaires	H	N	4	4		
J	Réception du mobilier	F	O	0	2		
K	Installation du mobilier	J	O	0	1		
		Durée globale prévue			15		
		Durée globale probable				16	
		Écart global probable					+1

II Le tableau de suivi des livrables documentaires

Cet outil centralise l'ensemble des livrables, c'est-à-dire tout document permettant d'attester, vérifier ou mesurer l'achèvement d'une partie du projet : cahier des charges, plan, appel d'offres, facture, bilan de clôture…

Résidence hôtelière ACADIA – Projet de réaménagement du 3e étage Tableau de suivi des livrables documentaires (extrait)								
Document	Phase	Intervenant	Société	Mail	Date de livraison			Commentaire
					Prévue	Réalisée		
Plan d'aménagement des chambres	Technique	M. Zoldaini	Archiconseil	m.zoldaini@archi.fr	12-janv	15-janv		
État descriptif du mobilier	Technique	Mme Hadj	Acadia	s.hadj@acadia.fr	27-janv	26-janv		
Appel d'offres	Admin.	M. Rogeau	Acadia	d.rogeau@acadia.fr	30-janv	30-janv		
Devis	Admin.	M. Rogeau	Acadia	d.rogeau@acadia.fr	01-mars		En cours	5 devis reçus. En attente devis société AMC.
…	…	…	…	…	…	…	…	…

© Nathan - La photocopie non autorisée est un délit.

APPLICATIONS PROFESSIONNELLES

1 Lire et interpréter un diagramme de Gantt

MAÎTRISE

Situation

Nous sommes le 20 juin. Vous êtes en stage chez Vogibois à Épinal, entreprise spécialisée dans la construction en bois et l'aménagement paysager. Un chantier de construction est programmé sur le site « La Ferme », propriété de la commune de Thaon-les-Vosges. Vous disposez du diagramme de Gantt qui a été établi pour ce chantier.

Vous venez d'apprendre que l'équipe de menuisiers prévue pour la restauration des menuiseries extérieures a pris du retard et ne sera pas disponible avant le 12 juillet.

Audrey Gérardin, de la mairie de Thaon-les-Vosges, vous contacte par téléphone et vous indique qu'elle souhaite que tout soit terminé pour le 26 juillet.

Pour y parvenir, elle vous propose de confier le défrichement du terrain à quatre employés de la commune : elle estime que trois journées seraient nécessaires pour cette tâche et précise que cela permettrait de gagner du temps.

Consignes

1. **Quel sera l'impact du retard des menuisiers et celui de la proposition de Mme Gérardin sur la durée du chantier ?**
2. **Quelles solutions permettraient de tenir l'échéance du 26 juillet ?**
3. COM **La classe est divisée en deux groupes : le premier groupe préparera la conversation d'Audrey Gérardin, le second tiendra le rôle du (de la) stagiaire. Deux étudiant(e)s simuleront ensuite la conversation téléphonique qui vient d'être préparée.**

Document Le diagramme de Gantt du projet

Nom de la tâche	Durée
La Ferme	**17 jours**
Lancement chantier	0 jour
Mettre le bâtiment hors d'eau	**17 jours**
Approvisionner tuiles et bois de charpente	3 jours
Déposer les tuiles	4 jours
Réparer la charpente	8 jours
Reposer les tuiles	5 jours
Restaurer les menuiseries extérieures	3 jours
Remettre en état la voie d'accès	**4 jours**
Désherber la voie d'accès	2 jours
Reboucher les nids de poule	2 jours
Remettre le terrain en état	**14 jours**
Défricher le terrain	6 jours
Approvisionner les plantes	2 jours
Travailler le terrain	3 jours
Planter les arbustes	3 jours
Semer le gazon	2 jours
Fin des travaux	0 jour

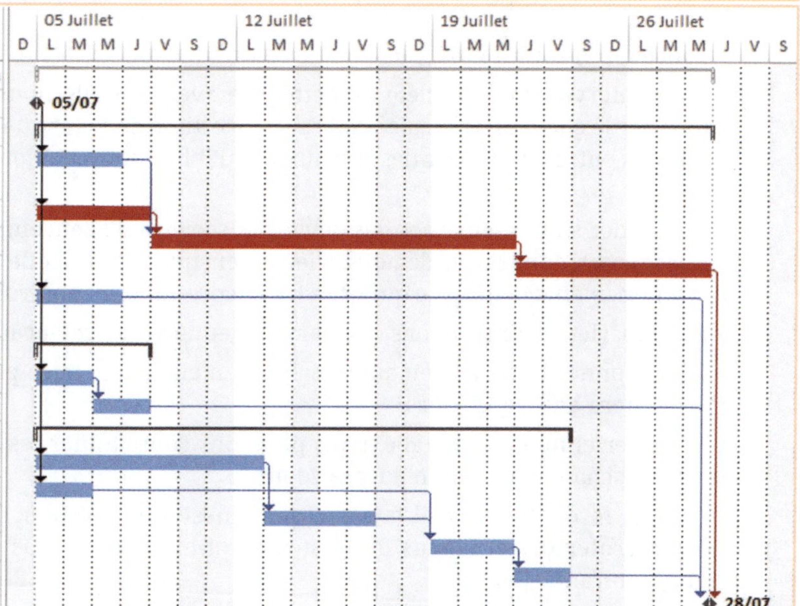

© Nathan - La photocopie non autorisée est un délit.

2 Concevoir un diagramme de Gantt

MAÎTRISE

Situation

Vous travaillez en qualité de collaborateur de Cyril Giorgio, manager de l'agence de communication Diapason, qui propose à ses clients de les accompagner dans la conception de boutiques éphémères (*pop-up stores*). Ce concept venu des États-Unis et inspiré du modèle lancé par le fondateur de la marque de montres Swatch permet d'occuper un espace de vente uniquement le temps d'un événement.

Votre agence a été contactée par un grand groupe agroalimentaire qui commercialise des crèmes glacées et qui a eu l'idée de créer un café éphémère permettant aux fans de concevoir et déguster leur propre glace. L'événement aura lieu au 3 rue des Rosiers à Paris du 15 avril au 11 septembre.

Vous avez pris des notes lors de la séance de travail dirigée par M. Giorgio, le chef de projet. Il vous demande de travailler sur l'optimisation dans le cadre de l'ordonnancement des tâches.

Consignes

1. **Concevez le tableau des tâches, présentez leur durée et les antériorités.**
2. **Réalisez le diagramme de Gantt que vous présenterez à M. Giorgio.**
3. **Sur quelles tâches est-il possible d'optimiser l'ordonnancement ?**
4. **Quelle sera la durée totale du projet ? Expliquez.**

Document Prise de notes lors de la séance de travail menée par M. Giorgio

• Concevoir durant 15 jours le plan de communication de l'événement.

• Faire intervenir une société de nettoyage avec laquelle nous travaillons déjà car le local choisi par le client est très sale : cette société estime en l'état qu'il est impossible de faire intervenir des entreprises pour des travaux et qu'il lui faudra 15 jours pour que les locaux soient sains.

• Demander sous 3 semaines des devis aux sociétés d'agencement à partir du plan 3D conçu sur les recommandations de notre client. S'ensuivra le choix de l'intervenant et la commande des équipements définis, ce qui prendra encore 15 jours environ.

• Par expérience, sous savons que l'aménagement d'un tel local est réalisé en 4 semaines.

• Réceptionner durant 1 semaine les équipements, puis faire procéder à leur installation, ce qui ajoutera encore 15 jours.

• Le matériel une fois installé, nous pourrons commander les produits à l'entrepôt puis les installer ; chaque opération durera 7 jours.

• Pour la force de vente, il faudra 2 semaines pour recruter du personnel, puis 1 semaine pour recruter des étudiants qui distribueront les prospectus sur les grandes artères parisiennes durant 7 jours.

© Nathan - La photocopie non autorisée est un délit.

3 Concevoir une planification à l'aide d'un outil numérique

EXPERTISE

Situation

Vous travaillez en qualité de collaborateur stagiaire à la mairie d'un village du Tarn comptant 519 habitants. La population est vieillissante : très peu de jeunes viennent s'installer, trouvant les services publics insuffisants, notamment au niveau de la santé.
Le maire a souhaité que soit construit un « chalet de la santé ». Le choix s'est porté sur une construction entièrement en bois dont le rapport est exceptionnel en termes de qualité, prix et délai de construction.
Le projet est cofinancé par la commune, le Conseil départemental et l'Agence régionale de santé. Les travaux seront réalisés par des artisans locaux.
Lors d'une réunion de chantier précédant la mise en travaux de l'ouvrage, l'architecte, qui sera le maître d'œuvre, a remis au maire le tableau de planification des tâches. Vous avez également pris des notes. Le maire a du mal à visualiser les étapes du projet, il vous demande de l'aider dans le suivi de la construction.

Consignes

1. **À l'aide de l'outil numérique de votre choix, réalisez la planification du projet montrant la répartition des tâches, leur durée et les intervenants.**
2. **Affichez le diagramme des ressources.**
3. **Affichez le chemin critique et expliquez sa signification.**
4. **Quelle est l'étape, non mentionnée dans le tableau des tâches et antériorités, qui est primordiale ?**
5. **À quelle date le chalet de santé sera-t-il livré ?**
6. **Dressez la liste des livrables documentaires dans un tableau.**

Document 1 Tableau de planification des tâches

Début du projet le 01/03/N

	Tâches	Durées* en jours	Antécédents
A	Validation des plans	2	-
B	Terrassement du terrain	10	A
C	Commande des matériaux (tuiles, sanitaires...)	5	A
D	Forage des fondations	5	B
E	Commande des fenêtres et portes réalisées sur mesure	10	A
F	Livraison des matériaux	10	C
G	Mise en béton des puits de forage	10	D
H	Livraison des fenêtres et portes sur mesure	3	E
I	Construction des murs, charpente et toiture	20	G
J	Installation des fenêtres et des portes	5	I
K	Réalisation des finitions (sanitaire/plomberie, électricité...)	5	I

* Les intervenants au projet ne travaillent pas les samedis et dimanches.

© Nathan - La photocopie non autorisée est un délit.

Document 2 Prise de notes

Fonctions	Noms	Notes
Architecte	Karine Tranier	Valide les plans en apposant sa signature
		Transmet le bon de commande des matériaux
		Transmet le bon de livraison à réception de matériaux et le contresigne
		Valide le document de « mise hors eau » à la fin de la construction des murs, charpente et toiture par le menuisier
		Valide le document de « mise hors air » après la pose des fenêtres
		Rédige en fin de chantier une « attestation de fin des travaux » qui sera contresignée par le maire
Terrassier	Jean-Philipe Gimenez	Réalise l'ensemble des travaux de terrassement
		Signe un certificat de séchage du béton 28 jours après avoir coulé les fondations
		Aucune intervention ne doit être réalisée sur l'ouvrage durant les 28 jours de séchage
Menuisier	Jean-Charles Delpas	Installe les portes et fenêtres
		Transmet le bon de commande des portes et fenêtres
		Transmet le bon de livraison à réception des portes et fenêtres et le contresigne
		Assure la construction des murs, charpente et toiture
Plombier	Frédéric Decamps	Réalise les travaux de plomberie
Électricien	Louis Pichou	Réalise les travaux d'électricité

Les bons de livraison seront contresignés par les intervenants ayant passé les commandes.
Tous les documents seront rangés dans le dossier « Construction chalet de santé » et conservés en mairie au fur et à mesure de l'avancement.
Un tampon dateur sera apposé sur chaque document dès son arrivée.

4 Choisir une application collaborative en ligne pour planifier un festival de musique

MAÎTRISE

Situation

Vous collaborez en qualité de stagiaire à l'organisation d'un festival de musique qui se tient chaque année à Albi dans le Tarn durant la première quinzaine de juillet. Alain Navaro, le directeur du festival, a décidé d'améliorer la planification pour la prochaine édition.

L'équipe de direction est composée de dix personnes. Le comité de direction se réunit tous les quinze jours de septembre à avril, et une fois par semaine les trois derniers mois précédant le festival. Les trois premières années, le directeur utilisait une feuille Excel. Depuis cinq ans, les membres du comité de direction utilisent le logiciel Microsoft Project, et les fichiers sont échangés par le biais d'une liste de distribution *via* la messagerie numérique personnelle de chacun. Cette méthode semble toutefois avoir ses limites (non-réception des messages avec pièce jointe, lenteur de chargement du fichier, perte de données, manque de réactivité…) et le directeur souhaite disposer d'un nouvel outil d'ordonnancement des tâches plus souple permettant de gérer les ressources et d'ajuster les opérations en temps réel à distance.

Il vous demande de travailler sur ce changement. Vous pensez qu'il est temps de mettre en place une solution de travail collaboratif.

Consignes

1. **Présentez les avantages d'une solution de planification de projet en ligne.**
2. **Proposez des applications de planification de projet en ligne.**

© Nathan - La photocopie non autorisée est un délit.

Chapitre

4 Préparer le budget prévisionnel

ACTIVITÉ	**2.1.** Préparation du projet	VERS PIX	**1.3.** Traiter les données
COMPÉTENCE	Formaliser le cadre du projet		**3.1.** Développer des contenus textuels
TÂCHE	**2.1.4.** Préparation du budget prévisionnel		

Situation professionnelle

La société Karlia est un important fabricant et distributeur français de surgelés pour la restauration commerciale et collective. Le siège social est situé à Lorient (56) et les produits sont fabriqués sur deux sites industriels : Lorient et Quimper. Karlia réalise 90 % de son chiffre d'affaires sur le territoire national (le reste étant réalisé en Belgique). La société compte aujourd'hui plus de 1 000 collaborateurs, répartis entre le siège, les deux unités de production et les cinq directions.
Depuis sa création, la société poursuit une stratégie de développement de son activité qui passe par la recherche constante d'opportunités de croissance. Elle participe donc régulièrement à des salons professionnels en région pour présenter ses nouveaux produits et faire progresser ses ventes.
La direction générale a décidé d'explorer de nouveaux marchés en Europe et souhaite participer au prochain salon Versög à Cologne (Allemagne), qui se déroule chaque année la première semaine de novembre. Cette participation sera également l'occasion de lancer sa nouvelle gamme Vegan. Les modalités de ce projet ont été validées par le siège, et sa préparation a été confiée à la direction régionale Nord-Est basée à Strasbourg et dirigée par Cyril Gindrat. Les ressources propres allouées par le comité de pilotage pour ce projet s'évaluent à 125 000 €. L'équipe projet est constituée de membres de la direction régionale Nord-Est, ainsi que de Patrick Fauvet, cuisinier, rattaché au siège.

Comprendre le contexte

1. **Quel est l'objectif et l'enjeu de ce projet pour la société ?**
2. **Quelles sont les ressources dont dispose le chef de projet ?**
3. **Quelles sont, selon vous, les contraintes liées à ce projet ?**
4. **Au sein de la démarche de gestion de projet, après quelle étape se situe l'élaboration du budget prévisionnel ? Pourquoi ?**
5. **Quel est l'intérêt pour le chef de projet de disposer d'un budget prévisionnel ?**

Découvrez l'entreprise Karlia en vidéo
liennathan.fr/3j6q9j

© Nathan - La photocopie non autorisée est un délit.

VOTRE MISSION

Vous êtes Camille Boisseau et travaillez auprès de Cyril Gindrat, directeur régional. Vous participez activement à la préparation de ce projet et notamment à l'élaboration du budget prévisionnel de la participation de la société au prochain salon Versög à Cologne.

TRAVAIL À FAIRE

I. Sélectionner un prestataire externe

Lors de la réunion du 9 janvier, Muriel Villeneuve, directrice de la communication, a confié la réalisation de la vidéo de présentation de l'entreprise à la direction régionale Nord-Est, en charge de la participation au salon Versög. Afin de disposer de cette vidéo dans les meilleurs délais, votre responsable vous demande de rechercher puis de sélectionner un prestataire extérieur. Vous devez participer à la gestion de cet appel d'offres.

1. Présentez la démarche que vous allez suivre pour préparer l'appel d'offres. — Fiche ressource 1 ; Annexes 1 2 3

2. Rédigez le cahier des charges de la création de la vidéo d'entreprise.

3. Indiquez les critères qui permettraient de comparer les différents fournisseurs et de sélectionner l'offre la mieux adaptée à vos contraintes. — Fiche ressource 2

II. Calculer les coûts directs et indirects

4. À partir de quels documents ou informations pouvez-vous évaluer avec précision le coût en externe des différents prestataires, et le coût en interne de la main-d'œuvre mobilisée ? — Fiche ressource 3 ; Annexes 1 4

5. Calculez le coût horaire de la main-d'œuvre des participants au salon. — Annexe 3

6. Calculez les coûts liés à la mise à niveau en langue. — Annexe 3

Les frais de personnel comprennent les frais liés à la formation ainsi que ceux liés à la présence sur le stand du salon des membres de la direction régionale Nord-Est (à l'exclusion des membres du siège).

7. Calculez les frais de personnel. — Annexe 5

Le budget pour le déplacement a été fixé à 12 % des ressources allouées pour le salon. Les participants voyageront en train (en première classe) la veille au matin et rentreront le lendemain matin après la clôture du salon. Le déplacement de Patrick Fauvet est géré directement par le siège.

8. Calculez les frais de déplacement pour l'ensemble des participants. — Annexes 6 7

Pour évaluer les frais de communication, qui comprennent notamment la conception de brochures et le recours à un(e) interprète, il est nécessaire de prévoir le nombre de visiteurs au salon et au stand.

Établir des prévisions

9. Estimez le nombre de visiteurs au prochain salon par extrapolation des données passées, ainsi que le nombre de visiteurs au stand. — Annexes 8 9

10. Calculez les frais de communication. — Annexe 10

11. Quel type de dépenses a-t-on inclus dans les coûts indirects ? À combien s'évaluent-ils pour ce projet ?

III. Élaborer le budget prévisionnel

Votre responsable souhaite disposer d'un budget prévisionnel prévoyant une marge d'erreur de 5 % pour l'ensemble des dépenses.

© Nathan - La photocopie non autorisée est un délit.

TRAVAIL À FAIRE

12. À partir de vos calculs précédents, et en intégrant les frais d'exposition, d'aménagement et ceux liés aux produits, élaborez le budget prévisionnel de la participation au salon.

Fiche ressource 4
Annexes 8 10

13. Représentez graphiquement la part des différents postes dans l'ensemble des dépenses.

Fiche ressource 5

COM 14. Rédigez une note de synthèse à l'attention de Cyril Gindrat pour lui présenter vos résultats afin qu'il puisse soumettre ce budget à la direction générale lors de la prochaine réunion.

Le budget prévisionnel a été validé.

15. Selon vous, que permet la validation de ce budget ?

16. Ce document sera-t-il à nouveau utilisé ? Justifiez votre réponse.

DONNÉES DE LA SITUATION

Annexe 1 Les acteurs du projet

Le comité de pilotage

Acteurs	Site	Rôle
Didier Covin, directeur général		Information
Stéphane Lemoigne, directeur marketing		Validation
Muriel Villeneuve, directrice de la communication	Siège	Validation des supports de communication utilisés pour le salon
Mylène Breter, directrice expertise culinaire		Validation des produits Réalisation du catalogue pour le salon
Cyril Gindrat, directeur régional Nord-Est	Direction régionale	Chef de projet

L'équipe projet

Acteurs	Site	Rôle
Directeur régional Nord-Est		Préparation/réalisation/participant
Camille Boisseau (vous-même)		Préparation/réalisation/participant
5 commerciaux	Direction régionale	Participants
Guy Vernave, directeur technique et logistique		Participant
Henri Tufano, directeur commercial		Participant
Patrick Fauvet, cuisinier	Siège	Participant

Annexe 2 Les contraintes liées à la création de la vidéo d'entreprise

➜ Création attendue : film court (moins de 5 minutes) tourné en haute définition et « prêt à être diffusé », proposé au format DVD et sur clé USB. Le film sera réalisé en trois versions : en français, en anglais, et en anglais avec sous-titrage en allemand.

➜ Public cible : professionnels du domaine de la restauration de différentes nationalités.

➜ Ton, esprit : film institutionnel qui doit adopter un ton documentaire s'appuyant sur l'intervention de personnages réels.

➜ Les offres comprendront un devis détaillé, la présentation de l'entreprise et ses références. Elles devront parvenir par mail au plus tard le 8 avril N.

➜ Les offres seront évaluées selon les critères hiérarchisés par ordre de priorité décroissante suivants :
– pertinence de la proposition par rapport aux attentes spécifiées dans le cahier des charges ;
– expérience et références dans les projets similaires ;
– coût.

© Nathan - La photocopie non autorisée est un délit.

Annexe 3 Les frais de personnel

Les charges de personnel sont calculées sur la base des éléments suivants :
- directeur régional : taux horaire brut de 45 € ;
- directeur commercial et directeur technique et logistique : taux horaire brut de 35 € ;
- commercial : taux horaire brut de 25 € ;
- vous : taux horaire brut de 22 €.

Les charges sociales patronales représentent 45 % du salaire brut du personnel pour chacun des personnels.

Mise à niveau individualisée en langue :
- fréquence : 1 h/semaine ;
- durée : 40 semaines ;
- tarif : 20 €/heure/personne ;
- groupe : participants au salon de la direction régionale Nord-Est, hormis un commercial, le directeur commercial et Cyril Gindrat.

Annexe 4 Extrait du compte rendu de la réunion du comité de pilotage

KARLIA
Direction Générale

Lorient, le 9 janvier N

Compte rendu de réunion

Ordre du jour : participation au salon Versög – Cologne

Présents :
Didier Covin, directeur général
Stéphane Lemoigne, directeur marketing
Muriel Villeneuve, directrice communication
Mylène Breter, directrice expertise culinaire
Yasin Boukir, directeur export Belgique
Cyril Gindrat, directeur régional Nord-Est

Afin de préparer cette participation, deux membres de la direction générale, Stéphane Lemoigne et Yasin Boukir, ont visité le salon Versög l'an dernier. Cette visite nous permet de préciser les contraintes relatives à la réalisation de ce projet confié à Cyril Gindrat.

1) Le choix du stand

- Il est impératif de passer par une organisation afin d'être positionné sur le « Pavillon France » présent au sein du salon, car un pavillon collectif permet de bénéficier de synergies.
- Le « made in France » est attractif. En règle générale, les pavillons collectifs sont situés sur les principaux axes de circulation. Les stands d'angle (à deux côtés) sont les plus intéressants.
- Pour cette première participation, il faut sélectionner la plus grande surface d'exposition proposée pour disposer d'un « espace cuisine » qui sera animé par Patrick Fauvet. Sa participation et le coût engendré seront gérés par le siège.

2) La communication

- Notre société doit figurer sur le catalogue « Exposants ».
- La distribution de plaquettes à l'entrée du salon par un personnel recruté sur place est à étudier.
- Muriel Villeneuve validera une vidéo de présentation (à faire réaliser) qui sera diffusée en boucle sur le stand.
- Mylène Breter sélectionnera les produits qui figureront sur le catalogue utilisé lors du salon.
- Nous inviterons les clients grands comptes de région Nord-Est à participer au salon.
- La communication sera gérée par Cyril Gindrat et sera proposée pour validation à Muriel Villeneuve.

3) Les participants

Les personnes présentes sur le salon seront issues essentiellement de la direction régionale en charge du projet. Les commerciaux devront suivre une mise à niveau en langue pour être opérationnels lors du salon. Le recours à un(e) interprète est également nécessaire.

© Nathan - La photocopie non autorisée est un délit.

Annexe 5 Présentation du salon Versög à Cologne (Allemagne)

Domaine	Salon international des services alimentaires, de la restauration et commerce de détail	Tarif d'entrée : 1 jour 2 jours 3 jours	 59 € 69 € 79 €
Orientation – Portée	Professionnels Internationale	Nombre d'exposants	3 500
Fréquence	Tous les ans (1re semaine de novembre)	Nombre de visiteurs	79 400 (dont 50 % de nationaux)
Durée – Horaires	5 jours (du lundi au vendredi) 10 h – 18 h	Lieu	Parc des expositions KölnMesse 50679 Köln - Allemagne

(Données de la dernière édition)

Annexe 6 Les frais de déplacement

- Nuit d'hôtel en chambre individuelle (petit déjeuner inclus) : 150 € HT/nuit/personne
- Forfait repas/personne : 18,40 €

Annexe 7 Résultat de vos recherches sur Internet

TRAIN : Votre trajet Strasbourg → Köln

Dimanche xx novembre	Durée	Correspondance	2e classe	1re classe
9 h 22 → 13 h 05	3h43	*1 corresp.*	108,60 €	181,00 €
9 h 22 → 14 h 40	5h18	*2 corresp.*	108,60 €	181,00 €
10 h 50 → 16 h 45	5h55	*1 corresp.*	29,80 €	86,60 €
10 h 52 → 14 h 05	3h13	*2 corresp.*	75,60 €	160,00 €
10 h 52 → 15 h 05	4h13	*2 corresp.*	86,60 €	144,00 €
10 h 52 → 15 h 17	4h25	*2 corresp.*	86,60 €	144,00 €
12 h 46 → 17 h 51	5h05	*1 corresp.*	89,90 €	99,90 €

Retour : *le samedi xx novembre : départ à 9 h 22, arrivée à 13 h 05 – durée : 3 h 43 (les prix du retour sont identiques à ceux de l'aller).*

Interprète d'affaires (*hors frais de déplacement)**

Accompagnement de salon, visite de clients, fournisseurs, réunions d'entreprises, conférences de presse...	*Tarif HT*
Prix de l'heure	50 €
Prix de la demi-journée (4 heures)	200 €
Prix de la journée (8 heures)	400 €
Forfait pour une journée de présence sur des salons par exemple	600 €

Majoration le week-end et en soirée après 19 h : + 40 %.
* Les frais de déplacement sont pris en charge par le client.

Annexe 8 Informations pour le calcul du budget prévisionnel

Les frais de communication
- Distribution de brochures à l'entrée à 50 % des entrants. L'impression d'une plaquette couleur est tarifée 0,25 € HT.
- Mailing d'invitation aux 50 clients grands comptes : 800 € + joindre 2 entrées pour une journée au salon
- Catalogue utilisé sur le salon : 2 500 €
- Objets et cadeaux publicitaires : 2 950 €
- Vidéo de présentation de la société : 3 050 €

Les frais d'exposition
- Assurance : 500 €
- Badges : 200 €

Les frais d'aménagement
- Décoration (fleurs, logos...) : 2 500 €
- Prestations diverses (ménage...) : 1 200 €
- Montage/démontage du stand : 1 700 €

Les frais de transport des produits
- Les produits seront prélevés depuis l'entrepôt de Strasbourg et transportés grâce à la logistique du site (chauffeur et camion) : 980 € HT (aller-retour)
- Valeur des produits prélevés : 3 500 € HT

Coûts indirects : les frais de gestion administrative sont évalués à 3 000 €.

© Nathan - La photocopie non autorisée est un délit.

Annexe 9 Nombre de visiteurs sur le salon Versög

Année	N-7	N-6	N-5	N-4	N-3	N-2	N-1
Nombre de visiteurs	73 800	74 900	75 600	76 400	77 100	78 200	79 400

En raison de l'ampleur du salon (3 500 exposants), l'organisateur du « Pavillon France » a indiqué aux primo-participants qu'ils pouvaient estimer la fréquentation de leur stand à 5 %.

Annexe 10 Extrait du bulletin d'inscription de la Fédération agro-alimentaire Alsace (FAAA)

INSCRIPTION À TARIF PRÉFÉRENTIEL AVANT LE 1er MARS, DANS LA LIMITE DES PLACES DISPONIBLES

(sous réserve d'attribution de surface définitive par les organisateurs)

BULLETIN D'INSCRIPTION
Versög - novembre N
Cologne - Allemagne

Société : ....

Personne(s) en charge du dossier : .... E-mail(s) : ....

Tél. : .... Fax : .... Mobile(s) : ....

RÉSERVATION DE STANDS

1/ CHOIX DU SECTEUR :

- ☐ Épicerie Fine
- ☐ Volailles / Viandes / Charcuterie / Traiteur
- ☐ Produits laitiers
- ☐ Boissons
- ☐ Pain/Pâtisserie
- ☐ Surgelés
- ☐ Traiteur/Produits frais
- ☐ Food services

2 / FRAIS D'INSCRIPTION OBLIGATOIRES :

Organisateurs :

- ☐ Droits d'inscription pour l'exposant principal : 900 € HT
- ☐ Droits d'inscription par co-exposant : 850 € HT

FAAA :

- ☐ Frais administratifs pour les non-adhérents FAAA : 450 € HT
- ☐ Frais administratifs pour les adhérents FAAA : Offerts

3 / TARIFS DES STANDS :

- ☐ Stand Expert 30 m² : 19 900 € HT
- ☐ Stand Expert 15 m² : 8 800 € HT
- ☐ Stand Expert 10 m² : 5 900 € HT

* Suppléments côtés ouverts :

- ☐ 2 côtés (stand d'angle) : + 15 %
- ☐ 3 côtés (stand tête) : + 20 %
- ☐ 4 côtés (stand îlot) : + 25 %

PRÉSENTATION DES STANDS

Éléments	10 m²	15 m²	30 m²
Espace au sol moquetté	X	X	X
Éclairage – Électricité 1kW	X	X	X
Enseignes avec nom, n° std	X	X	X
Logos +1 visuel rétroéclairé	1	2	2
Tables	2	4	6
Chaises	2	4	6
Étagères (*bloc de 3 étagères*)	1	1	2
Comptoirs/Entreprise	1	1	2
Réserve :	(6 m² *partagés par 3 stés*)	3 m²	6 m²
* avec prise électrique	X	X	X
* avec patères	2	3	6
Besoin spécifique (coût par élément) :	Non	Oui	Oui
Location frigo/congélateur,	/	500 €	500 €
Téléviseur 42 pouces	/	580 €	580 €

PRÉSENCE PUBLICITAIRE/COMMUNICATION
Augmenter votre visibilité

Inscription au catalogue « Exposants » :	3 500 €
Affichage dans les halles (format 400 × 150 cm) :	4 000 €
Distribution de prospectus (entrée du salon) :	1 000 €/jour

Vous trouverez toutes les possibilités sur notre site web

© Nathan - La photocopie non autorisée est un délit.

1 Lancer un appel d'offres

I Qu'est-ce qu'un appel d'offres ?

Un appel d'offres est une procédure par laquelle un commanditaire (le maître d'ouvrage) demande à différents offreurs (soumissionnaires ou fournisseurs) de faire une proposition commerciale chiffrée en réponse à la formulation d'un besoin de produit, de service ou de prestation, détaillée dans un cahier des charges. On dit que le commanditaire « lance un appel d'offres ».

II Les caractéristiques de l'appel d'offres

L'appel d'offres ouvert	L'appel d'offres est dit « ouvert » lorsque tout opérateur économique peut répondre à l'offre. Le commanditaire ne connaît donc pas les fournisseurs qui vont soumissionner.
L'appel d'offres restreint	L'appel d'offres est dit « restreint » lorsque seuls les opérateurs économiques qui ont été sélectionnés par le commanditaire peuvent remettre des offres.

III Le processus d'appel d'offres

Le processus d'appel d'offres vise à sélectionner l'entreprise à laquelle on va confier la réalisation de tout ou partie du projet.

1. La rédaction du cahier des charges

Qu'est-ce qu'un cahier des charges ?

Le cahier des charges est un document contractuel qui décrit les attentes du donneur d'ordre, qui est le commanditaire du projet, envers le fournisseur. Le cahier des charges sera rédigé par le chef de projet, aidé éventuellement par sa collaboratrice ou son collaborateur.

Le contenu du cahier des charges :

- les besoins du maître d'ouvrage ;
- les grandes fonctionnalités et les usages attendus pour le produit ou le service ;
- les exigences techniques attendues ;
- les contraintes propres à la maîtrise d'ouvrage.

Exemple de contenu du cahier des charges d'un déménagement
· Descriptif et présentation de l'entreprise et de ses locaux (plans, accès, identification du responsable du projet...) · Période d'exécution souhaitée · Description des éléments permettant au prestataire de calculer les volumes à déménager, l'emballage nécessaire, les moyens humains... · L'indication de la présence d'autres corps de métier pendant le déménagement · Les prestations souhaitées ou prises en charge par le personnel de l'entreprise cliente (emballage, protection, déballage, débarras...) · Les prestations souhaitées en amont du déménagement (inventaires, réunions d'information, signalétique...) · Les exigences en matière d'encadrement et de qualification du personnel de déménagement · La décomposition du prix · Les assurances (faire préciser les conditions par écrit) · Les références (chantiers similaires réalisés par les entreprises consultées et si elles ont donné satisfaction)... · Date limite de réponse à l'offre, pénalités de retard...

© Nathan - La photocopie non autorisée est un délit.

2. Création de lots

Après avoir rédigé le cahier des charges, le maître d'ouvrage définit les lots de mise en œuvre. Chaque lot sera soumis à appel d'offres. Chaque lot fera l'objet d'une mise en concurrence unique mais donnera ensuite lieu à un contrat distinct (4 lots = 4 contrats).

Exemple : Projet de déménagement de l'entreprise :
Lot 1 – Faire les cartons
Lot 2 – Transport des cartons et mobiliers
Lot 3 – Installation du mobilier dans les nouveaux locaux

3. Définition des critères de choix

Il s'agit de définir les critères qui permettront d'évaluer les fournisseurs.
Ces critères peuvent être nombreux et variés : qualité, respect des dates de livraison, coût, service après-vente, capacité financière, capacité de production, effectifs, pérennité, présence sur le marché local, garanties...

4. Choix des soumissionnaires

Le maître d'ouvrage peut opter pour un appel d'offres ouvert : dans ce cas, il devra étudier de nombreuses propositions, ce qui peut s'avérer fastidieux. Il peut donc opter pour un appel d'offres restreint et donc effectuer une présélection des prestataires. Dans ce cas, il va retenir les prestataires qui apportent une réponse de qualité à l'appel d'offres. Pour aider son choix, il pourra effectuer une recherche sur Internet, lire la presse professionnelle ou les plaquettes commerciales, ou encore organiser des rendez-vous avec les prestataires les plus intéressants.

5. Diffusion de l'appel d'offres

L'appel d'offres peut être diffusé :
– en ligne, sur des sites spécialisés sur lesquels les entreprises privées déposent leurs appels d'offres (boamp.fr ; marcheonline.com...) ;
– par courrier, aux fournisseurs préalablement sélectionnés.

6. Réception et analyse des offres

Après réception des offres, la société émettrice de l'appel d'offres va évaluer les propositions reçues à l'aide de grilles permettant de comparer les offres et de les noter.

7. Choix du prestataire

Le choix portera sur le prestataire dont le produit ou le service répond le mieux au besoin défini dans le cahier des charges et qui aura donc obtenu la meilleure note.

© Nathan - La photocopie non autorisée est un délit.

2 Traiter les réponses à un appel d'offres

I La matrice multicritère

Pour trancher entre plusieurs solutions, un outil d'aide à la décision peut être utilisé pour aider le responsable du projet à prendre une décision, notamment pour choisir le meilleur prestataire dans le cas d'un appel d'offres.
L'analyse se présente sous la forme d'un tableau à double entrée « critères/solutions ». La solution optimale est celle qui obtient la note pondérée la plus élevée.

La démarche :
❶ Recenser toutes les offres reçues
❷ Identifier les critères de choix
❸ Pondérer chaque critère par un coefficient de pondération relatif à l'importance du critère
❹ Noter les solutions au regard de chaque critère
❺ Multiplier les notes par le coefficient correspondant au critère, puis totaliser.

Exemple : L'équipe projet doit choisir entre divers fournisseurs ayant répondu à son appel d'offres pour l'acquisition d'un logiciel de gestion de projet.

Critères	Coefficient de pondération	Pro-Tech		Pro Bureau		Eléos	
		Note/5	Note pondérée	Note/5	Note pondérée	Note/5	Note pondérée
Coût d'acquisition	8	5	40	3	24	2	16
Fonctionnalités proposées	6	5	30	5	30	4	24
Formation proposée	4	4	16	4	16	3	12
Délai de livraison et d'installation	3	3	9	4	12	3	9
Total	21		95		82		61

II Le tableau comparatif

Cet outil permet de comparer les critères de choix d'une solution entre différents prestataires.

Critères	Pro-Tech	Pro Bureau	Eléos
Coût d'acquisition	3 000 €	2 800 €	2 300 €
Fonctionnalités proposées	Planification Gestion des tâches Gestion des ressources Gestion du budget Communication	Planification Gestion des tâches Gestion des ressources Gestion du budget	Planification Gestion des tâches Gestion des ressources
Formation proposée	3 jours	3 jours	2 jours
Délai de livraison et d'installation	3 semaines après commande	3 semaines après commande	1 mois après commande

© Nathan - La photocopie non autorisée est un délit.

3 Calculer les coûts

Avant de s'engager dans la réalisation du projet, le chef de projet doit en connaître le coût, de manière à pouvoir réorienter ses choix, voire renoncer au projet. La principale source de difficulté est liée à l'estimation d'un produit, d'un service ou d'une activité nouvelle qu'il faudra chiffrer.

I Évaluer le coût du projet

Dans la phase de préparation du projet, il faut éviter de sous-évaluer ou surévaluer les différents coûts constitutifs du projet. En effet, si le coût est trop élevé, l'organisation pourra être amenée à renoncer au projet alors que celui-ci est en fait rentable ; à l'inverse, avec un coût sous-évalué, le chef de projet risque de demander des rallonges budgétaires pendant la phase de réalisation du projet, ce qui le mettra en difficulté.

Lors de l'évaluation du coût d'un projet, on peut différencier les coûts qui seront directement affectés à une activité ou un produit – on parle de « coûts directs » – et ceux qui ne peuvent pas l'être – appelés « coûts indirects ».

II Calculer les coûts directs

Dans le cadre d'un projet, le calcul des coûts de chaque tâche est réalisé par le responsable de projet, avec l'aide du responsable de la tâche, ou bien sur la base d'un devis.

1. Salaire des ressources humaines internes

Une fraction importante des coûts se rapporte au temps passé par un salarié à une tâche. Il est alors nécessaire d'évaluer ce temps et de le multiplier par le coût du travail de l'acteur du projet. On prend généralement le salaire horaire brut auquel on ajoute les charges patronales pour obtenir le coût du travail.

Coût de la main-d'œuvre = coût du travail × temps passé à l'activité

Exemple : Le chef de projet consacre 16 heures aux diverses réunions liées à la réalisation du projet de rénovation d'un bâtiment. Son taux horaire brut est de 30 €, et les charges patronales sont estimées à 43 % : coût de la main-d'œuvre = 30 × 1,43 × 16 = 686,40 €.

2. Coût de la main-d'œuvre externe

Dans ce cas, le coût total correspond à la somme des coûts de tous les facteurs de production utilisés :

Coût total = prix d'une unité de facteur × quantité de facteurs

Exemple : Dans le cas du projet de rénovation d'un bâtiment, une tâche dure 4 jours et nécessite 1 200 € de fournitures et un maçon dont le coût journalier est de 130 € :
coût total = 1 200 + (4 × 130) = 1 720 €.

3. Coût des achats liés au projet

Le coût des achats liés à la réalisation du projet vont dépendre de la nature et de l'ampleur du projet. Ils seront évalués le plus souvent à partir des devis reçus à la suite d'un appel d'offres.

On pourra y trouver des coûts liés à l'achat de biens (produits nécessaires à la réalisation du projet) ou de services (frais de communication, de transport, d'assurance, etc.).

© Nathan - La photocopie non autorisée est un délit.

4. Frais de déplacement

Ces frais englobent généralement les coûts liés :
– au transport (voiture, train, avion) ;
– à l'hébergement ;
– aux repas.

Il existe le plus souvent des barèmes de remboursement au sein des organisations pour évaluer ces coûts (panier repas, indemnité kilométrique…).

Ces frais peuvent être avancés par le salarié puis faire l'objet d'un remboursement à partir d'une note de frais accompagnée des justificatifs.

Si le fonctionnement de l'organisation nécessite des déplacements fréquents des collaborateurs, notamment dans la mise en œuvre du projet, elle mettra en place une politique de déplacement qui vise à définir les conditions dans lesquelles un déplacement doit se dérouler, afin de maîtriser les dépenses liées aux voyages d'affaires en fixant des règles et en responsabilisant les collaborateurs.

III Calculer les coûts indirects

Un coût indirect est un coût qu'il n'est pas possible d'affecter immédiatement car il concerne plusieurs coûts ; il nécessite donc un calcul intermédiaire pour être imputé au coût de l'activité étudié.

Un coût peut être indirect :
– par sa nature même : par exemple, la part de la rémunération des membres de l'équipe projet consacrée au projet peut être difficile à évaluer pour la réalisation de certaines activités ou tâches ;
– par l'imprécision du système d'information : par exemple, pour les factures de matières consommables (papier, encre des imprimantes…), le coût sera considéré comme indirect s'il n'existe pas de fiche permettant de recenser la consommation par activité. Toutefois, des progrès dans le système d'information pourront à l'avenir le transformer en coût direct.

Le calcul des coûts consiste donc en un exercice exigeant qui sera affiné pendant toute la phase préparatoire du projet.

© Nathan - La photocopie non autorisée est un délit.

4 Préparer le budget prévisionnel

I Définition et objectifs

1. Définition

Un budget prévisionnel, également appelé « budget initial » ou « budget de référence », est une prévision chiffrée de produits, charges, dépenses ou recettes engendrés par un projet. Élaboré à la suite de la planification du projet, il servira de référence pour suivre et contrôler les coûts en cours de réalisation du projet. Il doit donc reposer sur des estimations rigoureuses.

2. Objectifs

– Répartir l'enveloppe budgétaire allouée au projet entre les différentes tâches identifiées.
– Préparer le contrôle des coûts du projet qui devra être effectué tout au long de la réalisation.
– Le budget prévisionnel est donc conçu pour être consulté régulièrement.

II Élaboration du budget prévisionnel

L'élaboration d'un budget prévisionnel peut se faire en trois étapes :

1. Établir la liste des dépenses et les chiffrer

→ Évaluer le coût de la main-d'œuvre interne : pour identifier les contributions internes au projet et suivre les charges de travail durant la réalisation.
→ Évaluer le coût des prestations externes : pour préciser le coût des consultations (appels d'offre, devis) qui ne sont pas toujours connus au stade du budget initial.
→ Évaluer les coûts d'achats courants : pour prendre en compte le coût matériel du projet.
→ Prévoir les frais annexes : pour disposer d'un budget prévisionnel le plus exhaustif possible.
→ Prévoir une marge d'erreur : il est parfois envisageable d'intégrer dans le budget prévisionnel une marge d'erreur, évaluée entre 3 et 5 % du montant total des dépenses prévues.

2. Classer les dépenses

Les dépenses doivent être classées par « postes » de dépenses.
On peut également distinguer les coûts directs (location de matériel, salaire des membres de l'équipe projet, main-d'œuvre externe...) et les coûts indirects (souvent regroupés en « frais de gestion » avec par exemple la location des locaux, l'amortissement des ordinateurs...).

3. Prévoir les ressources

Les ressources financières d'un projet vont dépendre du projet et de l'organisation qui le met en œuvre. On y retrouve essentiellement les ressources propres et les sources de financement extérieur public/privé.

III Présentation du budget prévisionnel

Aucune forme n'est imposée à la présentation d'un budget prévisionnel. Son contenu et le niveau de détail dépendra de l'ampleur du projet et de l'organisation émettrice du document.
Il existe autant de versions possibles de budgets que de projets.
Un budget prévisionnel sera toujours daté car il est susceptible d'évoluer.

© Nathan - La photocopie non autorisée est un délit.

Exemple de budget prévisionnel pour la production d'un spectacle :

BUDGET PRÉVISIONNEL DE PRODUCTION
Compagnie Davino – L'Océan galope
Date de création prévue : 15/03/N+1

Mis à jour le 15/07/N

Les dépenses

	CHARGES	Montant
	Personnel artistique	
	1 chorégraphe	7 200
	3 danseurs	17 520
	1 danseur	6 400
	Sous-total	**31 120**
Charges de personnel	Personnel administratif	
	1 chargé de production	3 280
	Sous-total	**3 280**
	Personnel technique	
	1 créateur lumière	3 362
	1 costumier	820
	Sous-total	**4 182**
Prestations externes	Services extérieurs	
	Commande compositeur	1 500
	Location salle de répétition	2 200
	Location matériel lumière et son	850
	Communication, promotion	350
	Sous-total	**4 900**
Achats courants	Achats	
	Costumes	1 200
	Décors	850
	Sous-total	**2 050**
Frais de gestion	Frais annexes	
	Frais administratifs (assurance, téléphone...)	350
	Comptabilité	200
	Sous-total	**550**
Marge d'erreur	Divers, imprévus (3 %)	
	Sous-total	**1 382**
	TOTAL DES CHARGES	**47 464**
	RESSOURCES	**50 000**

Le total des dépenses ne doit pas dépasser les ressources allouées pour le projet.

© Nathan - La photocopie non autorisée est un délit.

FICHE RESSOURCE

5 Visualiser les informations chiffrées à l'aide d'un graphique

I Intérêt

Un graphique bien construit permet de mettre en valeur des données chiffrées, souvent de façon plus percutante qu'un tableau, et bien mieux que ne le feraient de longues explications orales.
Le graphique permet de comparer rapidement divers éléments, comme visualiser l'évolution d'un phénomène dans le temps par exemple. Le graphique doit être pertinent par rapport aux données et à l'objectif poursuivi.

II Avant d'élaborer le graphique

1. Que veut-on montrer ?

La meilleure démarche est d'avoir en tête ce que l'on veut mettre en valeur et, grâce à un graphique adapté, de présenter les données de manière à atteindre le résultat attendu.

2. Comment structurer les données et quelles données sélectionner ?

Pour réussir ce point, on pourra être amené à structurer les données en fonction du résultat visé ou à construire de petits tableaux intermédiaires permettant d'exploiter tel ou tel aspect des données.

3. Quel modèle de graphique choisir ?

Les différents types de graphiques répondent à des situations précises. Il est important de bien les connaître afin de faire le choix adapté aux données à présenter.

Le tableur offre de nombreuses possibilités pour mettre les données en valeur. Ces modèles sont accessibles dans le menu « Insertion », groupe « Graphiques », mais encore faut-il choisir le graphique adapté à l'objectif poursuivi.

De plus, chaque grande catégorie de graphiques offre plusieurs modèles ; il suffit de cliquer sur chaque intitulé : « Colonne », « Ligne », « Secteurs »... pour en avoir un aperçu.

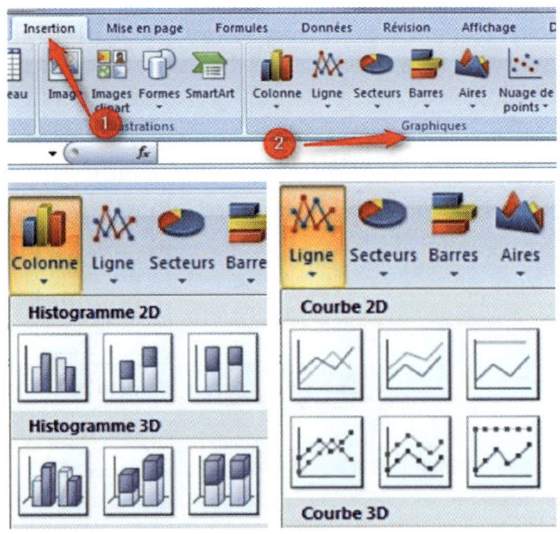

III Principaux graphiques

Construire un graphique

On distingue essentiellement les graphiques d'évolution, qui représentent l'évolution d'un phénomène dans le temps, et les graphiques de répartition, qui visualisent la répartition de données exprimées en valeur absolue ou relative. Ci-dessous quelques exemples :

Les courbes

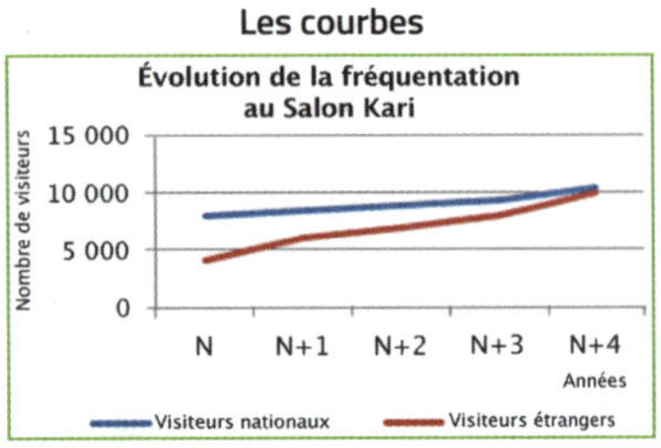

Utilisation : Pour représenter des données sur une période de temps.
À éviter : Les données présentent peu de variations. Il est difficile de distinguer des courbes trop nombreuses.

Le graphique à secteurs

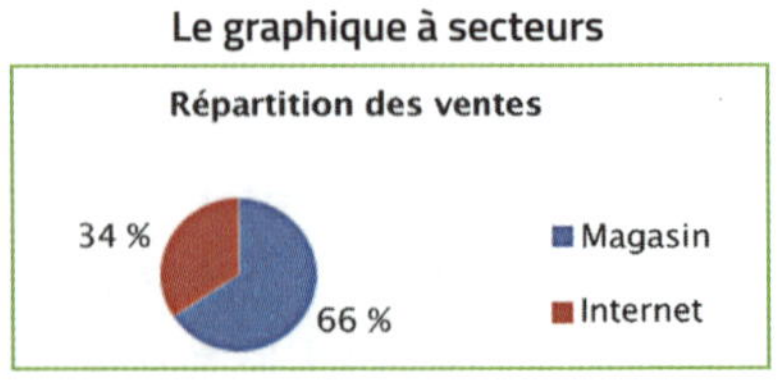

Utilisation : Très utilisé dans tous les domaines, ce graphique permet de comprendre la part de chaque secteur dans l'ensemble et de mettre en valeur le ou les éléments importants.
À éviter : Plusieurs secteurs de très petite taille encombrent la lecture du graphique. Mieux vaut alors réunir les petits secteurs en un seul secteur plus large.

Les courbes

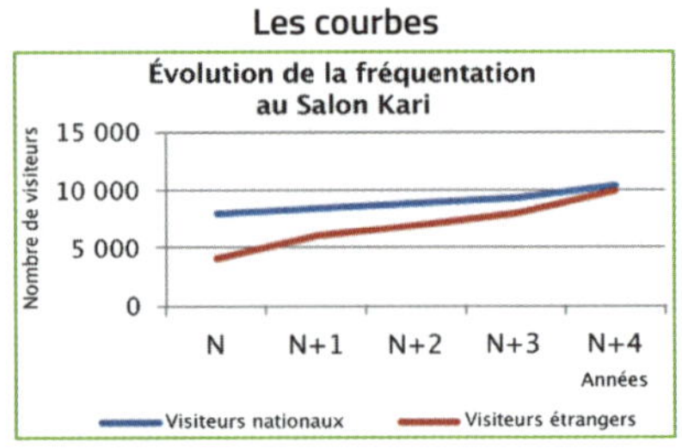

Utilisation : La variable est continue. Les données peuvent être réparties par tranches.
À éviter : Un étalement du temps sur une longue période : les colonnes sont alors très minces et trop rapprochées.

© Nathan - La photocopie non autorisée est un délit.

APPLICATIONS PROFESSIONNELLES

1 Préparer le budget prévisionnel en respectant les contraintes de coût

MAÎTRISE

Situation

Un audit interne a mis en évidence un manque de diversité et de saveur dans les plats servis aux patients d'un centre hospitalier parisien. La responsable des ressources humaines souhaite proposer une formation d'une journée aux cuisiniers de l'hôpital. La responsable souhaite disposer d'un budget prévisionnel pour faire valider ce projet lors de la prochaine réunion de direction.

Consignes

1. **Quels sont l'objectif et l'enjeu de ce projet ?**
2. **Préparez le budget prévisionnel de cette formation. Vous rechercherez les renseignements complémentaires pour le transport et l'hébergement en respectant les contraintes de coût.**

Document Informations sur la formation et les déplacements

❍ **Formation**
Nombre de participants : 7 cuisiniers volontaires du centre hospitalier
Centre de formation spécialisé : Performance Bordeaux (situé près de la gare SNCF)
Prochaine formation prévue le 22/01 avec deux modules :
Module 1 : La saveur – conseils de chefs - Durée : 3 h – Coût : 92 €/pers.
Module 2 : Les techniques culinaires novatrices - Durée : 3 h – Coût : 115 €/pers.

❍ **Déplacement**
Forfaits repas : déjeuner : 20 € dîner : 30 €
Hébergement : hôtel 3 étoiles, chambre individuelle, avec petit déjeuner
Transport : train 1re classe, départ la veille (fin de journée) de Paris, retour le jour même

❍ **Ressource allouée pour une journée de formation : 3 800 €**

2 Calculer des coûts prévisionnels

MAÎTRISE

Situation

Le Chaudron est une fabrique artisanale de nougat de Montélimar créée en 1949. Depuis deux ans, la dirigeante, Brigitte Deschard, dont vous êtes le/(la) collaborateur(trice), a également orienté la production vers le nougat bio. Elle souhaite à présent proposer un accès au public avec un espace de 60 m^2 réservé à la dégustation après visite de l'atelier. Elle vous informe de l'organisation prévue pour ces visites (document 1). Ce projet nécessite l'aménagement d'un local existant ainsi que l'acquisitation de mobiliers. Vous avez collecté des informations auprès du service comptabilité et avez sollicité des devis (document 2).

Consignes

1. **Calculez les coûts prévisionnels liés aux visites du public pour une année.**
2. **Calculez le chiffre d'affaires prévisionnel généré par cette ouverture.**

Document 1 Organisation des visites

La visite de la fabrique durera 1 heure 30 et sera gratuite le mercredi et le samedi de 14 h 30 à 16 h. La réservation est souhaitable car chaque groupe de visiteurs ne pourra pas excéder 20 personnes. Le panier moyen des ventes consécutives à la visite s'élève à 14,90 € par visiteur. Il n'y aura pas de visites de mi-janvier à fin février, soit pendant cinq semaines.

© Nathan - La photocopie non autorisée est un délit.

Document 2 Récapitulatif des charges

➜ Charges fixes

• Aménagement de l'espace avec travaux de rénovation en maçonnerie estimés à 4 500 € et travaux de peinture réalisés sur 2 jours par un peintre dont le coût journalier est de 125 € + 300 € de fournitures.

• Les charges de fonctionnement (loyer, assurance…) sont estimées à 480 € par mois, que l'espace soit ouvert ou non au public.

• Achat de mobilier : acquisition de 2 tables rondes pour 10 personnes, 20 chaises et 5 rehausseurs, 8 nappes et de la vaisselle (un lot de verres et d'assiettes de dégustation).

Table : 500 € prix unitaire HT
Nappe : 40 € prix unitaire HT
Chaise : 90 € prix unitaire HT
Lot de 50 verres : 100 € HT
Rehausseur : 80 € prix unitaire HT
Lot assiettes de dégustation : 135 € HT

• Décoration : objets décoratifs pour 100 € HT

➜ Charges variables

• Le coût de la dégustation des produits est estimé à 0,40 € par visiteur.

• Le taux horaire brut de l'hôtesse qui assurera la visite est de 11,90 € et les charges patronales sont estimées à 43 %.

• Le coût de l'entretien de l'espace (ménage, vaisselle…) est évalué à 60 € par semaine (lorsque l'espace est utilisé).

3 Prévoir des recettes et des dépenses

EXPERTISE

Situation

BioZen est la foire de l'alimentation bio et de l'éco-habitat des Cévennes. Elle est organisée sur une journée (10 h - 18 h) par l'association Idées de Demain dans la commune de Gandage. La foire est réservée aux exposants de la région. Face à son succès grandissant, la responsable de l'association, avec laquelle vous collaborez, envisage d'enrichir le programme de la prochaine édition avec la venue de deux conférenciers pour animer un débat. Pour préparer ce projet, vous réalisez une prévision des recettes à partir des données passées et évaluez les dépenses.

Consignes

1. **À l'aide du document 1, calculez le montant prévisionnel des recettes :**
   – liées aux entrées par extrapolation des données passées en utilisant la fonction « Tendance » (voir chap4-établir des prévision.mp4) ;
   – liées à la location des différents stands et à l'insertion des logos publicitaires dans le programme du salon.
2. **À l'aide du document 2, calculez le montant prévisionnel des dépenses.**
3. **Présentez vos résultats (recettes et dépenses) dans un budget de synthèse et représentez-les graphiquement.**

Document 1 Les participants à la foire BioZen

➜ Les visiteurs

Années	2010	2011	2012	2013
Entrées*	2 500	2 700	2 800	3 200
Années	**2014**	**2015**	**2016**	**2017**
Entrées*	3 400	3 500	3 600	3 800

* Répartition des entrées : 65 % adultes, 30 % enfants, 5 % autres.

Tarifs d'entrée :

Adulte : 5 € Enfant : 2 €
Autres (plus de 60 ans, étudiants…) : 1 €

➜ 160 exposants avec des stands de 5 m² (20 %), 4 m² (30 %), 3 m² (40 %) et 2 m² (10 %). Tarif exposants : 25 €/m² ; surface limitée à 5 m² maxi.

➜ Les partenaires financiers : 16
Annonce publicitaire (logo dans le programme) : 250 €

© Nathan - La photocopie non autorisée est un délit.

Document 2 Informations sur les dépenses prévisionnelles

➔ Site
- Location des halles : 1 050 € + 525 €/jour montage
- Location salle polyvalente des halles : 200 €
- Facturation nettoyage : 1 010 €

➔ Frais administratifs
- Fournitures : 380 €
- Affranchissement : 160 €
- 30 heures de travail, taux horaire brut de 15,60 €, charges patronales estimées à 43 %

➔ Prestations externes
- Sécurité assurée par 3 agents : 19,60 €/h
- Accueil assuré par 2 hôtesses : 12 €/h
- Programme réalisé par une agence de communication : 1 320 €

➔ Conférence
- 1 800 € par conférence
- Coût du transport (AR) : 360 €/personne
- Coût hébergement : 149 €/personne

4 Préparer un appel d'offres et sélectionner un prestataire

Situation

L'association Medi-Terra (chap 2 p.25) intègrera ses nouveaux locaux en juin N. Après avoir procédé à l'inventaire du matériel et des meubles à déménager, Michèle Tana, directrice de l'association et cheffe du projet « déménagement », vous demande de lancer la procédure d'appel d'offres afin de sélectionner un déménageur. L'équipe projet s'est mise au travail et s'attelle à une première mission : la sélection du prestataire de déménagement. Vous préparez l'appel d'offres.

Consignes

Préparez l'appel d'offres :

1. **Présentez la démarche que vous allez suivre pour préparer l'appel d'offres.**
2. **Rédigez le cahier des charges du déménagement.**
3. **Rédigez l'appel d'offres à publier dans un journal d'annonces.**

Comparez les offres :

4. **Concevez le tableau comparatif des offres que vous avez reçues.**
5. **Analysez les offres dans une matrice multicritères.**
6. **Dans une note destinée à Michèle Tana, justifiez votre choix afin de l'aider à prendre une décision.**

Document 1 Les besoins de Medi-Terra liés à la prestation de déménagement

- Recherche d'une société de déménagement localisée dans le département de l'Hérault
- Déménagement prévu fin juin N+1
- Prestation souhaitée : transport de matériel, de cartons et de quelques meubles non renouvelés ; transport et destruction de mobiliers renouvelés
- Éléments à enlever : 8 bibliothèques, 98 fauteuils/chaises, 21 armoires, 42 bureaux, une centaine de cartons
- Volume à déménager : 220 m^3
- Adresse des locaux actuels : 4 rue Pitot – 34000 Montpellier
- Future adresse : Parc d'activité Eureka – 120 rue du Thor – 34000 Montpellier
- L'offre devra indiquer :
  – les tarifs détaillés ;
  – les modalités de paiement ;
  – les assurances proposées (les conditions seront formulées par écrit) ;
  – le matériel mis à disposition : flotte de véhicules, monte-charges… ;
  – le nombre d'années d'exercice de la société ;
  – les éventuels services complémentaires : stockage, archivage, nettoyage des locaux, montage des meubles, recyclage des meubles à jeter… ;
- La réponse à l'appel d'offres devra intervenir au plus tard le 15 janvier.

© Nathan - La photocopie non autorisée est un délit.

Document 2 Exemple d'appel d'offres paru dans un journal d'annonces

MARINA CONSTRUCTION
Marché privé

Organisme passant le marché :
Paul Leroy – Société Marina Construction, promoteur immobilier
20 avenue Jean Mermoz – 66000 Perpignan – 04 68 81 13 70

Objet : Prestation de nettoyage suite à un dégât des eaux dans les locaux de Marina Construction

Durée : un an renouvelable deux fois pour une durée d'un an, soit une durée maximale de trois ans.

Procédure de passation : appel d'offres ouvert

Modalités d'attribution : lot unique, nettoyage de l'entreprise

Critères de sélection : le prix, la qualité du service

Date limite de candidature : le 20 janvier N+1 à 12 h sous enveloppe cachetée.

Modalité de retrait : mise à disposition du dossier à partir du 20 décembre N à l'accueil de la société ou demandé par courrier :
Sté Marina Construction, 20 av. Jean Mermoz 66000 Perpignan

Validité des offres : 120 jours

Date d'envoi de l'avis de publication :
2 novembre N

Document 3 Évaluer les candidatures à l'appel d'offres

Camille,
Je serai absente pendant deux jours. Pour l'appel d'offres, nous avons reçu les réponses de trois entreprises de déménagement. Afin de m'aider à choisir le prestataire qui correspond le mieux à nos attentes, je vous demande de les comparer. Je vous communique donc les critères de choix. Merci de prendre en compte les priorités indiquées ci-dessous.

Critères de choix	Niveau de priorité *
Le tarif : notre budget s'élève à 13 000 € maximum	1
Délai de paiement souhaité : minimum 30 jours fin de mois	2
L'affiliation à la chambre syndicale du déménagement	3
Le matériel mis à disposition par le déménageur (flotte de véhicules, monte-charges…)	2
L'assurance proposée	2
D'éventuels services complémentaires (stockage, archivage, nettoyage des locaux, montage des meubles, recyclage des meubles à jeter…)	4
Les certifications ISO 9001 et ISO 9002	5
Ancienneté de la société	5

* 1 = priorité la plus élevée, 5 = priorité la moins élevée.

Merci,
Bonne journée
Michèle

Document 4 Synthèse des réponses aux appels d'offres

La Languedocienne de déménagement depuis 1985

Tarif : 57 € le m³
Affiliation : Chambre syndicale du déménagement
Certification ISO 9001 et 9002
Flotte : 60 véhicules, 9 monte-charges
Assurance dommages : 0,7 % du montant du déménagement
Montage des meubles : + 16 %
Possibilité de nettoyage des locaux
Recyclage des meubles à jeter

Hérault Déménagement

Ancienneté de la société : 12 ans
Tarif : 50 € le m³
Affiliation : Chambre syndicale du déménagement
Flotte : 40 véhicules, 5 monte-charges
Montage des meubles : + 18 %
Assurance dommages : 0,9 % du montant du déménagement
Garde-meubles

Langlois déménagement

Société créée en 2014
Tarif : 55 € le m³
Affiliation : Chambre syndicale du déménagement
Certification ISO 9001 et 9002
Flotte : 45 véhicules, 9 monte-charges
Assurance dommages : 0,7 % du montant du déménagement
Montage des meubles : + 15 %
Possibilité de nettoyage des locaux
Recyclage des meubles à jeter
Stockage

© Nathan - La photocopie non autorisée est un délit.

Chapitre 5

Préparer l'environnement de travail du projet

ACTIVITÉ	**2.1.** Préparation du projet	**2.1.** Interagir
COMPÉTENCE	Formaliser le cadre du projet	**2.3.** Collaborer
TÂCHE	**2.1.5.** Préparation de l'environnement de travail du projet	**4.1.** Sécuriser l'environnement numérique
VERS PIX	**1.2.** Gérer des données	**4.2.** Protéger les données personnelles et la vie privée

Situation professionnelle

Vous contribuez activement au projet de participation de Karlia au Salon international Versög, piloté par Cyril Gindrat. Nous sommes début février.

La collaboratrice précédemment en charge de l'organisation des salons, Jeanine Monem, est partie récemment à la retraite. Bien que dynamique et impliquée, elle n'était cependant pas à l'aise avec les outils numériques. Certains collaborateurs se plaignaient de difficultés pour accéder à l'ensemble des documents du projet car ils ne les retrouvaient pas sur le réseau.

Vous retrouvez effectivement peu de fichiers sur le réseau dans le dossier « Participation_Salon » ; vous contactez la directrice de la communication, Muriel Villeneuve, afin qu'elle vous transmette les fichiers que Jeanine Monem n'avait pas archivés dans l'espace partagé. Elle vous communique par ailleurs la nouvelle charte graphique mise en place dans la société depuis la fin du mois de janvier.

Comprendre le contexte

1. **Pourquoi prenez-vous contact avec Muriel Villeneuve pour qu'elle vous transmette les fichiers d'anciens salons ?**
2. **Quel impact peut avoir le changement de charte graphique sur le projet actuel ?**
3. **Quels sont les enjeux liés à la recherche des documents par les collaborateurs ? Comment améliorer l'accès aux documents du projet ?**

Découvrez l'entreprise Karlia en vidéo

liennathan.fr/3j6q9j

© Nathan - La photocopie non autorisée est un délit.

VOTRE MISSION

Cyril Gindrat vous demande de faire des propositions d'organisation et de mise à disposition de l'ensemble des documents liés au projet de participation au salon Versög.

TRAVAIL À FAIRE

I. Organiser le stockage des documents du projet

Afin que chaque participant au projet puisse accéder rapidement aux informations, vous décidez d'établir un plan de nommage des documents et d'organiser le dossier « projet_versog » sur le réseau.

1. Comment expliquez-vous les difficultés d'accès aux documents rencontrés par les collaborateurs de Karlia au regard de la liste de documents ? — Fiche ressource 1 ; Annexe 1

2. Concevez le plan de nommage qui vous permettra de renommer les fichiers liés au projet, en vous aidant de l'annexe 1 et d'un modèle trouvé sur Internet. — Annexe 2

3. Prenez connaissance des documents. Concevez un tableau de trois colonnes (contenu du document, nom du fichier, renommage du fichier) dans lequel vous listerez les documents retrouvés. Renommez les fichiers selon le plan de nommage que vous avez conçu précédemment. — Annexes 3 4 5 6 7

4. Proposez, sous forme de schéma, une arborescence simple et intuitive pour le projet sur un espace de stockage partagé (Cloud ou espace numérique de travail). Insérez les fichiers renommés précédemment. — Fiche ressource 2

5. Réalisez un tableau reprenant les droits à attribuer à chaque acteur de l'équipe projet sur les dossiers : lecteur simple (accès en lecture)/auteur (accès en écriture suppression). — Annexe 6

COM **6.** Préparez une note de service qui sera adressée à tous les acteurs du projet afin de les informer de la nouvelle organisation, accompagnée du plan de nommage.

II. Réaliser des modèles de documents du projet

Cyril Gindrat vous a envoyé par courriel le compte rendu de la réunion du 1er février qui s'est tenue au siège. La nouvelle charte graphique n'a pas été appliquée. Vous décidez de proposer un modèle de compte rendu de réunion ainsi qu'un modèle de convocation par courriel à utiliser.

7. Relevez, parmi les documents classés dans le tableau de la question 3, ceux qui peuvent faire l'objet d'un modèle. Quel intérêt cela présente-t-il ? — Fiche ressource 2 ; Annexe 2

8. Quelle incidence le changement de la charte graphique a-t-il sur les documents du projet ? — Annexe 7

9. Relevez dans l'annexe 8 les éléments de structure qui doivent apparaître dans le modèle de compte rendu de réunion. — Fiche ressource 3 ; Annexe 8

COM **10.** Créez le modèle de document que vous présentez à Cyril Gindrat. — Fiche ressource 3

11. Les réunions sont planifiées dans le diagramme de Gantt. Un rappel par courriel est envoyé à chaque participant. Vous décidez de créer un modèle de courriel que vous enregistrez dans votre logiciel de messagerie.

© Nathan - La photocopie non autorisée est un délit.

COM **12.** Après validation par Muriel Villeneuve, Cyril Gindrat vous demande d'appliquer le modèle au compte rendu de la réunion du comité de pilotage du 16 février.

13. Dans quel dossier de l'espace de stockage partagé défini précédemment allez-vous enregistrer ce compte rendu ?

III. Réaliser une maquette de tableau de bord

Cyril Gindrat vous demande de proposer un modèle de tableau de bord de suivi d'engagement du budget et de réalisation des tâches pour la préparation du salon, qui sera validé par le comité de pilotage lors de la réunion du 3 mars.

14. Pourquoi Cyril Gindrat souhaite-t-il mettre en place un tableau de bord ? — Fiche ressource 4

15. Relevez les indicateurs devant figurer dans ce tableau de bord. — Annexe 9

16. Réalisez, à l'aide d'un tableur, une maquette de tableau de bord que vous allez proposer à Cyril Gindrat. Vous vous appuierez sur la liste des tâches (annexe 10 et fichier liste_tâches_versog.xls) et sur le budget prévisionnel réalisé au chapitre précédent. — Fiche ressource 5 — Annexes 9 10 — listes_tâches_versog.xls

E5-B **17.** Dans la phase « documentation » du projet (1er mars au 20 juin), listez 2 ou 3 incertitudes ou imprévus pouvant menacer la durée totale de la phase. — Annexes 3 à 10

E5-B **18.** De même, identifiez 2 ou 3 imprévus pouvant conduire à une modification du budget.

E5-B **19.** Pour chaque événement envisagé, repérez les modifications à apporter sur des livrables existants, les nouveaux documents à créer pour répondre à cette nouvelle situation.

DONNÉES DE LA SITUATION

Annexe 1 Liste de quelques documents projets retrouvés sur le serveur

Nom du fichier	Contenu du document
charte_projet	Charte du projet
budget	Tableau de budget version 1
budget-2	Tableau de budget version finale
N-01-15CR	Convocation réunion de pilotage du projet du 15/01/N
CR_REU_N_01_02_lancement	Compte rendu de la réunion de lancement du projet du 02/01/N
REU_conv_23_02_N	Convocation à la réunion d'avancement du 23/02/N
fichier N-versog-plan d'action	Plan d'action

© Nathan - La photocopie non autorisée est un délit.

Annexe 2 Exemple de plan de nommage

PLAN DE NOMMAGE

QU'EST CE QU'UN PLAN DE NOMMAGE ?

C 'est un ensemble de règles communes à la DDT, afin de nommer les documents informatiques enregistrés dans notre système d'information.
Il permet à un agent d'identifier aisément tous les documents créés et facilite ainsi le partage de l'information et la continuité de service.

COMMENT NOMMER UN DOCUMENT ?

Ordre des champs

TYPE_DATE_*OBJET_DESTINATAIRE_VERSION*

Deux champs obligatoires séparés **par un tiret bas** _

- TYPE : se référer au tableau suivant.
- DATE : format de date **AAAAMMJJ** (création du document)
- OBJET *(libre mais explicite)* limité si posible à 30 caractères, utilisation du signe moins "-" comme séparateur.
- DESTINATAIRE *(facultatif)*: limité à 15 caractères maximum. Les fichiers provenant d'émetteurs qui ne suivent pas nos règles de nommage seront renommés; le nom du destinataire sera alors remplacé par celui de l'émetteur.
- VERSION *(facultatif)*: elle sera notée V + N° de version

Ex : LET_20120901_Loup_Prefet.doc
Ex : PAC_20120524_Consultation_Vinsobres.pdf
Ex : ARR_20120825_Secheresse_Prefet.pdf
Ex : NOT_20120715_Frais-deplacement_SG.pdf

LES RÈGLES DE FORME À RESPECTER

Séparation des mots dans un champ : majuscule ou tiret
Ex : PROP_20120901_Plan-classement.pdf

CARACTÈRES INTERDITS

Pas de caractères accentués
Pas de caractères de ponctuation
Pas de point dans les sigles
Pas d'espace

Préfecture de la Drôme

Annexe 3 Note de cadrage du projet

KARLIA	**NOTE DE CADRAGE** **Projet : Salon professionnel Versög**	**Date : 10 janvier N** **Version n° : 1** **Auteur : M. Villeneuve** **Nom du fichier : N-notec1**
Projet	S'implanter sur de nouveaux marchés en Europe du Nord en découvrant le marché allemand lors d'un salon professionnel en Allemagne.	
Objectifs	Ce projet vise à permettre à notre société de conquérir de nouveaux marchés. L'objectif est de développer nos ventes à l'étranger, ce qui nous permettra d'augmenter notre chiffre d'affaires. Cela va nous permettre aussi de tester notre nouvelle gamme Vegan sur le marché allemand, déjà ouvert et potentiellement porteur.	
Organisation du projet	**Chef de projet :** Cyril Gindrat **Équipe projet :** Camille Boisseau, Guy Vernave, Henri Tufano, Patrick Fauvet et 5 commerciaux Les actions proposées et menées par les acteurs du projet dans chaque domaine doivent être communiquées à l'ensemble des collaborateurs.	
Délai	Étape 1 : évaluer, diagnostiquer – 2 mois Étape 2 : préparer un plan d'actions à mener (prioriser, lancer) – 3 mois Étape 3 : suivre les actions – 3 mois Étape 4 : faire le bilan des actions menées – 1 mois **Durée :** 9 mois	
Risques	Humains : interculturalité et problème de maîtrise de la langue Organisationnels : gestion et respect des délais Matériels : l'atelier culinaire et le stockage de nos produits surgelés	
Communication	Au sein de l'équipe projet : réunions de coordination et d'avancement : une par semaine sur Strasbourg et avec Stéphane Lemoigne en visioconférence. En direction des collaborateurs : à chaque étape du projet (lancement, participation au diagnostic, diffusion des résultats, propositions d'actions à mener, choix des actions, mise en œuvre, suivi et évaluation).	
Indicateurs	Les indicateurs de performance seront définis après le diagnostic et lors de l'élaboration du plan d'action.	

© Nathan – La photocopie non autorisée est un délit.

Annexe 4 Compte rendu d'avancement n° 4

COMPTE RENDU DE LA RÉUNION D'AVANCEMENT **N° 4**

Date : 23/02/N Lieu : Karlia Strasbourg

Nom du projet : Salon Versög

Personnes présentes :

Cyril Gindrat
Camille Boisseau
Henri Tufano
Site de Lorient : Stéphane Lemoigne en visioconférence

Situation actuelle du projet :
Réservation du stand avec point d'eau effectuée.
Formation des commerciaux en cours : retour positif du personnel en formation.

Écarts prévisions/réalisations :
retard annoncé de l'impression de la documentation + 2 semaines.

Points positifs :
Interprète choisi.

Difficultés rencontrées :
lieu de stockage des armoires réfrigérées non défini par l'équipe organisatrice du salon.

Prochains étapes/projets :

N°	Désignation action	Avancement en %					Responsable du traitement
		0	25	50	75	100	
4	Formation mise à niveau en langue anglaise				×		Henri Tufano
5	Stockage marchandises en chambre froide			×			Guy Vernave
6	Documentation sur le stand				×		Camille Boisseau

Annexe 5 Fiche de tâche

(fichier FT-17-02-N)

	Fiche de tâche		Édition du 17-02-N
Projet : **Salon professionnel Versög Cologne** *Titre de la tâche :* **Concevoir la documentation du stand** *Responsable :* **Camille Boisseau**			
Description du lot : créer les maquettes des documents papier liés au stand de l'atelier culinaire. Après validation, faire imprimer et envoyer la documentation au salon. Infographie / Livret de recettes / Document collecte des coordonnées / Autorisation droit à l'image *Contraintes :* voir avec le service communication les délais de reprographie *Tâches exclues :* documentation des commerciaux			
Date de début (ou lien amont) : 15-05-N			Durée : 21 jours
Date de fin (ou lien aval) : traduction des documents en anglais			
Événements clés de l'exécution (jalons) : validation de la maquette			
Imputation travaux : service Communication			Budget :
Visas	*Responsable Projet :* C. Gindrat *Date :*	*Responsable Métier :* M. Villeneuve *Date :*	*Responsable Tâche :* C. Boisseau *Date :*

© Nathan - La photocopie non autorisée est un délit.

Annexe 6 Matrice des responsabilités

Activité	Directeur régional Nord-Est Cyril Gindrat	Directeur logistique Nord-Est Guy Vernave	Directeur commercial Nord-Est Henri Tufano	Collabor. Nord-Est Camille Boisseau	Directrice communi-cation Muriel Villeneuve	Directeur marketing Stéphane Lemoigne	Directeur expertise culinaire Mylène Breter
Gestion de l'ensemble du projet	**R**						
Gestion du déplacement de l'équipe à Cologne Actualisation de la documentation	**R**			**A**			
Validation de tous les supports de communication sur le salon	**R A**			**A**	**C**	**C**	
Logistique-acheminement du matériel et des marchandises sur le stand	**C**	**R**					
Formation des commerciaux en langue anglaise Formation sur la nouvelle gamme Vegan	**C**		**R A**	**A**		**C**	
Création du catalogue et des produits présentés au salon	**C**			**A**			**C A**
Mise en place de l'atelier culinaire	**C**			**A**			

R - Responsable : c'est la personne qui garantit la bonne réalisation du lot de travaux.
A - Acteur : c'est la personne qui réalise le lot de travaux.
C - Consulté : c'est la personne consultée pour une validation, ne réalise pas de tâche.
I - Informé : c'est la personne à qui on diffuse un document ou que l'on informe d'un lot de travaux réalisés ou à venir.

Annexe 7 Extrait de la charte graphique de Karlia

(fichier : charte_graphique N-05)

Logotype KARLIA FABRICANT ET DISTRIBUTEUR SURGELÉS FRANÇAIS	Nuancier Pantone : nuancier universel utilisé dans le domaine graphique et dans l'imprimerie qui reprend plus de 992 couleurs **Pantone 308C bleu** #005883R (code couleur HTML) **Pantone 368C vert** #62BD19R (code couleur HTML)
Chaque support doit comporter le logotype visible et lisible. Le logotype ne doit pas être encadré, il ne peut pas être reproduit en noir et blanc. Le logotype ne doit être ni déformé ni modifié par un effet graphique.	
Les couleurs doivent être utilisées pour tous les documents du groupe.	**Pantone 308C** #005883R (code couleur HTML) **Pantone 368C** #62BD19R (code couleur HTML)
Utilisation typographique : ne pas utiliser trop de polices différentes sur un même document.	Titre 1 Style 1 **Arial gras 14** Titre 2 Style 2 Times new roman 14 Titre 3 Style 3 Times new roman 12 Titre 4 Style 4 Times new roman 10

© Nathan - La photocopie non autorisée est un délit.

Annexe 8 Extrait du compte rendu de la réunion du comité de pilotage

(CRR_comite_pilotage_N_02_01)

KARLIA
Direction générale

Lorient, le 1er février N

Compte rendu de la réunion

Ordre du jour : participation au salon Versög – Cologne

Présents :
Stéphane Lemoigne, directeur marketing
Guy Vernave, directeur logistique
Muriel Villeneuve, directrice communication
Cyril Gindrat, directeur régional Nord-Est

1) Choix de la maquette de la brochure et des plaquettes du salon

Le choix a été compliqué avec le lancement de la nouvelle gamme qui ne doit pas faire de l'ombre aux autres produits. En effet, les prospects doivent repartir du salon avec une vision complète de l'ensemble de nos produits. Après discussion, il a été décidé d'abandonner la maquette 2.

2) Prestation de Patrick Fauvet

[...]

L'ordre du jour est épuisé, la réunion s'achève. La prochaine réunion se tiendra début mars.

Annexe 9 Extrait d'entretien entre Cyril Gindrat et Camille Boisseau

Cyril Gindrat : « Bonjour Camille. Je viens vous voir car j'aimerais disposer d'un tableau de bord en prévision du suivi du projet du salon Versög. »

Camille Boisseau : « Bonjour Cyril. Je me disais justement que cela allait s'avérer indispensable pour vérifier le bon avancement du projet. Je peux vous créer une maquette ; j'imagine que vous souhaitez suivre les délais de réalisation des tâches ? »

Cyril : « Oui, ce serait très utile. J'imagine un modèle dans lequel apparaîtraient la durée prévisionnelle et la durée réelle de chaque phase, de manière à pouvoir repérer les écarts éventuels. Le pourcentage de tâches réalisées pourrait également être un bon indicateur. »

Camille : « D'accord, je vois. Nous pourrions également prévoir un suivi budgétaire ? »

Cyril : « Oui, c'est indispensable en effet. Ce tableau de bord devrait me permettre de voir d'un seul coup d'œil le budget prévisionnel correspondant à chaque phase du projet, les montants réels dépensés, et les éventuels écarts en volume et en pourcentage. Bien entendu il faudrait trouver un système visuel avec des graphiques qui me permette d'évaluer rapidement la situation pour anticiper ou réajuster le projet... »

Camille, *traçant une esquisse sur papier* : « Quelque chose comme cela ? »

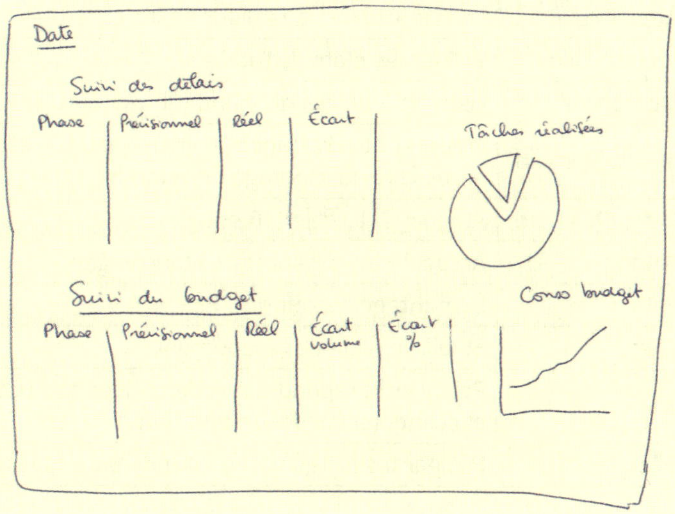

Cyril : « Oui, je vois que vous avez bien compris ma demande. Je vous laisse réaliser la maquette sur tableur et me l'envoyer pour validation. »

© Nathan - La photocopie non autorisée est un délit.

Annexe 10 Extrait de la liste des tâches

Phases		Nom de la tâche *(Jalons en couleur)*	Durée prévisionnelle		
N°	**Nom**		**Nb J**	**Date Début**	**Date Fin**
1	Orga projet	Définir le plan d'action	3	2-janv.	4-janv.
1	Orga projet	Définir les missions	3	3-janv.	5-janv.
1	Orga projet	Établir le budget prévisionnel	3	4-janv.	6-janv.
1	Orga projet	Réaliser et valider la note de cadrage	1	10-janv.	10-janv.
2	Linguistique	Sélectionner et valider l'organisme de formation	3	15-janv.	17-janv.
2	Linguistique	Choisir et valider l'interprète	3	18-janv.	20-janv.
2	Linguistique	Compte rendu fin de formation	1	1-nov.	1-nov.
3	Documentation	Créer les maquettes de brochure et de plaquette	30	1-mars	31-mars
3	Documentation	Créer la maquette de la vidéo de présentation du groupe	10	2-avr.	12-avr.
3	Documentation	Adapter le plan de gestion documentaire (plan de nommage nouvelle charte graphique...)	8	16-avr.	27-avr.
3	Documentation	Définir les documents à réaliser pour l'atelier	3	30-avr.	3-mai
3	Documentation	Réaliser les documents liés à l'atelier (infographie, visuel projeté, collecte données, prise d'image)	21	15-mai	8-juin
3	Documentation	Prévoir catalogue salon + inscription des exposants	5	15-juin	20-juin
3	Documentation	Valider documentation du salon	1	6-juil.	6-juil.
4	Transp. Heb.	Choisir le transport et l'hébergement de l'équipe	3	12-mars	14-mars
4	Transp. Heb.	Réserver le transport et l'hébergement de l'équipe Informer l'équipe	2	15-mars	16-mars
5	Orga stand	Réserver emplacement dans pavillon France avant 1/3	1	15-févr.	15-févr.
5	Orga stand	Se procurer/fabriquer, matériel stand	30	15-févr.	15-mars
5	Orga stand	Faire plan du salon avec matériel en place	1	15-mars	15-mars
6	Invit/cadeaux	Prévoir goodies, cadeaux et objets publicitaires	8	2-juil.	11-juil.
6	Invit/cadeaux	Sélectionner les grands comptes à inviter	5	2-juil.	6-juil.
6	Invit/cadeaux	Sélectionner les clients et prospects à inviter	5	9-juil.	13-juil.
6	Invit/cadeaux	Valider les clients grands comptes, clients et prospects à inviter	1	16-juil.	16-juil.
6	Invit/cadeaux	Sélectionner les clients disposant d'une entrée gratuite au salon	3	3-sept.	5-sept.
6	Invit/cadeaux	Envoyer les invitations au salon	3	10-sept.	13-sept.
6	Invit/cadeaux	Valider liste clients et cadeaux	1	17-sept.	17-sept.
7	Atelier culin.	Choisir les plats à réaliser. Tests, contrôles	15	1-oct.	15-oct.
7	Atelier culin.	Valider les plats de l'atelier	1	15-oct.	15-oct.
8	Montage stand	Lister le matériel du stand (PC vidéoprojecteur...)	1	1-nov.	1-nov.
8	Montage stand	Préparer et acheminer les marchandises et le matériel nécessaire au montage des stands	1	2-nov.	2-nov.
8	Montage stand	Aménager le stand. Test OK	1	4-nov.	4-nov.
9	Salon	Accueillir les prospects + stand vegan	5	5-nov.	9-nov.
9	Salon	Démontage du salon	1	9-nov.	9-nov.
10	Bilan	Établir le bilan de l'événement	5	12-nov.	16-nov.
10	Bilan	Relancer et répondre aux demandes des prospects et clients (envoi documentation...)	5	19-nov.	23-nov.
10	Bilan	Rédiger les pistes d'amélioration pour le futur salon	2	26-nov.	27-nov.
		Totaux	**195**		

© Nathan - La photocopie non autorisée est un délit.

1 La gestion des documents au sein du projet

I Les documents du projet

Dans un projet, de nombreux documents sont établis au cours de la réalisation des tâches (lettre, note...), pour constater la fin d'une tâche (livrable) ou pour suivre l'évolution du projet (planning, tableau de bord). Tous ces documents doivent satisfaire à trois conditions :

Qualité	Accessibilité	Sécurisation
Lisibilité Mise à jour régulière Dernière version proposée Pertinence du document	Droit d'accès au document attribué Une seule version enregistrée à un endroit Enregistrement dans une arborescence connue et reconnue par tous	Confidentialité assurée Traçabilité possible Intégrité du document

II Le cycle de vie du document dans un projet

Au fur et à mesure des phases du projet, le document va évoluer ; il est donc important de distinguer document de travail et document finalisé, en respectant diverses étapes :

– l'**ébauche :** phase de réflexion sur le document et d'écriture informelle, individuelle ou collective (*via* un tableau partagé en ligne, par exemple), qui aboutit à l'obtention d'un *document de travail* ; cette mention peut être indiquée en filigrane dans le document (onglet Mise en pages > Arrière-plan de page > Filigrane) ;

– la **réalisation :** lors de cette phase, le document est créé, commenté et annoté par les autres parties prenantes. Les apports de chacun sont identifiés, chaque version est enregistrée et l'on peut revenir sur une version antérieure (*document de travail*) ;

– la **validation :** décision prise par le valideur ou prise collectivement, qui arrête la version finale du document : cela aboutit à l'obtention d'un *document finalisé* ;

– l'**archivage :** en fin de projet, tous les documents sont archivés afin de servir éventuellement de base pour un futur projet (*document archivé*).

III Le stockage des documents du projet

L'accès rapide aux documents du projet sera facilité par une bonne organisation globale du stockage.

1. Le nommage et l'indexation des documents

On peut améliorer l'indexation des fichiers en appliquant des règles de nommage et en précisant les caractéristiques du fichier dans les propriétés.

Pour uniformiser le nommage des fichiers, on établit un plan de nommage qui précise le terme abrégé à utiliser selon le type de document ainsi que l'ordre des propriétés (date, version...).

Plan de nommage

	Termes abrégés
CR	Compte rendu
RAV	Rapport d'avancement
REU	Réunion
...	

Format de date : AAAAMMJJ...	Précisions complémentaires	Numéro de version

REU_20181001_lancement_projet_CR_v2

Ordre des propriétés : du plus général au détail
type-de-document_date_précisions-complémentaires_numéro-de-version
Les propriétés sont séparées par des traits bas (_)

© Nathan - La photocopie non autorisée est un délit.

▶▶▶

D'autres éléments d'indexation peuvent être ajoutés dans les propriétés du fichier, tels que le titre du document, l'auteur, des mots-clés...

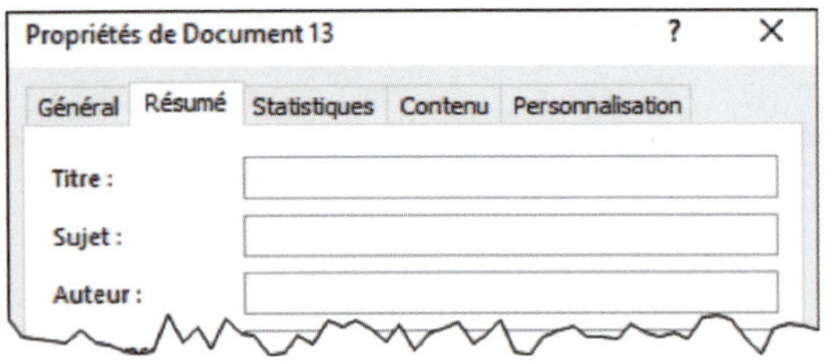

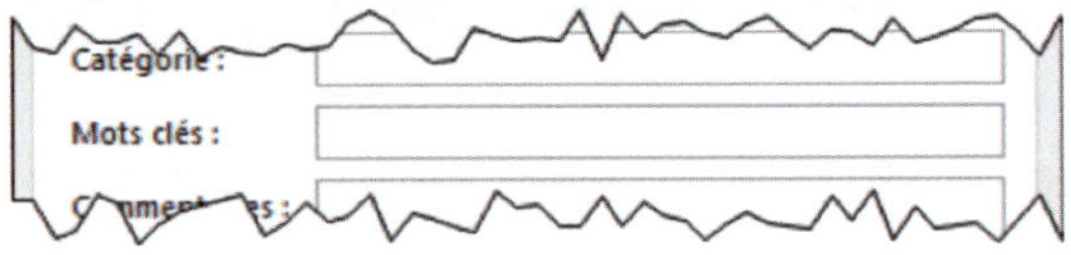

2. Le classement des documents

L'organisation du classement des documents du projet dans des espaces partagés permet d'en faciliter l'accès. Il est donc nécessaire de les structurer de manière compréhensible et utile pour les utilisateurs. Cette organisation peut se représenter par une arborescence de dossiers qui présente les différents dossiers, leur nom et leur niveau.

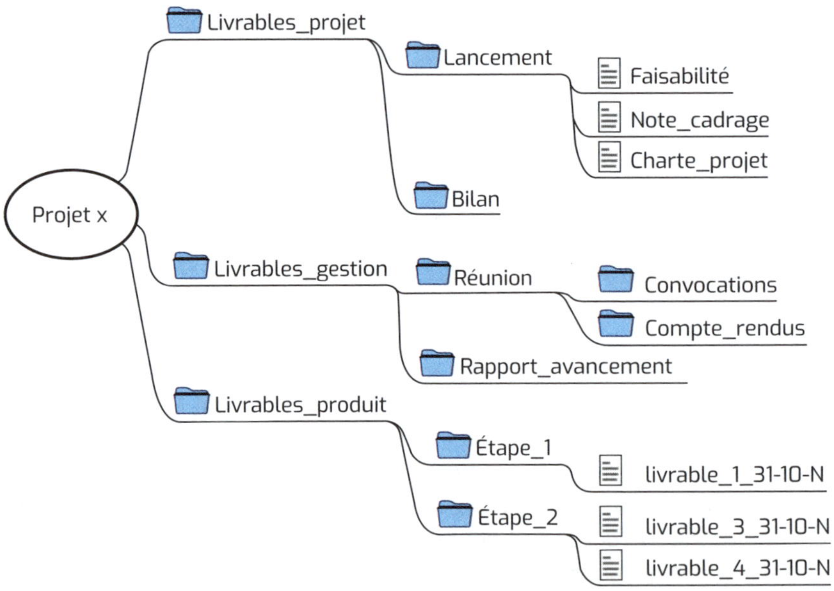

Autres regroupements possibles :

- Thématique (logistique, clientèle...)
- Processus (conception, réalisation, livraison...)
- Niveau fonctionnel (service X, service Y, direction...)

La structuration de l'espace documentaire ne doit pas avoir une profondeur trop importante pour éviter de perdre les utilisateurs dans une succession d'espaces et de sous-espaces imbriqués les uns à la suite des autres.

3. L' espace collaboratif pour l'équipe projet

Dans un projet, il est indispensable de mettre en place un espace collaboratif dédié afin de partager ces documents entre les parties prenantes. Ainsi, chacun peut suivre le projet, échanger, consulter ou coéditer des livrables, des processus, des formulaires de procédures.

L'espace collaboratif du projet va permettre de partager toutes les informations, quels que soient le format (texte, son, image, vidéo, site Internet, discussion...), la temporalité (synchrone ou asynchrone) ou la nature (formelle, informelle). Il est indispensable de définir :

Le paramétrage de l'espace : choix des fonctionnalités à activer, organisation de l'espace et des fonctionnalités...

La gestion des membres et des droits d'accès : création, modification, suppression d'utilisateurs et attribution des rôles.

La gestion de la visibilité et de la sécurité : espace sécurisé, public ou privé.

Les espaces partagés peuvent aussi définir des droits différents en fonction des utilisateurs : par exemple le dossier contenant les comptes rendus de réunion peut être en accès total pour le collaborateur chargé de les rédiger et en accès en lecture seule pour les autres participants au projet.

© Nathan - La photocopie non autorisée est un délit.

2 La standardisation des documents

Un document est composé de trois éléments : le contenu (les informations), la structure (l'organisation des informations) et la mise en forme (présentation des informations).
Tout document propose un contenu spécifique, mais il est possible de standardiser la structure et la mise en forme pour s'assurer de l'homogénéité des documents au sein d'une organisation.

I Les modèles de documents

Un modèle est un document générique qui fige la mise en page des supports ayant vocation à être utilisés de manière récurrente dans une organisation.

1. L'utilité des modèles

Dans le cadre d'une communication globale et dans un souci de standardisation des documents, la structure et la mise en forme seront identiques pour tous les documents de même type (lettre, compte rendu de réunion…) grâce à l'utilisation de modèles.
Un modèle est un document de base qui contient tous les éléments de mise en forme du document (la feuille de style) et, éventuellement, les éléments de la structure du document (les différentes parties du document). Un modèle assure l'homogénéité de la présentation, évite aux utilisateurs de refaire la mise en page à chaque fois et garantit la présence des éventuelles mentions obligatoires.

2. La création d'un modèle

Pour créer un modèle, le concepteur crée la trame du document (mise en page, éléments de présentation…) puis enregistre le document en tant que « Modèle ».
Pour créer par exemple un compte rendu de réunion de lancement du projet, il suffit d'ouvrir le fichier enregistré comme modèle correspondant (CR_reunion) et de saisir les informations spécifiques au document précis (réunion de lancement du projet). Un nouveau nom de fichier devra obligatoirement être proposé puisque l'original est en lecture seule.

II La charte graphique

La charte graphique est un document qui guide l'utilisation de tous les éléments constituant l'identité visuelle d'une organisation (logos, polices, couleurs…). Elle traduit graphiquement son univers et ses valeurs.

1. L'intérêt de la charte graphique

La conception et l'utilisation d'une charte graphique renforce l'identité visuelle d'une organisation, d'une marque, d'un projet… dans sa stratégie de communication globale. Elle permet de véhiculer une image homogène facilement identifiable par les partenaires. Au cœur de la charte graphique figure le logotype (ou logo) de l'organisation, qui reflète ses activités. Le logo doit pouvoir s'adapter et se décliner sur l'ensemble des supports de communication.

2. Le contenu de la charte graphique

La charte graphique regroupe dans un même document le logo et ses déclinaisons ; les caractères typographiques, les codes couleur s'appliquant dans toutes les productions et réalisations de l'organisation (le code Pantone est souvent utilisé). Les teintes Pantone sont des couleurs normalisées et référencées dans un échantillonnage appelé « nuancier ».
La charte graphique est diffusée à tous les membres de l'organisation qui doivent veiller à son respect.

© Nathan - La photocopie non autorisée est un délit.

▶▶▶

III Les feuilles de style

Une feuille de style désigne l'ensemble des formats pouvant être appliqués en une seule opération à un ou plusieurs éléments du texte. Elle permet d'appliquer automatiquement la charte graphique à un document. La notion de style est liée à celle de modèle : chaque modèle comporte un certain nombre de styles.

Les interactions entre modèle, charte graphique et feuille de style peuvent être schématisées ainsi :

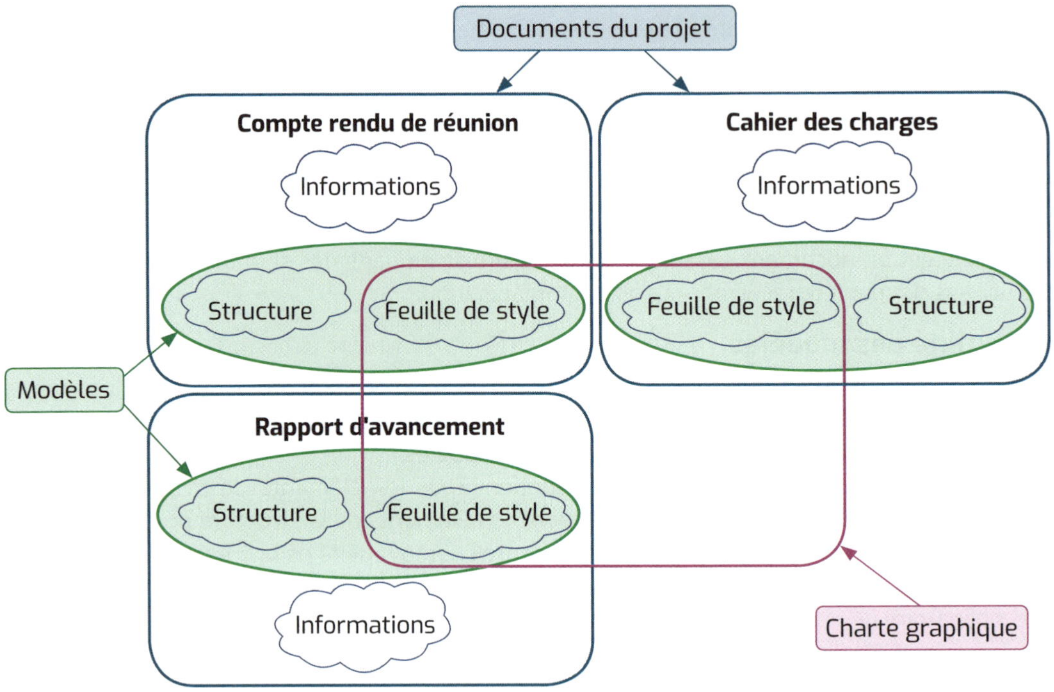

© Nathan - La photocopie non autorisée est un délit.

3 Modèle de convocation et de compte rendu de réunion

Tout projet implique des réunions régulières ; il est donc pertinent de réaliser des modèles pour faciliter la réalisation des documents correspondants : convocation et compte-rendu.

Courriel de convocation de réunion

Projet XX : Convocation réunion de suivi / pilotage

Destinataires — *Liste de diffusion ou adresses des acteurs concernés*

Projet XX : Convocation réunion de suivi/pilotage — *Préciser le nom du projet et le type de réunion*

Bonjour,

Vous êtes convié(e) à la réunion de suivi/pilotage qui se tiendra :

Lieu :

Date :

Heure de début : Heure de fin :

Ordre du jour :

Documents attendus ou utiles (mis à disposition minimum *x* jours avant) :

Précisions à apporter sur :
– la logistique de la réunion
– l'ordre du jour (éventuellement dans un fichier joint)
– la liste des documents du projet à compléter (fiche d'avancement des lots, mise à jour du Gantt…)

En cas d'indisponibilité, prévenir Nom_collaborateur — *Information importante pour l'organisateur de la réunion*

Si vous souhaitez ajouter un … courriel avant le

Cordialement,

Nom collaborateur
Fonction

Compte rendu de réunion

Projet XX – Compte rendu (réunion de suivi/pilotage) n° 00

Date : JJ/MM/AA **Heure de début :** **Durée :**	**Lieu :**
Présent(s) : **Équipe projet :** **Client ou partenaire éventuel :** **Invité(s) autre(s) :**	**Absents :**
Émetteur : **Date de diffusion :**	**Liste de diffusion :**

Logistique de la réunion · *Liste des participants* · *Canal de diffusion*

Ordre du jour — *Prédéfini et validé en amont par le chef de projet*
1. Point 1
2. Point 2
3. Suivi des actions précédentes

Remarques / Questions
1. Remarque 1
2. Remarque 2

Décisions
1. Décision 1
2. Décision 2

Rubriques complétées au fur et à mesure de la réunion. Finalisation après la réunion.

Tâches à suivre

Description	Responsable	Délai	Livrable	Validé par

Documents :

Prochaine réunion le **à**

(En l'absence de remarques, ce CR sera considéré comme approuvé le XX/XX)

© Nathan - La photocopie non autorisée est un délit.

FICHE RESSOURCE

4 Le tableau de bord

I Objectifs du tableau de bord

Le tableau de bord est un outil indispensable au responsable ou chef de projet. Il permet une représentation synthétique et visuelle d'un ensemble d'indicateurs mesurant une activité (de l'entreprise, d'un service, d'un projet…). Il rend compte de la vie du projet et permet de suivre son bon déroulement.

1. Les destinataires du tableau de bord

Dans le cadre d'un projet, un tableau de bord peut être destiné exclusivement au comité de pilotage, ou à l'ensemble des membres du groupe projet. C'est à définir en amont. Selon le cas, il ne contiendra pas les mêmes indicateurs.

2. Les indicateurs du tableau de bord

Les indicateurs sont sélectionnés de manière pertinente : ils portent sur des enjeux du projet. Ils peuvent être très variés, leur choix est libre. On retrouve en général systématiquement le suivi des délais et des coûts liés au projet. Ils sont présentés sous forme de données chiffrées, en volume et/ou en pourcentage. On trouve des représentations graphiques.
Ces indicateurs permettent d'identifier immédiatement les problèmes et les risques, et d'apporter rapidement une action corrective.

II Exemple de tableau de bord

Le tableau de bord ci-dessous permet de visualiser d'un seul coup d'œil l'avancement du projet et la consommation du budget.

NoXy

TABLEAU DE BORD de PROJET

Aménagement d'une salle de conférence

Date TB : **30/05/N**
Date butoir : **15/06/N**

Les phases du projet	Date Fin Prvl	Date Fin Réel	Écart	Marge hors chemin critique	Impact cumulé date butoir
Gros œuvre	10-mars	12-mars	2	3	0
Choix mobilier	20-mars	21-mars	1	10	0
Cloisons finitions	30-avr	15-mai	15	5	10
Intallation matériel	01-juin	25-mai	-7	0	3
Installation mobilier	05-juin			0	
Tests en situation	15-juin			0	

Consommation du budget à fin mai, en %

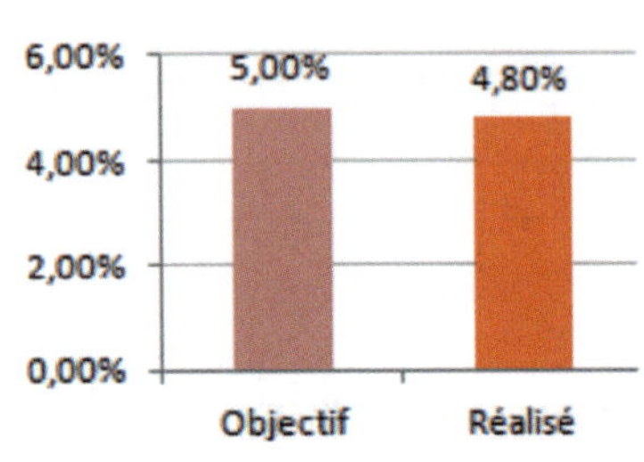

Consommation cumulée du budget, en volume

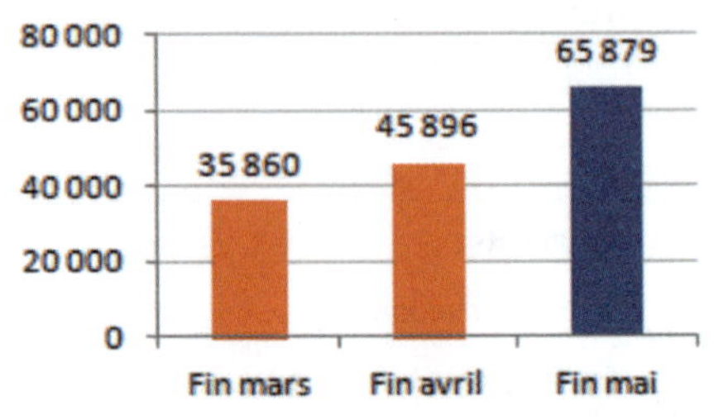

© Nathan - La photocopie non autorisée est un délit.

5 Réaliser un tableau de bord avec Excel

I Organisation des feuilles de données

Pour réaliser un tableau de bord avec un tableur, il faut créer une feuille de données par type de données à surveiller et une feuille de données récapitulative pour le tableau de bord, reprenant de manière visuelle les indicateurs calculés à partir des autres feuilles de données.

Tableau de bord	Suivi des tâches	Suivi du budget

II Calcul des indicateurs

Pour calculer les indicateurs, il faut rassembler les données de base dans des feuilles de données dédiées. Par exemple, pour suivre l'avancement d'un projet, on peut souhaiter surveiller le déroulement des tâches (nombre de tâches réalisées par rapport au total, nombre de tâches en retard…) et l'évolution du budget (part du budget engagé, écart entre les dépenses réelles et prévues…). On réalise donc une feuille de données pour chaque type de données.

Exemple de feuille de données pour suivre le déroulement des tâches :

	A	B	C	D	E
1	**Tâches**	**Date prévue**	**Date réelle**	**Écart**	
2	Tâche1	1/1	1/1	0	
3	Tâche2	2/1	5/1	3	
4	Tâche3	4/1	4/1	0	
5	Tâche4	15/1	12/1	-3	
6	Tâche5	20/1	20/1	0	
7	Tâche6	25/1	26/1	1	
8	Tâche7	26/1	26/1	0	
9	Tâche8	27/1	25/1	-2	
10	Tâche9	28/1	28/1	0	
11	Tâche10	29/1	28/1	-1	
12	Tâche11	30/1	29/1	-1	
13	Tâche12	31/1	30/1	-1	
14	Tâche13	1/2	31/1	-1	
15	Tâche14	2/2			
16					
17	Tâches réalisées en avance			6	
18	Tâches réalisées à temps			5	
19	Tâches réalisées en retard			2	
20					
21	Nombre de tâches total			14	100%
22	Nombre de tâches réalisées			13	93%
23	Nombre de tâches restant à réaliser			1	7%

Calcul de l'écart : **D2=C2-B2**

Mise en forme conditionnelle avec 4 règles :
- Si < 0 (cellule rouge)
- Si = 0 (cellule bleue)
- Si > 0 (cellule verte)
- Si = « » (espace)

Les valeurs suivantes se calculent à partir des formules ci-dessous

=NB.SI(D2:D15;"<0")

=NB.SI(D2:D15;0)

=NB.SI(D2:D15;">0")

NBVAL(A2:A16)

=NBVAL(C2:C16)

=D21-D22

Utilisation de la mise en forme conditionnelle avec Excel

Sélectionner les cellules sur lesquelles appliquer la règle, puis : *Accueil > Mise en forme conditionnelle > Nouvelle règle.*

Cette commande permet de définir le type de règle, puis de définir la règle et la mise en forme à appliquer si la règle est respectée.

© Nathan - La photocopie non autorisée est un délit.

▶▶▶

Exemple de feuille de données permettant un suivi budgétaire :

	A	B	C	D
1	Ressources allouées	2 000,00 €		
2	Part du budget engagé	1 950,00 €	98%	
3	Part du budget disponible	50,00 €	3%	
5	Budget actualisé (prévisionnel + écart)	**3 145,00 €**		
7	**Totaux**	**3 005,00 €**	**1 950,00 €**	**140,00 €**
8		↑	↑	↑
9	**Dépenses**			
10	**Postes**	**Montant**	**Montant réel**	**Écart**
11	Ligne1	100,00	90,00	-10,00
12	Ligne2	200,00	200,00	0,00
13	Ligne3	250,00		
14	Ligne4	140,00	180,00	40,00
15	Ligne5	300,00		
16	Ligne6	25,00	25,00	0,00
17	Ligne7	280,00	285,00	5,00
18	Ligne8	345,00		
19	Ligne9	250,00	210,00	-40,00
20	Ligne10	140,00	140,00	0,00
21	Ligne11	300,00		
22	Ligne12	25,00	40,00	15,00
23	Ligne13	170,00	300,00	130,00
24	Ligne14	480,00	480,00	0,00
25				

Tableau de bord | Suivi des tâches | **Suivi du budget**

III Représentation des indicateurs dans le tableau de bord

Le tableau de bord ci-dessous permet de visualiser d'un coup d'œil l'avancement du projet (nombre de tâches réalisées), le suivi budgétaire (part du budget engagé et écart par rapport au budget prévisionnel) et le respect des délais.

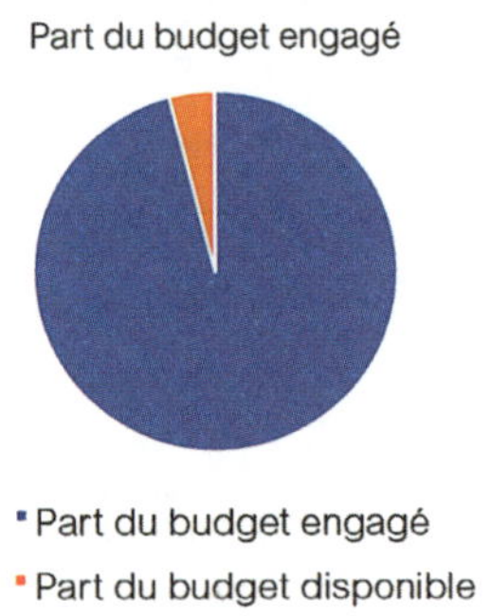

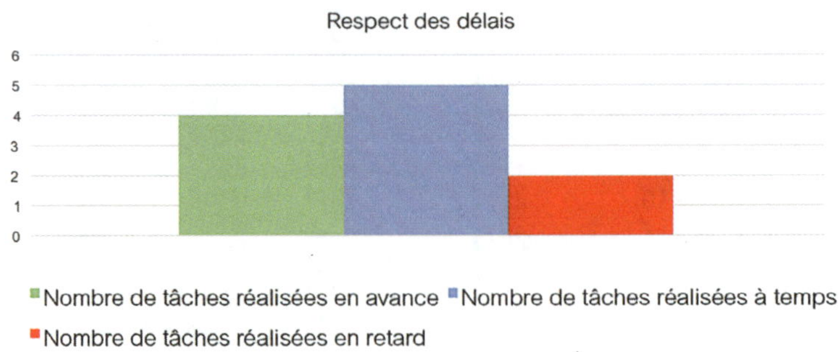

Les pictogrammes permettent de synthétiser et renforcer visuellement les données.

Exemples de représentations

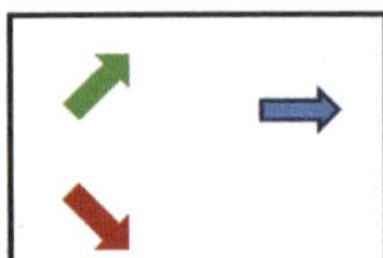		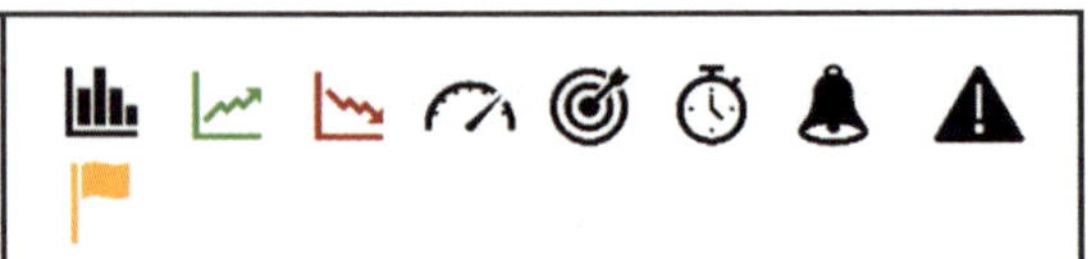
Évolution	Qualitatif	Divers

Pour faire apparaître un symbole sur une cellule en fonction de sa valeur, il faut sélectionner la cellule puis créer une règle de mise en forme conditionnelle en utilisant les jeux d'icônes (Accueil > Mise en forme conditionnelle > Jeux d'icônes).

© Nathan - La photocopie non autorisée est un délit.

APPLICATIONS PROFESSIONNELLES

1 Réaliser un plan de classement

MAÎTRISE

Situation

Vous venez d'être recruté(e) chez Orgaform, un organisme de formation situé dans la région de Nice. Ce nouveau centre est ouvert depuis un mois et l'activité débute à peine. Ses deux jeunes dirigeantes se sont positionnées sur le marché du *blended learning* (formation mixte en présentiel et en distanciel). Elles assurent chaque jour plusieurs rendez-vous extérieurs.

Un matin, vous découvrez une pochette contenant des documents papier d'inscription de sept candidats pour une formation accompagnée d'un message de votre responsable (document). Vous venez juste de créer le plan de classement pour les cinq formations disponibles (santé au travail, formation pôle RH, formation langue anglaise, formation langue italienne, formation juridique) sur le réseau. Vous devez contrôler et vérifier les documents fournis avant de les numériser.

Consignes

1. **Relevez dans le document les informations vous permettant de mettre en place le plan de nommage qui sera appliqué pour tous les nouveaux fichiers créés.**
2. **Créez l'arborescence, puis indiquez à quel endroit seront enregistrés les fichiers numérisés.**
3. COM **Réalisez une note à l'attention de vos deux responsables afin de les informer de la procédure à suivre pour nommer et ranger les fichiers.**
4. **Comment allez-vous transmettre les identifiants de connexion aux participants ?**

Document

Super, notre première formation débute comme prévu dans 15 jours !

Nous avons trouvé les 7 candidats pour notre formation « Langue italienne » de 5 jours.

Je t'ai laissé la pochette avec les contrats signés, les attestations de niveau en langue, la fiche de renseignements complétée.

Peux-tu re-vérifier et numériser les documents, et voir ensuite avec Jules pour la création des comptes sur la plate forme d'e-learning ?

Merci par avance !

Appelle-moi si tu as un souci.

© Nathan - La photocopie non autorisée est un délit.

2 Créer un plan de nommage

MAÎTRISE

Situation

La commune de Bourg-le-Prince est une petite commune de 2 419 habitants. Le dernier conseil municipal a voté le budget d'agrandissement de l'espace médiathèque.
Ce lieu est géré par Jacqueline Dubois, appuyée d'un contrat civique et de bénévoles ; il est destiné aux enfants et comporte uniquement des documents pour la jeunesse, classés par thème. Depuis sa création il y a 6 mois, le nombre d'ouvrages a quadruplé grâce à la générosité des habitants. Cependant, de nombreux cartons contenant des livres pour adultes s'entassent dans la réserve.
Vous effectuez un stage de quatre semaines auprès de Jacqueline Dubois, responsable de la bibliothèque. Vous proposez de mettre en place un espace Adultes, en informatisant le classement ainsi que la procédure d'emprunt et de retour des livres ; aucun bénévole n'a les compétences pour le faire.
Jacqueline Dubois vous charge de réfléchir à l'opportunité de mettre en place cet espace Adultes.

Consignes

1. **À partir d'une recherche sur Internet et du document 1, vous préparez la maquette du plan de nommage des livres.**
2. **Afin de pouvoir évaluer la faisabilité du projet, vous avez réalisé un questionnaire disponible à la mairie et à La Poste, que vous avez dépouillé (document 2). Qu'en concluez-vous ?**
3. **La mairie souhaite que vous proposiez une maquette de charte graphique afin de préparer la documentation de présentation de la nouvelle bibliothèque Adultes-Enfants.**

Document 1 Classement des livres Enfants

Espace Enfants :
Genres : romans / nouvelles / humour / romans illustrés / poésie / théâtre / contes / bandes dessinées / albums / CD audio / DVD
Thèmes : nature, ville, maison, animaux, Noël, printemps, hiver, été, camping, sorcières monstres, loups...

Document 2 Résultats de l'enquête « Agrandissement de la bibliothèque » (extrait)

Enquête réalisée auprès des habitants de la commune de Bourg-le-Prince entre le 1er février et le 1er mai N.

Questions	Réponse	Valeur
Connaissez-vous l'espace bibliothèque de la ville ?	oui	857
Seriez-vous intéressé par un espace Adultes ?	oui	704
Total habitants Bourg-le-Prince		2 419
Total réponses obtenues		895

© Nathan - La photocopie non autorisée est un délit.

3 Élaborer le tableau de bord d'un service commercial

MAÎTRISE

Situation

La société Coton des Vosges, qui emploie 250 salariés, est spécialisée dans le linge de maison. Le directeur commercial dirige une équipe de vingt commerciaux répartis sur toute la France qui sillonnent le terrain à la rencontre des clients et prospects.

Le directeur souhaiterait disposer d'un tableau de bord mensuel pour suivre l'activité de ce service, dans le cadre d'un projet récemment mené de lancement d'une nouvelle gamme de produits. Il vous charge de son élaboration.

Consignes

1. **À partir des objectifs, identifiez les indicateurs à suivre.**
2. **Proposez un modèle de tableau de bord que vous réaliserez sur tableur.**

Document 1 Les objectifs du projet

Le lancement de la nouvelle gamme a comme objectif de permettre l'augmentation des parts de marché de l'entreprise, dans un contexte de concurrence de plus en plus rude, notamment en provenance de pays étrangers.

La déclinaison de cet objectif dans le service commercial a abouti aux objectifs suivants :
– faire progresser le chiffre d'affaires auprès des clients actuels ;
– élargir la clientèle.

Document 2 Les consignes du directeur commercial

« Je souhaite disposer d'un tableau de bord pour suivre nos performances commerciales liées à la nouvelle gamme.

Nos équipes commerciales ont l'habitude de ce genre de suivi puisqu'une partie de leur salaire est variable et soumise à l'atteinte des objectifs, notamment en termes de chiffre d'affaires réalisé. Ils ont des objectifs en termes de rendez-vous clients, de nombre de commandes passées...

Il me serait utile de savoir si nos clients historiques sont intéressés par nos nouveaux produits et de connaître la contribution de la nouvelle gamme à l'atteinte des objectifs.

Nos commerciaux mènent également une activité de prospection : ils participent notamment à de nombreux salons professionnels pour approcher de nouveaux prospects. J'aimerais suivre précisément l'activité de prospection liée à notre nouvelle gamme. »

© Nathan - La photocopie non autorisée est un délit.

4 Réaliser une collecte de vêtements professionnels

MAÎTRISE

Situation

L'association Retravaillons, qui aide les personnes en chômage longue durée, est une association loi 1901 installée en périphérie de la ville de Caen. Son objet social est d'accompagner dans leur recherche de travail les personnes sans emploi depuis plus de deux ans.

L'association est composée d'un groupe de bénévoles et de cinq permanents en CDI à temps partiel. Chaque année, l'effectif est renforcé par des « marraines » et « parrains » issus du monde de l'entreprise.

Lors de la dernière réunion, deux tiers des marraines et parrains ont évoqué l'idée de mettre en place une collecte de tenues professionnelles (costumes, tailleurs…) dans les locaux et les grandes surfaces partenaires de l'événement durant les six prochains mois. Les vêtements déposés seront ensuite nettoyés en pressing avant d'être donnés aux personnes en recherche d'emploi lors des ateliers de simulation d'entretien de recrutement.

En tant que membre permanent, vous faites partie de l'équipe projet ; vous vous portez volontaire pour l'organisation des RIM (réunion d'information mensuelle) ainsi que les contacts avec les grands magasins des alentours.

Consignes

1. **Créez le modèle de compte rendu de réunion qui sera utilisé pour ce projet.**
2. **Proposez un espace de stockage gratuit en ligne sur lequel seront déposés les documents du projet afin que les bénévoles puissent y avoir accès. Définissez les droits de partage de cet espace.**
3. COM **Rédigez le courrier qui sera envoyé aux grandes surfaces de la ville. Ce courrier sera ensuite déposé sur l'espace collaboratif.**
4. **Quel outil allez-vous utiliser pour ne pas passer trop de temps à la saisie et à l'impression de vos lettres ? Justifiez votre choix.**
5. COM **Vous simulez un appel téléphonique au directeur d'un magasin pour solliciter son aide. Préparez votre argumentaire.**

© Nathan - La photocopie non autorisée est un délit.

Chapitre

6 Produire les documents au service du projet

ACTIVITÉ	**2.1.** Préparation du projet	**2.4.** S'insérer dans le monde numérique
COMPÉTENCE	Formaliser le cadre du projet	**3.1.** Développer des documents textuels
TÂCHE	**2.1.5.** Préparation de l'environnement de travail du projet	**3.2.** Développer des documents multimédias
VERS PIX	**1.3.** Traiter des données	**3.3.** Adapter les documents à leur finalité
	2.1. Interagir	**4.1.** Sécuriser l'environnement numérique
	2.2. Partager et publier	**4.2.** Protéger les données personnelles et la vie privée
	2.3. Collaborer	

Situation professionnelle

Il a été décidé de présenter, durant le salon Versög, la nouvelle gamme de restauration Vegan qui facilitera la percée sur le marché allemand. Les cibles visées dans un premier temps sont les traiteurs et les restaurants d'entreprise.
Cyril Gindrat a décidé d'associer le chef cuisinier, Patrick Fauvet, à ce lancement, en le conviant sur le stand durant les trois premiers jours afin d'animer un atelier par demi-journée de démonstration culinaire. Cet atelier permettra aux visiteurs de découvrir cinq nouvelles recettes : le hachweg (steak végétalien de betterave aux lentilles), les galettes de millet aux haricots rouges, les lasagnes de courgette aux pois chiches, le muffin amandes et graines, et la glace vegan. La dégustation finira de convaincre les clients et prospects sur ces nouveaux goûts.

Comprendre le contexte

1. **Pourquoi la société Karlia fait-elle participer le chef cuisinier du siège au salon ?**
2. **Quels sont les types de documents à prévoir pour les visiteurs ?**
3. **En quelle(s) langue(s) serait-il utile de prévoir les documents diffusés lors du salon ?**

Découvrez l'entreprise Karlia en vidéo
liennathan.fr/3j6q9j

© Nathan - La photocopie non autorisée est un délit.

VOTRE MISSION

Cyril Gindrat vous délègue la réalisation de livrables spécifiques au salon. Vous avez récemment suivi un stage sur la production multimédia et la réalisation d'infographies. Le salon est une opportunité pour mettre en œuvre ces nouvelles compétences.
Vous travaillez en relation avec le service communication et le service commercial.

TRAVAIL À FAIRE

I. Réaliser une infographie

L'infographie de présentation du groupe doit être validée par Muriel Villeneuve, directrice de la communication.

COM **1.** Rédigez un mail à Muriel Villeneuve pour lui présenter les avantages que présente la réalisation d'une infographie pour ce salon.

2. Pour vous aider dans la réalisation de l'infographie, les commerciaux vous ont remis un extrait de leur argumentaire. Créez la maquette de l'infographie sur papier.

3. Après validation de la maquette par Muriel Villeneuve, proposez une version numérique de l'infographie à l'aide d'une application spécifique en ligne ou d'un logiciel de PAO.

Annexe 1
Fiche ressource 1
Annexe 2
Annexe 3

II. Réaliser des documents respectant les contraintes

Vous avez été convié(e) à la prochaine réunion d'avancement du projet « Organisation du salon ». Cyril Gindrat vous demande de réaliser des livrables autour de l'atelier de démonstration culinaire de Patrick Fauvet pour J + 20.

4. Réalisez une présentation de la nouvelle gamme Vegan qui sera projetée en continu sur un écran placé derrière le chef cuisinier. Ce visuel doit respecter la charte graphique de la société.

5. Il est prévu de recueillir les coordonnées des visiteurs sur le stand afin de leur envoyer un livret de recettes sur la nouvelle gamme Vegan. Proposez un document de collecte d'informations respectant les principes de la CNIL en vous aidant des notes prises en réunion.

6. Lors de la phase de préparation et de dégustation, il est prévu de prendre des photos. Concevez le document d'autorisation de prise d'images.

E5-B **7.** Votre professeur met à votre disposition la fiche d'expression de nouvelle demande qui a été préparée par la commission d'interrogation. Vous vous adaptez à la demande et mettez à jour les documents et les livrables que vous avez préparés précédemment.

Annexe 4
Annexe 5
Annexe 6
Annexe 7
Fiche ressource 2
Diaporama Karlia.ppt
Chap6-annexe8.docx

© Nathan - La photocopie non autorisée est un délit.

DONNÉES DE LA SITUATION

Annexe 1 Les atouts de l'infographie

Datavisualisation : pourquoi utiliser l'infographie comme outil de communication ?

Depuis quelques années, on peut voir une recrudescence de l'utilisation d'infographies, que ce soit dans la presse, dans la communication ou même par simple plaisir de diffuser l'information. Cet outil, nommé également « datavisualisation », permet de rendre plus digeste une masse de données en les mettant en scène de manière ludique.

Remisés les tableaux Excel poussiéreux, les graphiques sans relief et les camemberts vieillissants, communiquer par l'infographie devient le terrain de prédilection pour les expérimentations de nombreux graphistes et illustrateurs, qui en font un outil toujours plus jeune, à la pointe de l'innovation. Au-delà de la simple présentation, chiffres et mots peuvent tisser des histoires ensemble, devenant plus attractives pour un public toujours avide de *story-telling*.

Utilisée dans la presse et l'édition, elle trouve également sa place dans l'environnement web, évoluant bien souvent d'une simple image statique vers l'animation, et parfois même vers l'interactivité.

L'agence de communication Your-Comics réalise par exemple des infographies interactives, nommées *e-data*, où l'information se développe peu à peu, au gré des clics de l'utilisateur. Ainsi impliqué, ce dernier assimilera avec encore plus de facilité les données et les informations qui lui sont offertes.

L'infographie a ce pouvoir d'être très novatrice et attractive. La datavisualisation est donc un outil que toutes les entreprises peuvent utiliser, afin de vulgariser des masses d'informations indigestes, dynamiser leur présentation ainsi que leurs données publiques.

Jean Dennetière, http://your-comics.com

Annexe 2 Extrait de l'argumentaire des commerciaux

Informations extraites du livret d'accueil de la société Karlia

… « distributeur français de surgelés pour la restauration commerciale et collective depuis plus de 30 ans… »

1985 : création par Marc Liarand de l'entreprise « surgelé Noala »

1991 : décès de Marc Liarand et reprise de l'entreprise par son fils Karl Liarand

1992 : changement de dénomination sociale, l'entreprise Noala devient Karlia

2017 : lancement d'une nouvelle ligne de produits, les « Surgelés Veg »

Gamme de plus de 900 produits surgelés répartis sur 2 segments : Cuisine française (58 %), Cuisine du monde (42 %).

Évolution du CA

Années	Montants en euros
N-1	627 580 000
N-2	569 706 000
N-3	523 450 000

Extrait de l'argumentaire des commerciaux

« Savoir-faire français » ; « … progression depuis quelques années du véganisme et volonté de satisfaire de plus en plus de consommateurs… » ; « Plats végans : faciles à congeler, respect des saveurs, faciles à préparer … »

© Nathan - La photocopie non autorisée est un délit.

Annexe 3 Extrait de la charte graphique de Karlia

Logotype KARLIA FABRICANT ET DISTRIBUTEUR SURGELÉS FRANÇAIS	Pantone 308C bleu #005883R (code couleur HTML) Pantone 368C vert #62BD19R (code couleur HTML)
Modèle de diaporama	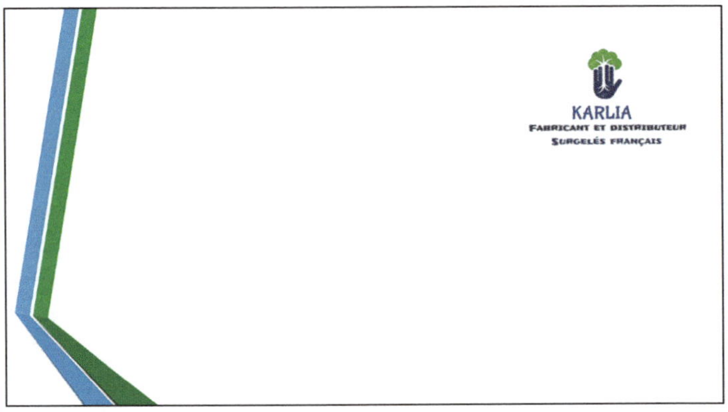

Annexe 4 Article de presse sur la nouvelle mode végan

Berlin, nouvelle capitale des végans

Le véganisme, qui exclut la consommation de tout produit issu des animaux, de leur exploitation ou testé sur eux, connaît une croissance exponentielle. Selon le site Internet Happy Cow qui répertorie tous les restaurants végans dans le monde, Paris compte 24 établissements, Londres 40 et Berlin 60. La capitale française est en train de rattraper son retard avec un boom aussi soudain que récent.

À Berlin, la tendance s'est amorcée il y a plusieurs années déjà avec l'ouverture d'une dizaine d'établissements par an. En 2008, la ville ne comptait que trois restaurants végans, selon la Fédération des végétariens d'Allemagne (Vebu).

Comme le constate son vice-président, Sebastian Joy, « ce mouvement est en marche dans toute l'Europe, mais l'Allemagne et surtout Berlin sont à la pointe ». Et selon lui, la mayonnaise était faite pour prendre dans cette capitale branchée.

« C'est une ville plus jeune, plus "hype" et plus alternative que Munich, Paris ou Londres, explique-t-il à l'AFP. On y croise aussi nombre de jeunes entrepreneurs de start-up qui développent de nouvelles tendances, poursuit-il. Ensuite, le phénomène fait boule de neige : le végan attire le végan et il en vient de plus en plus. »

Difficile d'établir des statistiques précises, mais il y aurait quelque 80 000 adeptes du véganisme à Berlin et 900 000 en Allemagne, selon la fédération. Des chiffres en pleine croissance, mais encore loin des 7,8 millions de végétariens allemands qui ne suppriment que certains produits d'origine animale de leurs menus.

France Soir, 16 août 2016.

© Nathan - La photocopie non autorisée est un délit.

Annexe 5 Photos de plats végans et logotype présent sur l'emballage

Hachweg (steak végétalien de betterave aux lentilles)

Galettes de millet aux haricots rouges

Lasagnes de courgette aux pois chiches

Muffin aux amandes et graines

Glace végan

Logo Vegan

© Nathan - La photocopie non autorisée est un délit.

Annexe 6 Interview de Patrick Fauvet

KARLIA
FABRICANT ET DISTRIBUTEUR
SURGELÉS FRANÇAIS

Journal interne n° 129

Octobre N

Interview de Patrick Fauvet

« Lorsqu'on m'a proposé de participer à l'aventure Veg avec Karlia, j'avoue ne pas avoir été très enthousiaste au début. Henri a réussi à me convaincre de tester des recettes, de laisser libre cours à mon imagination pour dépasser mes barrières culturelles françaises de cuisine gastronomique (rires).

La cuisine végan exclut tout produit dérivé de l'animal et se concentre sur des produits sains pour la santé.

Le débat actuel sur les OGM, les pesticides, le réchauffement de la planète ne peut nous laisser indifférent. La cuisine végan n'a pas de nationalité, elle est interculturelle comme le sont maintenant les personnes !

Pour réaliser les recettes que je présenterai en avant-première lors du salon Versög de Cologne, je me suis enfermé dans mon laboratoire avec mes deux cuisiniers et nous avons laissé notre créativité faire le reste.

Il nous a fallu apprendre à travailler des produits nouveaux, de manière différente, tout en respectant le processus de surgélation en cellule de refroidissement rapide.

Nous avons testé, encore et encore, les recettes afin de restituer toutes les saveurs gustatives du produit frais, en mettant en avant des végétaux oubliés.

Nous avons aussi beaucoup réfléchi au conditionnement des plats afin de faciliter le passage dans les armoires de stockage. »

Annexe 7 Notes prises durant la réunion pour le formulaire de collecte des données

Site de la CNIL
https://www.cnil.fr/fr/adopter-les-six-bons-reflexe

Vérifier les mentions à faire apparaître en bas de chaque formulaire papier
https://www.cnil.fr/fr/exemples-de-formulaire-de-collecte-de-donnees-caractere-personnel

Renseignements à recueillir sur le stand :
- Date et moment de la visite (matin/après-midi) ?
- Participation à l'atelier culinaire ?
- Coordonnées du visiteur/organisation.
- Déjà client ?

- Demande particulière ? (catalogue, devis, rendez-vous avec un commercial...)

© Nathan - La photocopie non autorisée est un délit.

1 Produire des documents multimédia

I Définition

Un document multimédia est un document composé d'objets de natures différentes : textes, sons, images 2D ou 3D, graphiques, tableaux, vidéos, animations. Sa production passe par l'intégration de fichiers obtenus grâce à des outils d'acquisition numérique : caméra, appareil photo numérique, scanner, enregistreur numérique... Afin de les adapter à la production souhaitée, il est souvent nécessaire de traiter ces fichiers à l'aide d'applications de traitement d'image, de son, de montage vidéo, de conversion de format de fichier.
Chaque format de fichier présente des caractéristiques différentes. Le format sera choisi en fonction de l'usage qui sera fait du support : en ligne/hors ligne, qualité et définition/qualité, matériel de lecture utilisé (tablette, ordinateur, smartphone...). Ainsi, au format JPG, une image sera légère mais sa qualité sera moyenne ; au format PNG (utilisé pour des logos, images), le fichier sera de haute qualité mais lourd.

II Les étapes de création d'un document multimédia

1. Définition de la cible et de l'objectif : à qui s'adresse-t-on et pourquoi ?

Avant de se lancer dans la conception du document, il faut définir la cible (à qui s'adresse le document final) et le message que l'on veut faire passer (objectif). Le choix du type de document et les éléments de présentation doivent être cohérents avec la cible et le message.
Par exemple, l'infographie est un support qui s'intégrera facilement sur les réseaux sociaux, magazines en ligne, blogs et sites Internet, mais qui pourra aussi être imprimée et affichée, contrairement à une présentation assistée par ordinateur (diaporama et autre).

2. Sélection et structuration des informations : que veut-on dire ?

Il faut collecter et sélectionner les informations à transmettre en allant à l'essentiel.
Il faut ensuite structurer les informations choisies en définissant un ordre de présentation et leur enchaînement. Pour chaque partie, il peut être utile de définir les mots-clés qui seront mis en évidence pour faciliter la mémorisation.

3. Réalisation et présentation : comment veut-on le dire ?

Un support visuel doit être attractif. L'information donnée doit être succincte. Il peut être pertinent de représenter, à l'aide d'un outil informatique, les données avec des images, symboles, graphiques, lignes de temps, nuages de mots clés, schémas...
Les contraintes liées à l'usage doivent être intégrées : un support destiné à être consulté à distance doit se comprendre seul, tandis qu'un support destiné à être présenté devant un public pourra être commenté et sera donc plus succinct.

4. Publication et diffusion

Il faut prendre soin de respecter les règles liées au droit d'auteur et au droit à l'image.

III La présentation assistée par ordinateur ou PréAO

1. Généralités

La présentation assistée par ordinateur (PréAO) est une technique consistant à travailler sur poste informatique pour réaliser une présentation appelée « diaporama ».
Elle est utilisée comme support de présentation orale.
Une scénarisation permettra une présentation dynamique intégrant des ressources numériques (textes, images, sons, vidéos...).

▶▶▶

© Nathan - La photocopie non autorisée est un délit.

2. Quelques logiciels de PréAO

Des logiciels adaptés tels que PowerPoint (Microsoft Office), Impress (Libre Office, Open Office) ou l'outil Prezi permettent la création de documents multimédia diffusés à plusieurs personnes.

IV L'infographie

1. Généralités

Étymologiquement, une infographie est une image réalisée avec un outil informatique.

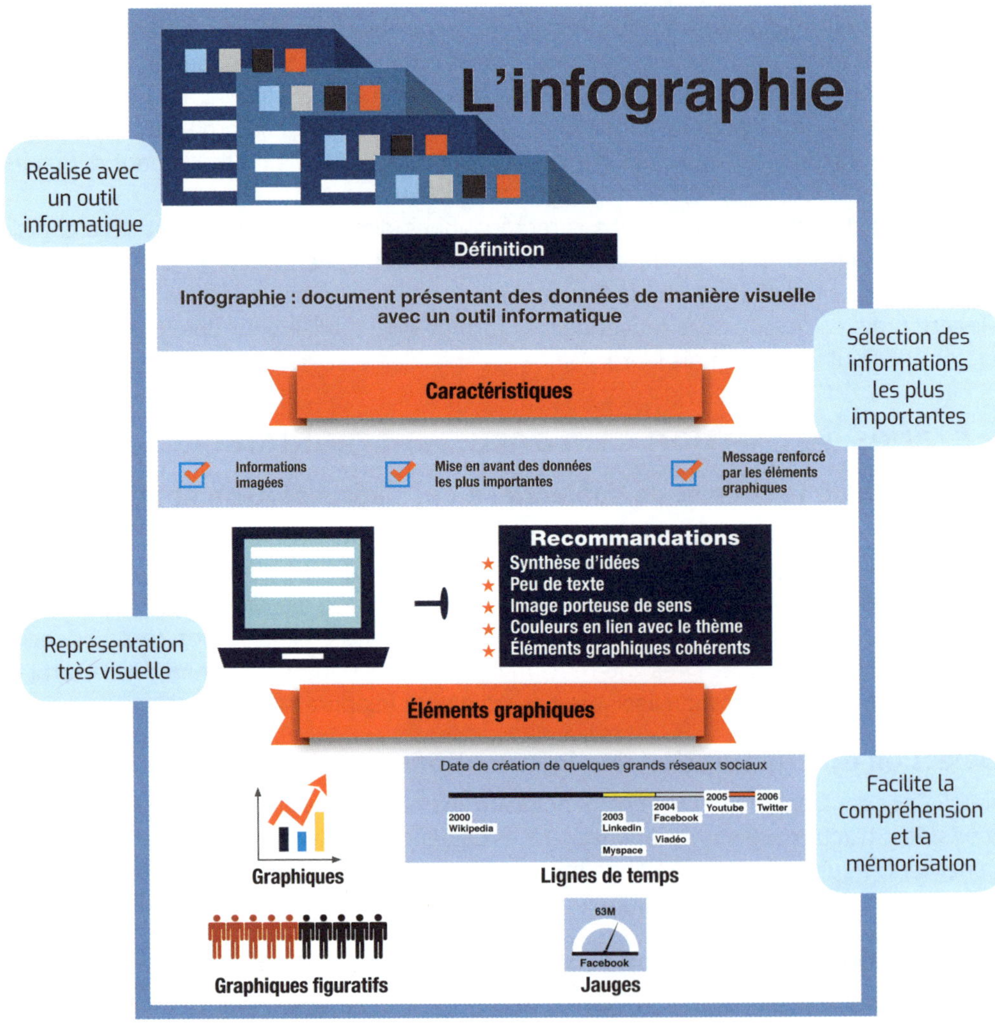

2. Logiciels d'infographie

Il existe de nombreux outils en ligne gratuits ou payants (avec version gratuite limitée).
Exemples :

Easelly		Canva	
URL	https://www.easel.ly/	URL	https://www.canva.com/fr_fr/
Vidéo de présentation		Vidéo de présentation	
Caractéristiques	Possibilité de concevoir, récupérer et partager une infographie sans création de compte Application partiellement traduite en français	Caractéristiques	Application en français

© Nathan - La photocopie non autorisée est un délit.

2 Respecter les règles juridiques lors de l'élaboration de documents

I La protection des données à caractère personnel

1. Les principes généraux

La protection des données personnelles est strictement encadrée par la loi et tout document visant à collecter des données à caractère personnel de ce type doit respecter plusieurs principes. La loi Informatique et Libertés du 6 janvier 1978 a mis en place une autorité de régulation, la CNIL (Commission nationale de l'informatique et des libertés).

Cette loi (modifiée par l'ordonnance n° 2018-1125 du 12 décembre 2018) précise que : « L'informatique doit être au service de chaque citoyen. Son développement doit s'opérer dans le cadre de la coopération internationale. Elle ne doit porter atteinte ni à l'identité humaine, ni aux droits de l'homme, ni à la vie privée, ni aux libertés individuelles ou publiques ».

De plus, le règlement général sur la protection des données publié le 23 mai 2018 sur le *Journal officiel de l'Union européenne* (JOUE L127 2 du 23/05/2018) stipule que toute personne a droit à la protection des données à caractère personnel la concernant.

Principe de respect du droit des personnes et de finalité de la collecte

Les données à caractère personnel ne peuvent être recueillies et traitées que pour un usage déterminé et légitime, correspondant aux missions de l'établissement. Les personnes doivent être informées de la collecte et disposer d'un droit d'accéder, de rectifier et de s'opposer à l'utilisation des données.

Principe de proportionnalité et de pertinence des données

Seules doivent être enregistrées les informations pertinentes et nécessaires pour leur finalité. et les objectifs poursuivis. Une précaution doit être prise concernant les données sensibles.

Principe de durée limitée de conservation des données

C'est ce que l'on appelle le droit à l'oubli. La durée de conservation doit être définie au préalable, les données étant ensuite supprimées.

Principe de sécurité et de confidentialité

Le responsable du traitement est astreint à une obligation de sécurité. Il doit faire prendre les mesures nécessaires pour garantir la confidentialité des données et éviter leur divulgation.

Tout manquement à l'un de ces principes est puni par la loi.

© Nathan - La photocopie non autorisée est un délit.

▶▶▶

2. Un cadre juridique unifié pour l'ensemble de l'Union européenne

Face à la multiplication des bases de données, les pays de l'Union européenne ont décidé de renforcer la protection et les droits des citoyens européens en imposant aux entreprises une obligation de transparence sur l'utilisation des données et la preuve d'un consentement accordé que chaque responsable des données doit être en mesure de prouver sur demande.

Le nouveau règlement européen du 4 mai 2016 sur la protection des données personnelles entre en vigueur le 25 mai 2018.

Lien vers le règlement général sur la protection des données - RGPD
https://www.cnil.fr/fr/reglement-europeen-protection-donnees
RGPD : obligations et risques en cas de non-conformité
https://www.youtube.com/watch?v=jRJ3sTR8YWO&ab_channel=LEDROITPOURMOI

II Le respect du droit à l'image

1. Les principes

Avant toute diffusion de l'image d'une personne, le diffuseur doit obtenir son accord écrit en précisant quand et où il a obtenu cette image. Cet accord est donné pour un usage précis et ne doit pas être généralisé.
En effet, au nom du respect de la vie privée, toute personne a un droit exclusif sur son image (brute ou faisant partie d'un montage) et sur l'utilisation qui en est faite, et peut s'opposer à sa diffusion si elle n'a pas donné son autorisation (sans distinction entre médias de diffusion).

> Art. 9 du Code civil : « Chacun a droit au respect de sa vie privée. Les juges peuvent, sans préjudice de la réparation du dommage subi, prescrire toutes mesures, telles que séquestre, saisie et autres, propres à empêcher ou faire cesser une atteinte à l'intimité de la vie privée : ces mesures peuvent, s'il y a urgence, être ordonnées en référé. »

Les images peuvent être des photos ou vidéos sur lesquelles la personne apparaît et est reconnaissable, quel que soit le contexte : vacances, événement familial, manifestation culturelle ou religieuse, etc.

2. Exceptions au droit à l'image

Certaines images ne nécessitent pas d'autorisation des personnes concernées, sous réserve de ne pas porter atteinte à la dignité de la personne représentée. Il s'agit par exemple :

Images d'événements d'actualité qui peuvent être publiées sans l'autorisation des participants au nom du droit à l'information ou de création artistique

Images de personnalités publiques dans l'exercice de leurs fonctions (élus par exemple) à condition de les utiliser à des fins d'information

© Nathan - La photocopie non autorisée est un délit.

APPLICATIONS PROFESSIONNELLES

1 Concevoir une infographie

MAÎTRISE

Situation

La société d'ambulances Ambu'Lyon possède trois véhicules qui circulent par rotation sur la métropole de Lyon. À ce jour, l'équipe est composée de cinq ambulanciers ayant le diplôme d'état d'ambulancier ainsi que de quatre auxiliaires ambulanciers. La gérante, Martine Jamme, est inquiète à la suite de l'augmentation du nombre d'infractions au Code de la route et d'accidents impliquant ses véhicules. Elle vous confie la mission de mettre en place une campagne de sensibilisation pour l'ensemble du personnel roulant.

Consignes

1. **À quel moment une ambulance est-elle considérée comme un véhicule prioritaire ?**
2. **Relevez dans le document les informations essentielles pour la conduite d'un véhicule sanitaire.**
3. **Concevez une infographie qui sera apposée sur le panneau d'information dans le vestiaire des ambulanciers.**

Document Extrait du livret mis à disposition des salariés

Source interne

Définition du transport sanitaire

L'article L.6312-1 du Code de la santé publique définit la notion de transport sanitaire :

« Constitue un transport sanitaire, tout transport d'une personne malade, blessée ou parturiente [femme enceinte], pour des raisons de soins ou de diagnostic, sur prescription médicale ou en cas d'urgence médicale, effectué à l'aide de moyens de transports terrestres, aériens ou maritimes, spécialement adaptés à cet effet. »

Facilité de passage

Trois conditions cumulatives doivent être réunies : faire usage de ses avertisseurs spéciaux (feux spéciaux à éclats […] et avertisseur sonore trois tons […]), être dans une situation d'urgence, ne pas mettre en danger les autres usagers.

L'ambulance n'est pas un véhicule prioritaire selon le Code de la route. Dans le cadre et sur ordre du SAMU, il peut le devenir en faisant usage des avertisseurs spéciaux obligatoires :

– mission SAMU : ambulance devient prioritaire (avertisseur à deux tons, feux à éclat) (SMUR : feux spéciaux tournants ou rampe bicolore feux bleu et orange) ;

– hors mission SAMU : ambulance avec facilité de passage (uniquement en cas de besoin : avertisseurs trois tons, feux à éclats).

Responsabilité du conducteur

Commet une faute le conducteur d'un véhicule d'intérêt général prioritaire ou à facilité de passage qui aborde un virage sans visibilité à une vitesse excessive et en empruntant la partie gauche de la route, sans s'assurer que les conducteurs survenant en sens inverse aient perçu ses signaux et aient eu le temps de se ranger sur la droite.

Le conducteur est entièrement responsable de la collision intervenue avec un automobiliste arrivant en sens inverse, dès lors que rien ne prouve que des voitures en stationnement l'aient obligé à emprunter la partie gauche de la chaussée, ni que l'automobiliste ait entendu le signal sonore.

Comme tout citoyen, le non-respect du Code de la route entraîne des sanctions pénales : amendes et/ou prison.

Ceinture de sécurité

Elle est obligatoire pour les passagers de l'ambulance. Elle n'est pas obligatoire pour l'ambulancier en mission mais vivement recommandée (article R. 432-1).

Vitesse

Durant le trajet en ambulance, les effets de la conduite vont avoir des retentissements sur l'état du patient et peuvent accentuer les pathologies.

Contrôle par les forces de l'ordre

Aucun agent ne peut juger de l'urgence ou non du transport. Seul un médecin est habilité à estimer la situation.

Les limitations de vitesse sont applicables aux ambulanciers (excepté appel d'urgence à demande du 15).

© Nathan - La photocopie non autorisée est un délit.

2 Publier une newsletter

MAÎTRISE

Situation

La société de fret Duchemin & fils, localisée dans la région de Clermont-Ferrand, s'est engagée dans une démarche de développement durable et souhaite fédérer son équipe sur cette thématique. La direction souhaite promouvoir en interne les initiatives mises en place par les équipes dans leur service.

Vous travaillez auprès de Melvin Viard, responsable marketing et communication. Ce dernier vous confie la mission de réaliser la première newsletter à l'aide d'une application en ligne (par exemple Calaméo) ou d'un logiciel de PAO.

Consignes

1. **Relevez dans les documents les principales informations qui apparaîtront dans la newsletter.**
2. **Proposez les trois premières pages de la newsletter en ligne. La 3e page présente ce mois-ci les actions de l'entrepôt 1.**

Document 1 Extrait du compte rendu de la dernière réunion mensuelle de direction (source interne)

Compte-rendu de réunion de direction

Date de la réunion : Lundi x/01/N
Objet de la réunion : Bilan janvier N

Participants :
Hervé Simon, gérant
Leïla Benabdallah, responsable financière
Akhmi Mali, responsable logistique
Romane Frandot, chef d'équipe entrepôt 1
Frédéric Sworski, responsable commercial
Melvin Viard, responsable marketing et communication
Excusé : Sofiane Dalil, chef d'équipe 2 (en congé)

Liste des points évoqués au cours de la réunion

– Bilan de l'opération « Tous autour du transport » : la communication envers nos différents partenaires s'est améliorée au vu du retour de l'enquête satisfaction.

– Campagne de relance des impayés N–1 : Leïla Benabdallah souhaite que les commerciaux s'occupent aussi des relances lorsqu'ils sont au bureau.

– Promotion des initiatives Environnement durable par la mise en place d'une *newsletter* gérée par l'assistant(e). Le cadre de cette newsletter a été défini comme suit :

. page de garde avec le nom de l'entreprise, logo, titre « Duchemin news », numéro et date ;
. page 2 : éditorial et sommaire des rubriques ;
. page 3 : rubrique « Initiatives durables » ;
. page 4 : rubrique « La vie de Duchemin » ;
. page 5 : rubrique « On parle de Duchemin ».

....

Les actions à mener :

– Envoi d'une note d'information invitant tous les services à communiquer avant le 15 mars l'ensemble des initiatives menées dans le cadre de notre démarche de RSE (processus, équipements… mis en œuvre), mission confiée au collaborateur de Melvin Viard.

– Outils d'aide à la relance des impayés à mettre à disposition des commerciaux.

© Nathan - La photocopie non autorisée est un délit.

Document 2 Mail du chef d'équipe Entrepôt

Expéditeur : entrepot1@duchemin-fils.fr
Pour : assistant-communication <assistant-communication@duchemin.fr>
Sujet : Re : retour d'initiative environnement durable

Paragraphe | Largeur variable

Bonjour,

Je m'empresse de t'envoyer mes remarques pour l'entrepôt 1 avant mon départ pour mes congés d'hiver.

En ce qui nous concerne, nous avons décidé de mettre en place plusieurs bacs de recyclage :
- un au poste de préparation de commande dédié aux bordereaux que les collègues jetaient à la corbeille après avoir validé informatiquement la commande ;
- un au poste de conditionnement dédié aux morceaux de papier d'emballage et de plastique restants qui étaient laissés à même le sol ou jetés dans une poubelle commune.

Vinciane, ma collaboratrice, a créé plusieurs affiches disposées devant chaque poste de travail pour rappeler les consignes.

J'avoue que les bacs ne sont pas forcément pleins en fin de journée, mais l'usage se met en place, notamment grâce à Théo et Marine qui sont ravis de cette initiative.

Je vais tenter, de mon côté, de recycler le papier de l'imprimante photocopieur et de limiter le nombre d'impressions. Ce n'est pas aisé car mes équipiers rechignent à consulter leur boîte mail et réclament souvent le document papier.

On réfléchit actuellement à une meilleure gestion des stocks mais ce n'est encore qu'une ébauche donc je préfère t'en parler plus tard.

J'espère avoir répondu à ta demande. N'hésite pas à demander plus de précisions à Vinciane si nécessaire.

Cordialement,
Romane Frandot

3 Réaliser un document de sensibilisation pour des bénévoles

MAÎTRISE

Situation

L'association SolidR Ville (loi 1901), localisée en région parisienne, se développe sur toute la France depuis trois ans par le biais de sections (six en tout). Ces nouveaux groupes de bénévoles doivent rapidement monter leur antenne pour être opérationnels. Le management d'équipe est méconnu ou négligé, ce qui pose parfois des soucis sur les missions à mener (mauvaise répartition des tâches, absence de planning des bénévoles, conflits…). Les coprésidents de l'association, Jean Dumont et Nadir Pontet, souhaitent donc mettre en place des formations pour les bénévoles responsables des antennes et les responsables d'équipe.
Lors d'une réunion, ils vous demandent de prendre en charge le dossier formation des différents sites et de faire des propositions pour la prochaine réunion mensuelle.

Consignes

1. **À partir d'une recherche sur Internet, vous découvrez le « compte d'engagement citoyen » (CEC) et décidez de présenter ce dispositif lors de la réunion. Réalisez ce support de présentation du CEC.**
2. **Votre présentation a convaincu les coprésidents, qui vous chargent de réaliser un document de sensibilisation pour les différentes antennes.**

© Nathan - La photocopie non autorisée est un délit.

4 Réaliser un diaporama

EXPERTISE

Situation

La chaîne hôtelière Chic organise prochainement un séminaire de cohésion de groupe faisant suite à sa récente restructuration et à l'arrivée de nouveaux directeurs de site.

Six responsables des hôtels de la région Ouest sont convoqués ainsi que deux de leurs collaborateurs. Matisse Rossi, responsable du service communication au siège, vous délègue la réalisation d'un diaporama incluant en première partie la présentation des responsables d'hôtels. Il souhaite aussi engager une réflexion collective à partir d'une vidéo réalisée sur le thème « les jeunes et l'hôtel » afin de trouver des solutions pour rajeunir l'image du groupe et séduire une clientèle plus jeune.

Consignes

1. **À partir des consignes (document 1), réalisez la première partie du diaporama avec la présentation des différents directeurs.**
2. **Notez les grandes lignes du témoignage que vous pourriez apporter sur le thème de votre hôtel idéal.**
3. **Procédez à l'enregistrement vidéo (ou audio) du témoignage d'un camarade à l'aide d'un matériel disponible (caméra, tablette, smartphone…) et intégrez-la dans le diaporama.**
4. **Créez le nuage de mots que vous intégrerez à la fin de votre diaporama.**

Document 1 Consignes laissées par M. Rossi

Séminaire de cohésion février N

- Diaporama en ouverture du séminaire : inclure une diapositive par dirigeant (nom, prénom et photo), nom de l'hôtel, lien vers le site Internet.

À la suite, insérer la vidéo « Interview sur votre hôtel idéal, ses services, sa localisation… »

Inclure un nuage de mots autour de la notion de service de qualité (application Wordle par exemple) en faisant ressortir discrétion, efficacité, proximité.

Karine complètera la dernière diapositive avec le programme de la journée.

- Voir avec Mme Garcia le budget alloué pour l'événement.

Document 2 Informations sur le groupe

Nom de l'hôtel/Ville	Photo du dirigeant	Nom de l'hôtel/Ville	Photo du dirigeant
Hôtel de la Pelote basque Bayonne	 Mme Juliette Garcia	**Hôtel Les Capucins Bordeaux**	 M. Sofiane Popa
Hôtel Les Marées Brest	 M. Paul Silva	**Hôtel de la Guierle Brives**	 M. Mickael Smith
Hôtel des Remparts Vannes	 Mme Clémence Parodi	**Hôtel de l'Île Angers**	 Mme Sylvie Garbil

© Nathan - La photocopie non autorisée est un délit.

Chapitre

7 Identifier les besoins de veille informationnelle

ACTIVITÉ	**2.2.** Mise en œuvre d'une veille informationnelle liée au projet	**VERS PIX**	**1.1.** Mener une recherche et une veille d'information
COMPÉTENCE	Conduire une veille informationnelle		**1.2.** Gérer des données
TÂCHE	**2.2.1.** Identification des besoins de veille informationnelle		

Situation professionnelle

L'entreprise Menotto est spécialisée depuis une quinzaine d'années dans la construction de piscines traditionnelles, naturelles ou contemporaines. Son siège social se situe à Bordeaux et son effectif est de 610 salariés.

Dans ce secteur d'activité, la concurrence s'intensifie. De nombreux piscinistes apparaissent sur le marché et proposent des piscines, en coque ou en dur, très souvent à des tarifs *low-cost*. Cédric Menotto, PDG de l'entreprise, souhaite se démarquer de cette nouvelle concurrence et réfléchit à proposer une nouvelle gamme de produits et services, en lien avec la sécurité des piscines et la qualité des eaux de baignade. Il confie ce projet à Marion Drasan, directrice du service marketing, et aimerait pouvoir prendre une décision, rapport à l'appui, dans les six mois. Vous faites partie du groupe projet « sécurité des piscines et qualité des eaux de baignade » constitué par Marion Drasan.

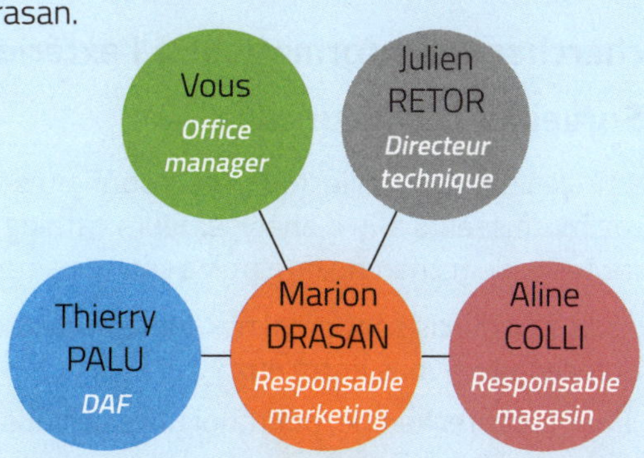

Comprendre le contexte

1. **Les acteurs du projet choisis par Marion Drasan ne font pas partie de son service marketing. Pourquoi, selon vous ?**
2. **Pourquoi s'intéresser à la sécurité des piscines et à la qualité des eaux de baignade ?**
3. **En quoi la veille permet-elle d'appuyer une décision ?**

Découvrez l'entreprise Menotto en vidéo
liennathan.fr/765rvr

© Nathan - La photocopie non autorisée est un délit.

VOTRE MISSION

Vous êtes *office manager*. Vous travaillez en collaboration avec Marion Drasan, la responsable marketing opérationnel et cheffe du projet « sécurité des piscines et qualité des eaux de baignade ». Elle vous confie la recherche d'informations nécessaires au projet.

TRAVAIL À FAIRE

I. Définir le besoin d'information

Vous cherchez d'abord à identifier les informations de qualité dont vous avez besoin dans le cadre du projet.

Fiche ressource 1

1. À l'aide de la méthode de votre choix, déterminez quelles seront les informations utiles sur lesquelles la cheffe de projet pourra s'appuyer.

Marion Drasan vous sollicite pour collecter des données dans la base fournisseurs de l'entreprise.

Annexe 1

2. Vous disposez de divers documents laissés par votre prédécesseur. Analysez le document présenté en annexe 1. Pensez-vous que Mme Drasan sera satisfaite de son contenu ?

II. Collecter des informations en interne

À l'aide des données de l'entreprise, vous souhaitez extraire les informations nécessaires pour préparer le travail demandé par Marion Drasan. Vous consultez la base de données fournisseurs.

Fiche ressource 2
Annexes 2 3

3. Des relations existent entre les tables de la base de données fournisseurs : Quel est l'intérêt de ces relations ?

4. Quelles informations serait-il judicieux de trouver dans cette base ? Justifiez vos propositions.

5. Vous disposez d'un export de la table fournisseurs. Servez-vous-en pour commencer à recueillir des informations. Vous consignerez la démarche utilisée pour pouvoir vous en resservir à l'avenir.

III. Rechercher des informations à l'extérieur de l'entreprise

a. Surveiller la concurrence

À partir des données collectées, vous souhaitez visiter les sites de vos fournisseurs afin d'analyser leurs catalogues produits. Vous utilisez les moteurs de recherche intégrés à chaque site de fournisseur.

Fiche ressource 3
Annexe 4

6. Trois raccourcis sont présents sur le bureau de votre ordinateur. Quelle différence faites-vous entre eux ?

7. Pour cette recherche, pourquoi utilisez-vous des moteurs de recherche intégrés plutôt que Google ?

8. Vous analysez l'offre du fournisseur H2O en utilisant le moteur de recherche intégré à son site.

a. Ce fournisseur vend-t-il des alarmes ? Risquons-nous de devenir un concurrent de notre fournisseur et quelles pourraient en être les conséquences ?

b. Faudrait-il, selon vous, proposer un partenariat à ce fournisseur ?

© Nathan - La photocopie non autorisée est un délit.

b. Surveiller les évolutions réglementaires et juridiques

Vous connaissez désormais les produits proposés par certains de vos fournisseurs. Ils ne sont pas très variés et vous doutez de leur conformité vis-à-vis de la loi. Vous recherchez donc la réglementation en cours quant à la sécurité des piscines.

Fiche ressource 4
Annexe 5

9. Sélectionnez trois résultats de recherche : préparez une intervention orale permettant de décrire les outils utilisés et de défendre la pertinence des résultats obtenus.

10. Que pensez-vous des deux sites trouvés dans les favoris du navigateur de votre poste de travail ?

COM **11.** Préparez deux diapositives (une sur la sécurité des piscines, l'autre sur la qualité des eaux de baignade) qui pourront être présentées lors de la prochaine réunion d'avancement de projet.

IV. Satisfaire un besoin de surveillance permanent

Marion Drasan est intéressée par ces informations juridiques et réglementaires. Vous poursuivez donc votre raisonnement en proposant une veille active.

Fiches ressource 5 6
Annexe 6

12. Vous compilez quelques éléments pour structurer la veille que vous proposez de mettre en place :

a. Collectez une liste de sources pertinentes, officielles, fiables et d'origines variées.

b. Quelle fréquence de veille répond le mieux au besoin de Marion Drasan ?

13. Préparez quelques arguments pour expliquer à Marion Drasan pourquoi l'organisation d'une veille doit être structurée et représente un travail à part entière.

14. Proposez une répartition du travail de veille entre les cinq acteurs du projet. Pour chacun, précisez le rôle de veilleur attendu.

COM **15.** Rédigez à l'attention de Marion Drasan une note de synthèse reprenant l'intégralité des travaux réalisés depuis le début du chapitre.

© Nathan - La photocopie non autorisée est un délit.

DONNÉES DE LA SITUATION

Annexe 1 Extrait d'un document présent dans votre ordinateur

Fournisseurs_Menotto_02.xls

NumFour	NomFour	CPFour	VilleFour	ContactFour
1	ALLO ÉLEC	33100	BORDEAUX	
2	IRRIJARDIN	64500	SAINT-JEAN-DE-LUZ	Bernard du bureau d'études
3	H2O PISCINES & SPA	83490	LE MUY	
4	CYRIL POULIN	32190	DEMU	M. Poulin
5	LE PISCINISTE	31140	AUCAMVILLE	
6	TOUT PISCINE	11100	NARBONNE	Mme Martins
7	SAM DEPANNE	33000	BORDEAUX	Samuel
8	BETON PRO	33700	MÉRIGNAC	Mme Luisa
9	SAFE WATER ALARMS		HERNE BAY, UK	/!\ Langue anglaise uniquement
10	AGENCEMENT PISCINE	11000	CARCASSONNE	
...	...	...	...	

- 19/05/2003 -

Annexe 2 Extrait d'un mail de Marion Drasan

Envoyer

De... m.drasan@menotto.fr

À... moi

Objet : Liste des fournisseurs engagés dans le sécurité des piscines ou l'analyse des eaux de baignade

Bonjour,
Comme convenu en réunion, nous devons savoir si certains de nos fournisseurs vendent des systèmes ou des produits en lien avec notre projet. Il s'agit de ménager nos fournisseurs et de ne pas apparaître comme des concurrents directs. Nous étudierons au contraire des partenariats éventuels et mesurerons nos marges de manœuvre.
Pouvez-vous vous occuper de cela ?
Merci et à très vite,
M. Drasan

PS : Je n'aurai pas le temps de reprendre les éléments, je compte donc sur vous pour la qualité de l'information.

Annexe 3 Extraits de la base de données « Fournisseurs »

Fournisseurs

NumFour	NomFour	CPFour	VilleFour	CodeCat	ContactFour	NumMode
2	IRRIJARDIN	64500	SAINT-JEAN-DE-LUZ	3	contact@irrijardin.fr	C01
3	H2O PISCINES & SPA	83490	LE MUY	2	rc@h2o-piscines-spas.com	C02
4	CYRIL POULIN	32190	DEMU	1	cyril@poulin-grosoeuvre.com	S01
7	LE PISCINISTE	31140	AUCAMVILLE	3	cyril@lepisciniste.fr	C02
8	TOUT PISCINE	11100	NARBONNE	2	responsable@toutpiscine.fr	C02
9	SAFE WATER ALARMS		HERNE BAY, UK	2	direct@safewateralarms.co.uk	P01
10	AGENCEMENT PISCINE	11000	CARCASSONNE	2	tel@agencement-piscine.com	C02
14	PRO MATERIAUX	66000	PERPIGNAN	1	mail@pro-materiaux.fr	C01
15	ÉVOLUTION PISCINES	33610	AIX-EN-PROVENCE	3	sebastien.gil.elec@gmail.com	S01
16	POOL CENTER	60185	ILLINOIS, USA	2	postmaster@poolcenter.com	V01
17	AS DE LA PISCINE	34209	PORTIRAGNES	2	contact@as-piscine.fr	C02
...	...	...	...	...		...

Categorie_Four

CodeCat	LibelleCat
1	Gros œuvre
2	Finitions
34	Électricité
...	...

Mode_Reglement-four

NumMode	LibelleMode	Delais (j)
C01	Chèque comptant	0
C02	Chèque 30 jours fin de mois	30
P01	PayPal	0
S01	Single Euro Payment Area	1
V01	Virement international en dollars	1
V02	Virement international autre devise	30
...	...	...

© Nathan - La photocopie non autorisée est un délit.

Annexe 4 Quelques raccourcis présents sur le bureau de votre ordinateur

Annexe 5 Deux sites présents dans les favoris de votre navigateur

DGCCRF Direction générale de la concurrence, de la consommation et de la répression des fraudes

Actualités | La DGCCRF | Concurrence | Consommation | Sécurité | Infos presse | Publications | Sanctions | FAQ

Accueil du portail > DGCCRF > Piscines : respectez les exigences de sécurité !

Piscines : respectez les exigences de sécurité !

25/06/2020

Si la piscine procure joie et détente, n'oublions pas qu'elle constitue un danger, en particulier pour les enfants. L'installation d'un dispositif de sécurité ne dispense en aucun cas d'une surveillance.

© Pixabay

Piscines : respectez les exigences de sécurité ! - PDF, 427 Ko

Il est important de connaître la réglementation existante ainsi que quelques conseils de prévention, afin de limiter les risques d'accident ou de noyade dans les piscines.

Quelle est la réglementation applicable ?

La réglementation sur la sécurité des piscines est différente selon le type d'équipement :

- **pour les piscines ouvertes au public et d'accès payant** : publiques ou privées, elles sont accessibles à tous les usagers par l'achat d'un billet, qui peut être spécifique ou non à la baignade (exemple des centres de remise en forme où le paiement peut correspondre à un ensemble de prestations offertes à la clientèle).

La sécurité dans ces établissements relève du Code du sport pour la sécurité des installations ainsi que du Code de la santé publique pour la qualité de l'eau et l'hygiène des locaux.Elles doivent être surveillées constamment par du personnel qualifié titulaire d'un diplôme délivré par l'État ;

- **pour les piscines privées à usage familial** : installées chez les particuliers. Selon le Code de la construction et de l'habitation, toute piscine enterrée non close privative à usage individuel doit être pourvue d'au moins un des quatre dispositifs de sécurité normalisés visant à prévenir le risque de noyade : abri, alarme, barrière ou couverture.

Les propriétaires qui ne satisfont pas à cette obligation encourent des sanctions pénales, notamment une amende de 45 000 €.

Adresse raccourcie : liennathan.fr/267vum

Adresse complète : https://www.economie.gouv.fr/dgccrf/Publications/Vie-pratique/Fiches-pratiques/Piscine-securite

...

© Nathan - La photocopie non autorisée est un délit.

Annexe 5 Deux sites présents dans les favoris de votre navigateur (suite)

...

RÉPUBLIQUE FRANÇAISE
Liberté
Égalité
Fraternité

Service-Public.fr
Le site officiel de l'administration française

Une question ?

Papiers - Citoyenneté | Famille | Social - Santé | Travail | Logement | Transports | Argent | Justice | Étranger

Exemple : Passeport, mairie de Montreuil, acte de naissance...

Accueil particuliers > Logement > Risques sanitaires et sécurité du logement > Dispositif de sécurité des piscines privées

Français

Être alerté(e) en cas de changement

Dispositif de sécurité des piscines privées

Vérifié le 09 septembre 2019 - Direction de l'information légale et administrative (Premier ministre)

Les piscines privées doivent être équipées d'un dispositif de sécurité afin de prévenir les risques de noyade, notamment de jeunes enfants. Le dispositif doit respecter certaines normes. En cas de non-respect, vous vous exposez à une amende. Les piscines posées sur le sol, gonflables ou démontables ne sont pas concernées.

Adresse complète :
https://www.service-public.fr/particuliers/vosdroits/F1722

Adresse raccourcie :
liennathan.fr/344kxt

Annexe 6 Extrait d'entretien avec Marion Drasan

M. Drasan : « Merci pour ces éléments de recherche. Vous êtes plus efficace que moi ! »
Vous : « Pourquoi donc ? »
M. Drasan : « Lorsque je fais une recherche sur Internet, je suis un peu perdue avec cette masse de sources différentes. Lorsque je pense avoir enfin trouvé une ressource intéressante, soit ça ne s'applique pas à mon domaine d'activité, soit le site n'est pas institutionnel, soit les informations semblent obsolètes… Bref, je tourne en rond et je perds un temps considérable pour trop peu de résultats. »
Vous : « C'est vrai qu'il faut parfois avoir un peu de chance. Mais l'usage des outils avancés des moteurs de recherche permet de gagner un peu de temps… »
M. Drasan : « Oui, un peu ! Mais nous n'avons pas beaucoup de temps pour ce projet ! J'aimerais aussi que vous consultiez la législation en termes de qualité d'eaux de baignade… et puis il nous faudrait aussi rester connectés en permanence par rapport à l'actualité… »
Vous : « Qu'avez-vous en tête ? »
M. Drasan : « Vous n'avez pas été convaincu(e) par la variété des systèmes de sécurité proposés par nos fournisseurs… Il nous faut être innovants et réagir très vite. J'aimerais être avertie dès qu'une information nouvelle apparaît, qu'elle soit d'ordre législative ou en lien avec nos concurrents ou nos clients, mais je n'ai pas le temps de relancer toutes mes recherches chaque matin… »
Vous : « En fait, vous avez besoin d'une veille concurrentielle, réglementaire et juridique ! »

© Nathan - La photocopie non autorisée est un délit.

1 Les besoins d'information dans le cadre d'un projet

I La notion d'information

À l'origine d'une information se trouve une donnée, c'est-à-dire un élément objectif provenant d'une observation ou d'une mesure.

| **Exemple :** Le nombre de visiteurs à un salon commercial.

Lorsqu'un individu peut donner une signification à cette donnée et l'interpréter, cela devient une information. Cette information va permettre la prise de décision et engendrer des actions dans le cadre du projet.

| **Exemple :** Le nombre de visiteurs est très faible, il faudra communiquer différemment.

II La qualité de l'information

Une information a de la valeur si elle permet de réduire l'incertitude, d'améliorer la prise de décision et d'éviter les erreurs. Cette valeur est comparée au coût de l'information, qui correspond à l'ensemble des sommes engagées par l'organisation pour sa recherche, son traitement, son stockage, voire sa destruction. Il faut donc s'assurer de la qualité de l'information. Différents critères peuvent être retenus :

Fiabilité	Quelle est la source ? Qui est l'auteur ? L'information est-elle exacte ?
Actualité	L'information est-elle récente ? Est-ce la dernière à prendre en compte ?
Pertinence	L'information est-elle adaptée au besoin, est-elle précise et complète ?
Disponibilité	L'utilisation de l'information est-elle possible ?
Coût	Le coût pour obtenir cette information est-il acceptable ?

III Les informations utiles

En fonction du projet et de ses objectifs, on définira la liste des informations utiles. Plusieurs méthodes sont envisageables, dont le questionnement QQOQCCP ou le remue-méninges (*brainstorming*). Il comporte trois étapes : 1. Noter en vrac toutes les idées sur le sujet ; 2. En fonction du projet, éliminer les idées non retenues et organiser celles qui restent en créant des liens logiques entre elles ; 3. Repérer les mots clés.

IV Les sources de l'information

Les sources doivent être variées, **complémentaires et de qualité**. Internet est vaste et offre un panel d'auteurs très différents (institutions, professionnels, blogs, réseaux sociaux…).
Les acteurs du projet pourront collecter l'information **en interne**, à partir des **bases de données** de l'entreprise, et/ou **à l'extérieur** de l'entreprise, le plus souvent *via* **Internet**.
Selon le cas, la collecte ne se fera pas de la même façon :
– en interne, l'information est stockée dans un PGI ou une application métier : on utilise des langages spécifiques d'interrogation de données ou des outils de recherche intégrés ;
– lorsque l'information est accessible *via* Internet, on utilise des moteurs de recherche ou d'autres outils qui permettent d'automatiser le travail.

V La fréquence du besoin d'information

Le besoin peut être ponctuel si les acteurs du projet recherchent une information précise à un moment donné, ou bien continu si les acteurs souhaitent se tenir informés en permanence sur un sujet donné.
Lorsque le **besoin d'information est continu et participe à une stratégie** pour rester informé, les acteurs ont besoin d'organiser une **veille informationnelle**.

© Nathan - La photocopie non autorisée est un délit.

2 La collecte d'informations en interne

Lors d'une recherche d'information, le premier travail consiste bien souvent à collecter **des données** accessibles depuis l'entreprise, généralement stockées dans des **bases de données**.

I Les systèmes de gestion de base de données

1. Données et bases de données

Une donnée (*data* en anglais) est un élément (texte, image...) transmis à l'ordinateur afin d'être traitée dans une application.

> **Exemple :** « Martin », le nom d'un client.

Une base de données est un ensemble de données.

> **Exemple :** La liste des noms et adresses de l'ensemble des clients de l'entreprise.

2. Le rôle des systèmes de gestion de base de données

Les systèmes de gestion de base de données (SGBD) permettent le classement des données dans une base afin de faciliter leur collecte. Selon sa taille, l'entreprise utilisera des systèmes plus ou moins lourds. On distingue les SGBD et les SGBD*R* (« R » pour « relationnel »).

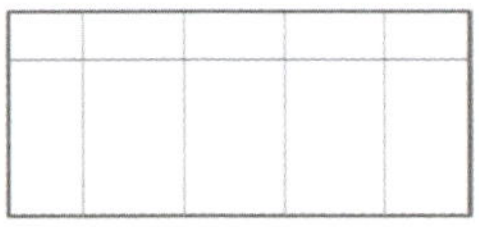

Dans un SGBD, les données sont regroupées dans un seul et même ensemble (par exemple un tableau unique), la base de données se constituant souvent par l'ajout d'informations dans un traitement de texte ou un tableur.

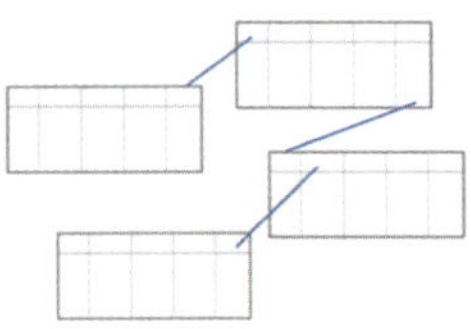

Dans un SGBDR, les données sont réparties dans différentes **tables** (c'est-à-dire des ensembles de données) reliées entre elles. Cette structuration de l'information, indispensable pour des bases importantes, facilite l'accès aux informations. Il existe une vingtaine de SGBDR sur le marché ; les plus connus sont Oracle, Microsoft SQL Serveur, MySQL...

II Les requêtes

1. Le langage des requêtes

Les requêtes permettent d'accéder aux données de la base, de faire des calculs, de sélectionner des données répondant à certaines conditions, de trier ou regrouper des données...

> **Exemples :** « Combien de commandes a passé le client Giraud depuis le début de l'année ? »
> « Quels sont les clients demeurant à Lyon ? »

Selon le système de gestion utilisé par l'entreprise, les requêtes ne seront pas formulées de la même manière. Il existe donc plusieurs « langages de requête ». Il s'agit de langages informatiques. Le plus connu est le **langage SQL** (*Structured Query Langage* : langage de requête structuré). Ce langage normalisé est reconnu par la majorité des SGBDR.

2. Les opérateurs d'interrogation

Les requêtes mettent en jeu des opérateurs relationnels qui permettent de sélectionner dans la base uniquement les données utiles au projet.

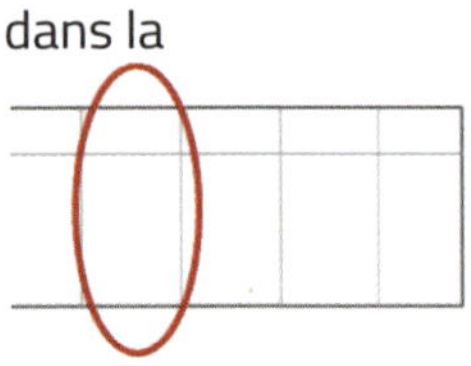

On parle de **projection** lorsque l'on souhaite extraire de la base l'intégralité de certaines colonnes (appelées « champs ») (par exemple, dans une base de données clients, les noms de tous les clients de l'entreprise).

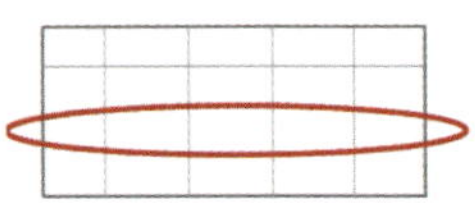

On parle de **sélection** lorsque l'on souhaite extraire de la base l'intégralité de certaines lignes (par exemple, toutes les informations au sujet du client Durant).

Une **jointure** est nécessaire lorsque l'on souhaite extraire et regrouper des informations en provenance de plusieurs tables.

© Nathan - La photocopie non autorisée est un délit.

3 La collecte d'informations sur Internet : les moteurs de recherche

Aujourd'hui, la plupart des informations externes à l'entreprise sont regroupées sur Internet. Pour collecter ces informations, les internautes utilisent les moteurs de recherche.

I Principe du moteur de recherche

1. Accéder à Internet grâce au navigateur

Les ordinateurs connectés à Internet ont besoin d'un « navigateur », c'est-à-dire d'un logiciel informatique permettant d'utiliser le World Wide Web (www). Ces logiciels **permettent d'afficher les informations** contenues dans les sites Internet. Les plus connus sont Microsoft Internet Explorer, Microsoft Edge, Mozilla Firefox ou Google Chrome.

2. Rechercher des informations sur Internet grâce au moteur de recherche

Un moteur de recherche est un site Web ou logiciel Web qui **permet de retrouver des informations** sur Internet. On y accède grâce au navigateur. Les moteurs de recherche sont équipés de robots (appelés *spider*, *crawler* ou *bots*) qui explorent l'Internet, indexent les pages et **constituent une base de données**.

Rechercher sur Internet consiste donc à faire une **requête dans la base de données du moteur de recherche**. À partir de mots clés précisés par l'utilisateur, le moteur cherche ces mots dans les adresses URL et dans les pages Web de sa base de données afin de sélectionner les sites susceptibles de contenir les informations recherchées.

Les moteurs de recherche les plus connus sont **Google**, **Yahoo**, **Bing** et **Qwant**.

3. Rechercher des informations dans un site donné grâce au moteur de recherche interne

La plupart des sites Internet (qui ne sont pas des moteurs de recherche) disposent d'un **moteur de recherche interne**. Dans un site marchand par exemple, le moteur de recherche interne permet à l'internaute de localiser des produits proposés sans avoir à naviguer dans les menus. L'internaute émet, là encore, une requête dans laquelle il précise des mots clés.

II L'utilisation du moteur de recherche Google

1. La recherche simplifiée

Dans le cadre d'une recherche sur Internet, 94 % des internautes utilisent la recherche simplifiée de Google (Google Search). Google propose alors une liste de sites qui, selon lui, sont susceptibles de convenir.

> ***Exemple :***
> Pour la requête « ressources humaines », Google trouve plus de 2 millions de résultats : cela signifie que Google dispose d'autant de liens vers autant de pages ayant ce contenu.

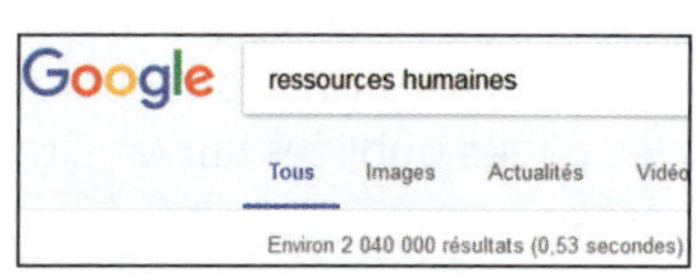

Dans ce cas, il y a peu de chances que le premier résultat corresponde parfaitement à ce que l'on recherchait. Avant de commencer à parcourir l'ensemble des résultats proposés, se pose la question du filtrage de ces résultats : la requête est-elle suffisamment précise ?

2. Les filtres de recherche

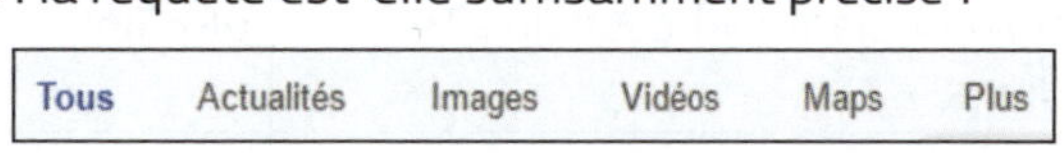

Les résultats proposés sont par défaut **multisupports**, c'est-à-dire que le moteur de recherche est allé chercher l'information sous toutes ses formes (actualités, images, vidéos...). Dans certains cas, on peut donc se poser la question du ***type de contenu*** recherché en cliquant sur le ***type de résultat*** désiré.

© Nathan - La photocopie non autorisée est un délit.

3. Les outils de recherche

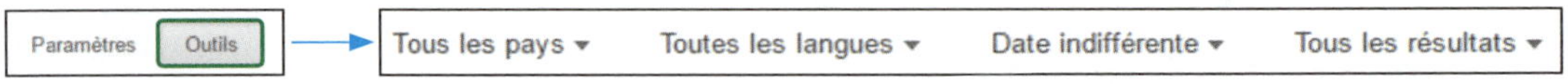

Les outils de recherche permettent de restreindre la liste des résultats aux sites hébergés uniquement **en France** (à la place de la sélection par défaut « Tous les pays »), ou uniquement rédigés **en français** (à la place de « Toutes les langues »), ou uniquement publiés dans un **intervalle de temps précisé** (par exemple moins d'un mois à la place de la sélection par défaut « Date indifférente »).

4. La recherche avancée

Enfin, pour une recherche encore plus précise, on dispose de l'outil « Recherche avancée », disponible depuis le **menu « Paramètres »**. Il est également possible d'obtenir la même précision avec la recherche simplifiée, en ajoutant des mots clés.

Paramètres → Recherche avancée → Trouvez des pages avec…	Mots clés correspondants dans la recherche simplifiée
« **Ce mot ou cette expression exact(e)** » permet une recherche précise où seuls les résultats contenant le mot ou l'expression seront retournés.	Cela revient à utiliser les **guillemets**. Exemple : « **"**ressources humaines**"** » permet de restreindre la recherche uniquement aux pages contenant exactement cette expression.
« **L'un des mots suivants** » permet une recherche dont les résultats contiendront les sources d'information avec au moins l'un des mots.	Cela revient à utiliser le mot clé « **OR** ». Exemple : « ressources **OR** humaines » permet d'obtenir les pages contenant le mot « ressources » et les pages contenant le mot « humaines ».
« **Aucun des mots suivants** » permet une recherche qui éliminera des résultats les sources d'information contenant l'un des mots cités.	Cela revient à utiliser l'opérateur « **-** » devant chaque mot à éliminer. Exemple : « "ressources humaines" -PGI -DSN », permet d'obtenir les pages excluant ces deux éléments.

5. La recherche avancée affinée

La fenêtre « Recherche avancée » permet d'affiner encore les résultats. Il est possible d'obtenir la même finesse avec la recherche simplifiée, en ajoutant des mots clés.

Paramètres → Recherche avancée → Affinez ensuite la recherche par…	Mots-clés correspondants dans la recherche simplifiée
« **Langue** » recherche des pages dans une langue précise (à sélectionner dans le large choix de langues proposées) ou publiées depuis un pays précis (à sélectionner dans la liste du menu déroulant).	Cela revient à utiliser le mot clé « **language:** ». Exemple : « ressources humaines **language:**français ».
« **Site ou domaine** » permet une recherche dont les résultats contiendront uniquement les pages publiées sur un site ou un domaine précis.	Cela revient à utiliser le mot clé « **site:** ». Exemple : « astuces BTS SAM **site:**cadres.apec.fr ».
« **N'importe où dans la page** » permet de rechercher l'expression uniquement à un endroit précis d'une page, en le choisissant dans le menu déroulant : adresse du site, titre, texte, liens.	Cela revient à utiliser les mots clés « **intitle:** » (dans le titre), « **intext:** » (dans le texte), « **inurl:** » (dans l'adresse web) et « **link:** » (dans les liens).
« **Tous les formats** » permet de rechercher l'expression uniquement dans des fichiers d'un type précis, à choisir dans le menu déroulant.	Cela revient à utiliser le mot clé « **filetype:** ». Exemple : « ressources humaines **filetype:**pdf ».

© Nathan - La photocopie non autorisée est un délit.

4 Le contrôle de l'information

Internet est une source infinie d'informations. Même si l'utilisateur a pris soin de bien préciser son besoin dans le moteur de recherche afin de cibler au plus juste, il doit rester vigilant et vérifier le sérieux des sites retenus et la qualité de leur contenu.

I L'authenticité des sites sur Internet

1. Les alertes des navigateurs

Les navigateurs modernes effectuent des **vérifications d'authenticité des sites** sur lesquels les utilisateurs se connectent afin de détecter les sites frauduleux. Par exemple, le navigateur Google Chrome informe l'utilisateur d'un niveau de sécurité qu'il attribue au site sélectionné.

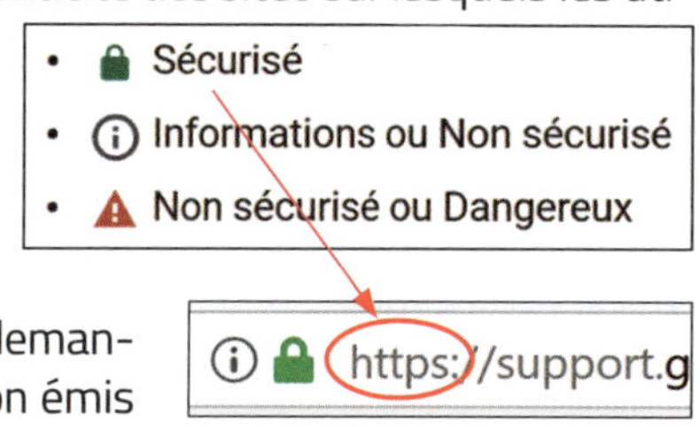

2. Les certificats

Pour garantir la sécurité d'un site, les organisations peuvent demander un certificat SSL (*Secure Sockets Layers*) d'authentification émis par une autorité tierce. Le site passe alors en **HTTPS** (protocole de transfert hypertexte sécurisé).

II Le contrôle de l'information par questionnement

Si les outils se développent pour rassurer les utilisateurs sur l'authenticité des sites, peu d'informations présentes sur Internet sont « vérifiées », c'est-à-dire qu'aucune autorité compétente n'a préalablement validé le **contenu d'une information** avant sa publication. Lorsqu'on navigue sur Internet, il faut donc garder en permanence un esprit critique car, parmi les nombreuses erreurs et fausses informations, certaines ont vocation à propager une fausse image de la réalité dans un but d'influence. Vérifier l'information doit donc devenir un réflexe.

Le **QQOQCCP** (Quoi, Qui, Où, Quand, Comment, Combien, Pourquoi), appelé aussi « méthode du questionnement », permet de se poser les questions préalables incontournables à l'évaluation d'une information :

Quoi ?	Quelle est la **nature du site** ? S'agit-il d'un site institutionnel ? d'un site associatif ? d'un site commercial ? d'un forum ? Sa compétence sur le sujet ou sa fiabilité sont-elles reconnues ?
Qui ?	Qui est **l'auteur** du document ? Peut-on le contacter ? Est-ce un spécialiste du domaine ? S'exprime-t-il au nom d'une institution ou à titre personnel ? L'auteur s'exprime-t-il ailleurs ? Quelle est sa crédibilité ? Quel est son niveau d'autorité ?
Où ?	D'où provient l'information ? S'agit-il du contenu original ? S'agit-il d'un site français ? francophone ? européen ? autre ? Quelles sont les limites géographiques de l'information ? L'information concerne-t-elle un pays particulier ?
Quand ?	Quelle est la date du document ? Le document nécessite-t-il une actualisation ?
Comment ?	Comment se présente le document ? L'information est-elle **rédigée clairement** ? Le document est-il bien structuré ? Les sources sont-elles bien indiquées ? Pointent-elles vers des sites fiables ? Les sites fiables pointent-ils vers ce document ?
Combien ?	Combien de fois ai-je pu retrouver cette information ? Combien d'autres sites en parlent ? Combien de fois ce site est-il mentionné par d'autres ? L'information est-elle gratuite ?
Pourquoi ?	Dans quel but le document a-t-il été réalisé ? Quel est le public visé ? Quels sont les objectifs ?

© Nathan - La photocopie non autorisée est un délit.

5 Le besoin de veille informationnelle

I La distinction entre collecte d'information et veille

La collecte d'information est une activité ponctuelle. Lorsque les acteurs du projet ont besoin d'une information précise à un moment donné, ils vont rechercher l'information en interne (dans les bases de données de l'entreprise) ou en externe (le plus souvent sur Internet). Une fois l'information trouvée, la collecte est terminée.

En revanche, lorsque les acteurs du projet ont besoin de **rester informés** sur la durée car l'information évolue, ou ont besoin de **rester en alerte** au cas où une information viendrait influer sur le déroulement du projet, il s'agit pour eux de chercher chaque jour, encore et encore... au cas où. Dans ce cas, ils mettront en place une veille, c'est-à-dire « **un ensemble de stratégies pour rester informés**, en y consacrant le moins de temps possible et en utilisant des processus de signalement **automatisés** » (Lardy J.-P.).

La notion de veille implique ainsi une dimension stratégique, continue, prospective, qui la différencie de la simple recherche d'information.

II Les besoins et types de veille

La veille, en tant que discipline à part entière, dotée de méthodes et d'outils qui lui sont propres, existe depuis peu : elle date des années 1980. Exclusivement technologique à ses débuts, elle est centrale aujourd'hui dans une société en mouvement où l'information est une clé de la réussite. La veille permet aux entreprises d'anticiper l'évolution du marché et facilite la prise de décision. Pour une entreprise, on parle souvent de « veille stratégique », mais ce terme recouvre en réalité plusieurs types de veilles spécifiques qui seront fonction des objectifs de l'entreprise (la liste qui suit ne saurait être exhaustive tant les domaines de veille peuvent être divers et variés : opinions, environnement, médias, politique, sociétal...) :

Type de veille	Objectifs
Juridique et réglementaire	Se tenir informé sur l'état et l'évolution du droit pour réduire les risques de non-conformité de l'organisation en évitant les comportements non conformes à la loi.
Concurrentielle	Suivre l'évolution des concurrents en termes de politique tarifaire, de stratégie de communication ou encore de choix des fournisseurs afin de maintenir un avantage concurrentiel.
Commerciale	Surveiller les clients, prospects et fournisseurs afin de collecter des renseignements sur l'environnement commercial de l'entreprise. Réduire les risques en identifiant les prospects solvables ou en mettant en concurrence de nouveaux fournisseurs.
Fiscale	Mieux gérer son patrimoine en surveillant l'actualité fiscale et celle des aides financières apportées par l'État.
Sociale	Mieux apprécier le climat social en suivant l'actualité des salaires, du temps de travail, de la santé ou des innovations en RH.
Technologique	Améliorer la compétitivité en surveillant l'évolution des technologies de l'information et de la communication afin d'utiliser des produits optimisés ou différenciés (choix d'un PGI par ex.).
Marketing	Compléter la veille commerciale en analysant l'environnement de l'entreprise afin d'identifier de nouveaux marchés et ainsi proposer de nouveaux produits ou services.
Financière	Suivre les indicateurs qui concernent les intérêts monétaires ou financiers de l'entreprise (taux de change avec certains fournisseurs par ex.).
...	

© Nathan - La photocopie non autorisée est un délit.

6 L'organisation de la veille

I Délimiter le type de veille : veille active ou passive

Compte tenu du contexte concurrentiel de l'entreprise, la veille a pris aujourd'hui une dimension de prospection. Il s'agit de veiller pour surveiller son environnement, pour détecter les menaces, les opportunités, les tendances ou surveiller sa e-réputation. Ainsi, on distingue (encore) deux types de veille :

Veille passive : Elle permet de rester informé sans répondre à un objectif précis. Elle collecte des informations générales, non triées (prospection).

Veille active : Elle est mise en œuvre **dans le cadre d'un projet** et répond à des objectifs précis.

Dans le cadre d'un projet, la veille active est construite à l'aide d'outils adaptés ; elle stocke les résultats et les publie. C'est bien souvent un travail d'équipe.

II Organiser la veille dans le temps : la fréquence de la veille

L'organisation doit choisir la fréquence de sa veille :

Veille ponctuelle	Elle permet de dresser un état des lieux à un moment donné dans un cadre bien défini. On peut parler de veille car la recherche n'est pas très précise, il s'agit simplement de faire un point.
Veille occasionnelle	Il s'agit là d'une surveillance organisée pour atteindre des buts précis.
Veille périodique	Cette veille dépend de la périodicité des sources à surveiller selon les thèmes du projet. Si les sources publient des informations hebdomadaires, la veille sera hebdomadaire…
Veille permanente	Il s'agit de mettre en œuvre des alertes permanentes, sur l'ensemble de l'environnement de l'entreprise.

III Structurer la veille : les cinq étapes du cycle de veille

On peut consacrer beaucoup de temps au travail de veille et ne pas avoir pour autant récupéré les informations voulues. Il s'agit donc de respecter les **cinq étapes** du cycle de veille :

Identifier les besoins	L'objectif doit être clairement précisé quant au contenu recherché (est-ce une veille juridique, veille générale sur l'évolution des textes de loi, ou veille réglementaire, veille sur les textes applicables à l'entreprise ?) ou quant aux moyens (temps imparti).
Identifier les sources	Les sources doivent être pertinentes, officielles, fiables. Elles peuvent provenir d'autres veilleurs (comme les réseaux sociaux). D'une manière générale, elles ne doivent pas être trouvées au hasard.
Collecter	La collecte peut être automatique (à l'aide d'un agrégateur) ou par capitalisation (organisation progressive d'un archivage des données collectées).
Analyser, traiter	Il faut vérifier le sérieux du site et la pertinence des informations collectées par rapport à son besoin. Il s'agit ici de trier, de compléter (faire des commentaires) les informations.
Diffuser	Quelle information diffuser, à quelle personne et sous quelle forme ?

© Nathan - La photocopie non autorisée est un délit.

▶▶▶

IV Les risques liés à une veille défaillante

Une veille défaillante peut conduire à produire des documents erronés.

Exemples :
Une erreur sur le taux ou l'assiette de cotisations peut conduire à un redressement financier de la part de l'Urssaf. Une erreur de coefficient sur les bulletins de paie peut fonder une plainte aux prud'hommes de la part des salariés.

Une veille défaillante comporte deux grands types de risques :

La sous-information	La surinformation
La sous-information désigne le **manque d'éléments d'information** reçus par une personne, l'empêchant ainsi de soutenir une prise de décision, ou plus globalement, l'empêchant de faire correctement son travail.	Également appelé « **infobésité** », ce mot-valise désigne par analogie l'excès d'information reçue par une personne et la plaçant dans une situation où elle n'est pas en capacité de traiter cette surabondance.
Cette situation est souvent le résultat d'une **veille inexistante** ou d'un manque de formation qui se traduit par l'incapacité pour un acteur du projet d'utiliser des informations fiables et à jour.	Cette situation peut résulter d'une mauvaise **délimitation du périmètre** de veille. Elle peut aussi être le fait d'individus qui veulent à tout prix tout savoir, tout le temps, paradoxalement par crainte de sous-information... Ils passent alors plus de temps à s'informer qu'à produire, ce qui peut devenir un facteur de désorganisation important (retards, confusions, incohérences...).

V Répartir le travail de veille entre les différents membres du projet

L'activité de veille peut impliquer plusieurs acteurs du projet. Ceux-ci doivent alors profiter des outils matériels mis en œuvre pour le projet (réseau, plateforme collaborative...) pour collecter, traiter, exploiter ou diffuser l'information.

Une cellule de veille pourra s'organiser autour de trois types d'acteurs :
– les **observateurs** : ils ont pour mission d'acquérir l'information ;
– les **analystes** : ils ont pour mission de traiter l'information ;
– les **décideurs** : ils préparent les décisions stratégiques en lien avec le projet.

© Nathan - La photocopie non autorisée est un délit.

APPLICATIONS PROFESSIONNELLES

1 Collecter des informations sur Internet MAÎTRISE

Situation

Vous intégrez l'entreprise de bricolage AtouBrico, en tant que responsable du rayon des outils de serrage et des enclumes. Une collecte d'information concernant les ventes de ce rayon sur les trois dernières années montre un maintien du chiffre d'affaires pour cette gamme de produits alors que la moyenne du magasin progresse de 3 % par an.
Vous décidez de revoir la présentation des produits et de proposer des fiches-conseils.
Dans un premier temps, vous recherchez sur Internet des modèles de fiches-conseils afin d'étudier la présentation des supports et leur contenu.

Consignes

1. **Une première recherche rapide vous conduit à délimiter précisément le contenu de vos fiches-conseils (document 1). Pourquoi, selon vous ?**
2. **Choisissez une délimitation du contenu (choisir, utiliser, entretenir) et proposez les mots clés qui vous semblent pertinents pour collecter des informations à partir d'un moteur de recherche.**
3. **Vous recherchez des informations sur le thème « comment choisir une enclume ? » (document 2) :**
   a. Comparez le nombre de résultats entre les essais 1 et 2. Proposez une explication.
   b. Alors que vos mots clés sont encore plus précis en essai 3, le nombre de résultats augmente fortement. Pourquoi, selon vous ?
   c. Recommencez la recherche en utilisant les paramètres de recherche avancée.

Document 1 Les besoins d'informations

Comment choisir un étau ? Comment bien utiliser un étau ? Comment entretenir son étau ?	Comment choisir une enclume ? Comment bien utiliser une enclume ? Comment entretenir son enclume ?

Document 2 Les mots clés et la recherche avancée

Essai 1

Essai 2

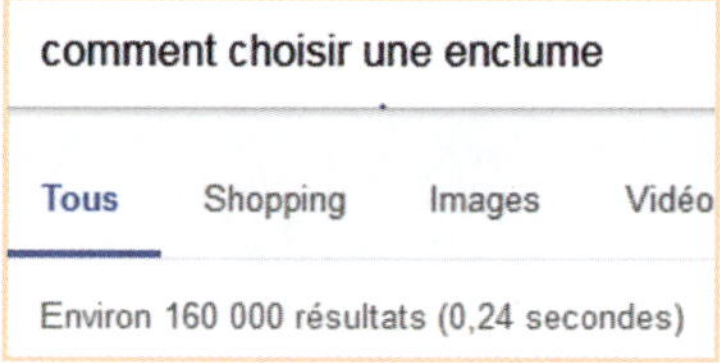

Essai 3

© Nathan - La photocopie non autorisée est un délit.

E5-A

2 Présenter le compte rendu de veille informationnelle

Situation

Vous préparez le BTS SAM et vous faites votre stage au sein de la société AtouZen. Marine Sicomotte est manager de cette chaîne d'agences spécialisées en accompagnement à la méditation-relaxation.

Depuis la crise sanitaire de 2020, de plus en plus de clients demandent des séances en ligne. Mme Sicomotte pense que c'est une opportunité. Elle vous associe à l'équipe projet chargée d'étudier cette nouvelle offre de séances en ligne.

Le compte rendu de la première réunion d'avancement précise qu'il est d'abord nécessaire de réaliser une enquête auprès de l'intégralité des agences de la chaîne. Vous êtes personnellement chargé(e) de rechercher et de présenter les solutions numériques qui pourraient être mises en œuvre.

Un premier sondage oral organisé dans les agences parisiennes fait apparaître que la plupart des clients disposent d'un smartphone Android.

Consignes

Vous lancez votre recherche :

1 **Quelles solutions numériques retenez-vous ? Pourquoi ?**

Vous pensez que ce projet et cette recherche d'informations peuvent être exploités lors de l'épreuve E5 de votre examen.

E5-A **2** **Présentez un bref compte rendu de veille informationnelle qui reprendra :**
– l'objectif de votre recherche ;
– la démarche que vous avez privilégiée ;
– les outils utilisés ;
– les résultats de votre analyse.

© Nathan - La photocopie non autorisée est un délit.

Chapitre 8

Automatiser la veille informationnelle et diffuser son contenu

ACTIVITÉ **2.2.** Mise en œuvre d'une veille informationnelle liée au projet

COMPÉTENCE Conduire une veille informationnelle

TÂCHES **2.2.2.** Automatisation de la veille informationnelle
2.2.3. Diffusion du contenu de la veille

VERS PIX **1.1.** Mener une recherche et une veille d'information
1.2. Gérer des données
2.2. Partager et publier
2.3. Collaborer

Situation professionnelle

L'entreprise Menotto, spécialisée dans la construction de piscines, subit la concurrence de nouveaux piscinistes *low-cost* et souhaite se démarquer en mettant en avant son savoir-faire, son expérience et son respect du client. Pour cela, elle étudie l'opportunité de proposer des systèmes d'alarme innovants ainsi que des produits pour entretenir la qualité des eaux de baignade. Cette nouvelle activité devrait non seulement développer son chiffre d'affaires mais aussi conforter son image d'entreprise responsable.

Ce projet est confié à Marion Drasan, la directrice marketing, qui a constitué une équipe de quatre personnes dont vous faites partie.

Le projet a démarré et vous avez récemment rédigé une note de synthèse relative à l'organisation d'une veille informationnelle (chapitre 7). Marion Drasan en a pris connaissance et elle partage votre avis : elle ne souhaite pas se contenter de collectes ponctuelles d'information. Elle est désormais convaincue que l'automatisation et la diffusion d'une veille informationnelle constituent un enjeu important pour ce projet.

Comprendre le contexte

1. **Pourquoi automatiser sa veille ?**
2. **Pourquoi faut-il bien choisir les destinataires d'une veille ?**

Découvrez l'entreprise Menotto en vidéo
liennathan.fr/765rvr

© Nathan - La photocopie non autorisée est un délit.

▶ VOTRE MISSION

Marion Drasan vous charge de mettre en place une veille informationnelle adaptée au projet qu'elle pilote. Elle souhaite, en priorité, que vous puissiez faire des propositions autour de la veille juridique. Vous décidez d'engager d'abord des recherches afin de mieux la conseiller ensuite.

▶ TRAVAIL À FAIRE

I. Collecter des informations de manière automatisée

Vous recherchez un moyen de collecte automatique de l'information.

1. Une veille juridique est nécessaire ; à partir de vos travaux précédents (chapitre 7) et de recherches complémentaires, proposez quelques sites officiels qu'il vous semble intéressant de suivre.

Fiche ressource 1
Annexe 1

2. Vous recherchez l'outil le mieux adapté pour collecter les informations :

a. En quoi les newsletters sont-elles des outils d'automatisation de la veille ?

b. Observez vos sites et regardez s'ils proposent des abonnements à des newsletters. Abonnez-vous à l'une d'entre elles.

c. Observez vos sites : proposent-ils des flux RSS ? De manière générale, pourquoi préférez-vous collecter des informations à l'aide de flux RSS ?

3. Le site Guide-piscine.fr vous intéresse mais n'offre pas de flux RSS. Qu'allez-vous retenir comme solution de type « *push* » pour être tout de même tenu informé des nouveautés de ce site ?

Vous sensibilisez Marion Drasan sur l'intérêt de varier les outils de collecte de l'information et vous pensez qu'il peut être judicieux d'utiliser les réseaux sociaux.

4. Vous proposez à Marion Drasan de créer un compte Facebook professionnel pour suivre quelques pages intéressantes : créez ce compte.

Fiche ressource 2
Annexe 2

5. Proposez cinq comptes à suivre sur les réseaux sociaux et argumentez vos choix.

6. En quoi Twitter est-il aussi un bon outil de veille ?

II. Stocker le résultat de la veille

Vous avez repéré quelques sites qui ne proposent pas de suivi à l'aide de flux RSS. Vous souhaitez malgré tout garder leurs adresses en mémoire.

7. Quel est l'intérêt d'utiliser un service de gestion des favoris en ligne de type Pearltrees ?

Fiche ressource 3

8. Créez un compte Pearltrees, puis constituez une première collection : « les liens juridiques ».

9. En quoi Pearltrees correspond-il à la méthode « *pull* » ?

Parallèlement au compte Pearltrees, vous souhaitez faciliter l'accès aux sites suivis à l'aide de flux RSS.

10. Créez un compte sur l'agrégateur Netvibes, puis concevez votre tableau de bord personnalisé.

Fiche ressource 4

11. Quel est l'intérêt de ce support de stockage par rapport à votre Pearltrees ?

© Nathan - La photocopie non autorisée est un délit.

III. Mettre en place des services d'alerte

Pour ne pas prendre le risque de rater une information importante au cours du projet, vous envisagez aussi de mettre en place un service d'alerte.

12. Utilisez le service d'alerte de Google : avec un compte Google, créez une nouvelle alerte. Justifiez le choix des expressions ou mots-clés utilisés.

Fiche ressource 5

13. Demandez à Google d'envoyer les alertes sous forme de flux RSS dans votre page Netvibes. Quel en est l'intérêt ?

IV. Diffuser le contenu de la veille

Il s'agit à présent d'organiser la diffusion de la collecte de la veille au sein de l'équipe projet.

14. Listez l'ensemble des outils de collecte que vous avez mis en œuvre. Repérez ceux qui sont partagés dans l'équipe et ceux qui ne le sont pas.

Fiche ressource 6

15. Vérifiez que les acteurs du projet ont bien accès aux outils partagés (Pearltrees, Netvibes...).

COM **16.** Faites une synthèse des éléments que vous avez collectés jusqu'à présent.

COM **17.** Préparez le message qui accompagnera la diffusion de votre synthèse. À qui est-il pertinent d'adresser cette veille ?

18. Vous souhaitez demander à Marion Drasan d'investir à terme dans un compte Pearltrees payant. Pourquoi ?

19. Choisissez un support permettant de consigner vos activités de veille. Ce support devra permettre l'accès au travers d'un navigateur, le partage et l'envoi de messages (ex. : Google Drive).

© Nathan - La photocopie non autorisée est un délit.

DONNÉES DE LA SITUATION

Annexe 1 Domaines liés au besoin courant d'information de Marion Drasan

- Risques sanitaires et mesures de sécurité des piscines
- Qualité des eaux de baignade
- Règles fiscales spécifiques à la construction d'une piscine
- Mesures de sécurité et de prévention pour l'utilisation des piscines

Annexe 2 Compte Twitter de Service-public.fr

© Nathan - La photocopie non autorisée est un délit.

1 La collecte d'informations dans le cadre d'une veille informationnelle

I Les méthodes de veille

Il existe deux méthodes de veille informationnelle :

La méthode « *pull* » (ou stock)		La méthode « *push* » (ou flux)	
L'information recherchée est **extraite par l'utilisateur.** Cette méthode s'appuie sur les moteurs de recherche (voir chap. 7) et/ou sur la lecture des revues de presse.		L'information est programmée (à l'aide d'alertes ou de flux RSS) afin qu'elle **soit poussée automatiquement à l'utilisateur en fonction de ses critères de préférence.**	
Ici, l'information retenue est toujours précise car l'utilisateur a retiré tout ce qui n'était pas pertinent.	Mais cette méthode est lourde et lente. Elle impose de renouveler les mêmes recherches régulièrement, ce que l'on a tendance à reporter par manque de temps.	Cette méthode permet une économie de temps et une veille régulière.	L'utilisateur risque d'être noyé sous les mails ou newsletters si les critères ne sont pas assez précis.

II La *newsletter*

La lettre d'information est une fonctionnalité offerte par certains sites qui permet, sur inscription, de recevoir régulièrement des mails présentant les nouveautés du site depuis le mail précédent. Le rythme est décidé par le site (hebdomadaire, mensuel, trimestriel…).

C'est un outil intéressant pour suivre l'actualité d'un site. Il permet de recevoir l'information sélectionnée sans avoir à la rechercher, mais il faut faire attention aux nombres de souscriptions pour ne pas tomber dans la surinformation (une adresse électronique dédiée peut être une bonne idée).

Exemples :
- **Les éditions Tissot :** droit du travail et conventions collectives (embauche et contrat de travail).
- **Dalloz Actualités :** droit des affaires, droit social, droit pénal, droit civil, droit de la famille, droit administratif.
- **Les dépêches du Jurisclasseur :** résumé de la nouvelle réglementation (lois et décrets), communiqués sur les projets de réforme, jurisprudence de la Cour de cassation.
- **Net-iris :** service de veille juridique, d'information et d'échange sur le droit français.
- **Creda-concurrence :** droit de la concurrence national et communautaire.
- **Legalis :** droit de l'informatique et de l'Internet.
- **Services en ligne de l'Assemblée nationale :** veille législative.
- **Les Lettres d'information du Sénat :** veille juridique.
- **Journal de l'environnement :** santé, sécurité et environnement.
- **Institut national de recherche et de sécurité :** prévention des risques professionnels.
- **Le portail de l'Économie, des Finances, de l'Action et des Comptes publics :** lettres d'information des ministères économiques et financiers.

Il n'est généralement pas obligatoire d'être un abonné payant pour recevoir ces lettres. En revanche, pour accéder à l'ensemble du contenu, notamment au texte intégral des articles, il est parfois nécessaire de souscrire à la version payante.

Attention, la *newsletter* peut se révéler indigeste si le site publie souvent et présente des nouveautés qui ne nous intéressent pas. Il devient alors judicieux de mettre en place des alertes permettant d'affiner la recherche.

Les **alertes** fonctionnent apparemment comme des newsletters : l'utilisateur s'inscrit sur le site en donnant son adresse mail puis reçoit les nouveautés du site par mail. Mais il peut trier par avance les informations en **précisant des mots clés.** Il ne reçoit alors que les informations qui l'intéressent, ce qui évite de trop engorger la messagerie. Malheureusement, peu de sites proposent ce système d'alerte.

© Nathan - La photocopie non autorisée est un délit.

III Les flux RSS

Au fil des évolutions, on trouve deux explications à l'acronyme RSS :
- *Rich Site Summary* : Résumé de site enrichi (1999) ;
- *Really Simple Syndication* : Souscription à du contenu Web (2002).

1. Principe d'un flux RSS

De nombreux sites proposent aux utilisateurs d'être automatiquement informés des nouveautés en s'abonnant à des flux RSS, c'est-à-dire à un fil d'information. Il suffit pour cela de repérer sur le site l'icône signalant la possibilité d'abonnement et de cliquer dessus pour s'abonner. Attention, les flux ne sont pas dirigés vers une messagerie mais vers une page Web personnalisée que l'utilisateur aura préalablement créée. C'est à partir de cette page d'accueil personnalisée qu'il pourra lire l'actualité de tous les sites qui l'intéressent. Cette page peut être créée sur des sites tels que Netvibes, iGoogle ou MyYahoo!. Ainsi, ces flux n'encombrent pas la messagerie électronique.

Les flux reçus sur cette page se présentent sous une forme comportant un titre, le nom de l'auteur et un lien URL vers le site (« Titre/Auteur/URL »), offrant une vue d'ensemble sur les nouveautés susceptibles de nous intéresser.

2. Les agrégateurs de flux RSS

L'agrégateur permet d'organiser la veille : il détecte la mise à jour d'un flux et le met en évidence pour que l'utilisateur puisse voir la **nouveauté en priorité.** Dans chaque flux suivi, les entrées les plus récentes sont affichées en premier (ordre chronologique inverse). Lorsque l'utilisateur souhaite lire l'intégralité d'un article, il lui suffit de cliquer dessus. Le site hébergeant l'actualité désirée est alors ouvert directement à la bonne page.

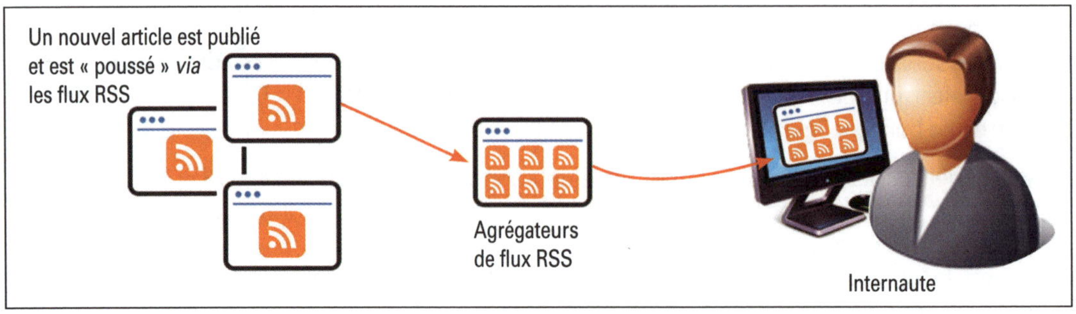

Comme pour la *newsletter*, l'utilisateur peut avoir intérêt à signaler les mises à jour d'articles grâce à des alertes.

© Nathan - La photocopie non autorisée est un délit.

2 Les réseaux sociaux, nouveaux outils de collecte de l'information dans le cadre d'une veille

I La veille sur les réseaux sociaux

La plupart du temps, on ne connaît des réseaux sociaux que le bouton « j'aime ». Or, on dispose également des boutons « suivre » et « s'abonner » qui, bien utilisés, permettent un usage professionnel. Comme pour les autres approches, la veille à l'aide des réseaux sociaux demande une analyse et une stratégie d'utilisation pour devenir des outils de veille pertinents.
Les principaux réseaux sociaux utilisés par les professionnels sont **LinkedIn**, **Facebook** et **Twitter**. Ils permettent de suivre des personnes, des entreprises ou des organismes qui partagent des informations susceptibles de les intéresser.

II Suivre un compte

Sur un réseau social, le suivi d'un compte consiste à s'y **abonner** afin de recevoir les publications du compte. Un compte peut être une personne physique qui présente de l'intérêt de par ses compétences et son statut, ou une personne morale (entreprise, organisme public, association). Comme lorsqu'on sélectionne un site pour faire de la veille, une mesure de la fiabilité est également nécessaire pour un compte social (réputation, légitimité, qualité des publications…).

III Rejoindre un groupe

Sur Facebook et LinkedIn, il existe une notion de groupe qui permet de concentrer les échanges autour d'une thématique précise. Ils peuvent être modérés, ce qui permet de limiter les messages de pollution sans intérêt (publicité, messages hors sujet ou de mauvaise qualité) et peuvent être accessibles uniquement après avoir été validés, c'est-à-dire après avoir démontré que l'on disposait d'un profil réellement en lien avec le groupe que l'on souhaite rejoindre. Pour tirer le meilleur parti des groupes, il faut d'abord identifier ceux qui correspondent à nos objectifs, pour ensuite consulter et contribuer à leurs échanges.

IV Suivre une tendance

Initié par Twitter et repris ensuite par la plupart des réseaux sociaux, le suivi des tendances au travers d'un « mot-dièse » (*hashtag* en anglais), c'est-à-dire d'un mot ou d'une expression précédé(e) du caractère #, est rendu possible par le regroupement et l'affichage de tous les fils de discussion dans lesquels ce mot a été mentionné. Très utilisés pour la veille, les mots-dièse sont tous cliquables.

V Les outils du veilleur social

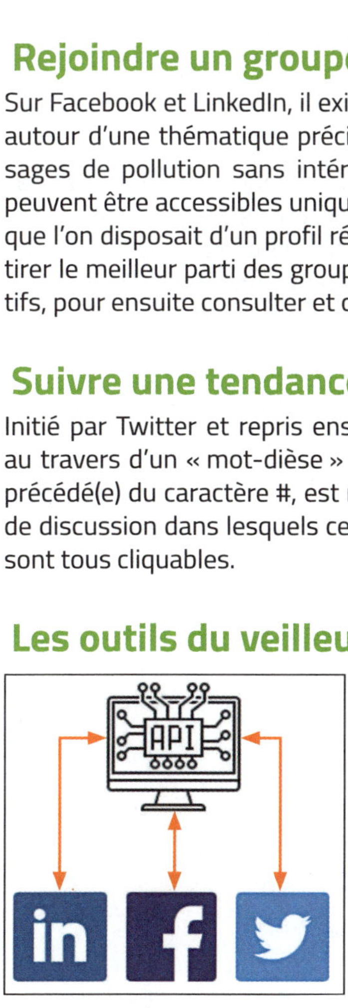

De nombreux outils aident à se concentrer sur l'essentiel des réseaux sociaux en évitant de perdre du temps sur des parcours longs et inutiles. Trois gestionnaires de réseaux sociaux se distinguent en entreprise : **HootSuite**, **SproutSocial** et **TweetDeck** (uniquement pour Twitter). Ces outils permettent de regrouper de nombreux réseaux sociaux au sein d'une seule et unique interface, ce qui fait gagner du temps. Par exemple, HootSuite permet de suivre le même *hashtag* sur l'intégralité de nos réseaux sociaux. En cas de crise, on pourra suivre l'incident sur l'ensemble des réseaux sociaux que l'on surveille.

© Nathan - La photocopie non autorisée est un délit.

3 Le stockage des pages Web collectées lors de la veille informationnelle

Il est important de conserver l'adresse des sites qui nous ont semblé intéressants et sur lesquels on souhaitera très probablement revenir.

I Utiliser le gestionnaire des favoris du navigateur

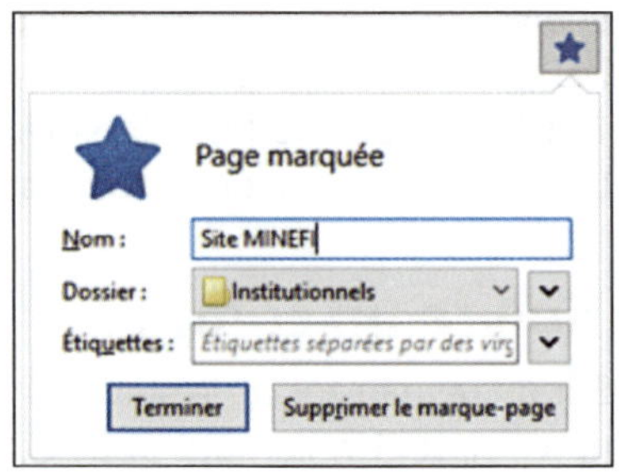

Également appelée « marque-pages », cette fonctionnalité est intégrée dans la plupart des navigateurs et permet de mémoriser l'adresse d'une page, par un clic sur une étoile ★. Pour une mémorisation efficace d'un favori, on veillera à bien **définir un titre** et à placer le favori dans une arborescence organisée. On pensera aussi au risque de surinformation... L'organisation des favoris par le gestionnaire intégré aux navigateurs a ses limites. Ainsi, on ne pourra pas y accéder depuis un autre lieu (lors d'un déplacement ou depuis le domicile) ; l'organisation par dossiers et sous-dossiers devient vite chronophage et ne permet pas de travailler en équipe.

II Utiliser un service de gestion des favoris en ligne (*social bookmarking*)

1. Principe

De nombreux services en ligne proposent d'aider à organiser ses favoris, voire de les partager dans une optique de réseau social. On relèvera **Google Favoris**, qui permet d'organiser ses favoris en ligne mais pas de les partager, **Delicious**, réseau social de partage de favoris, ou encore **Pearltrees**, qui va au-delà des deux précédents en permettant d'organiser, d'explorer et de partager des contenus numériques simplement et sous forme de réseau social.

2. Pearltrees

Ouvrir un navigateur à l'adresse **http://www.pearltrees.com**. Après avoir créé un compte sur la plateforme, Pearltrees permet de construire une base organisée de liens.

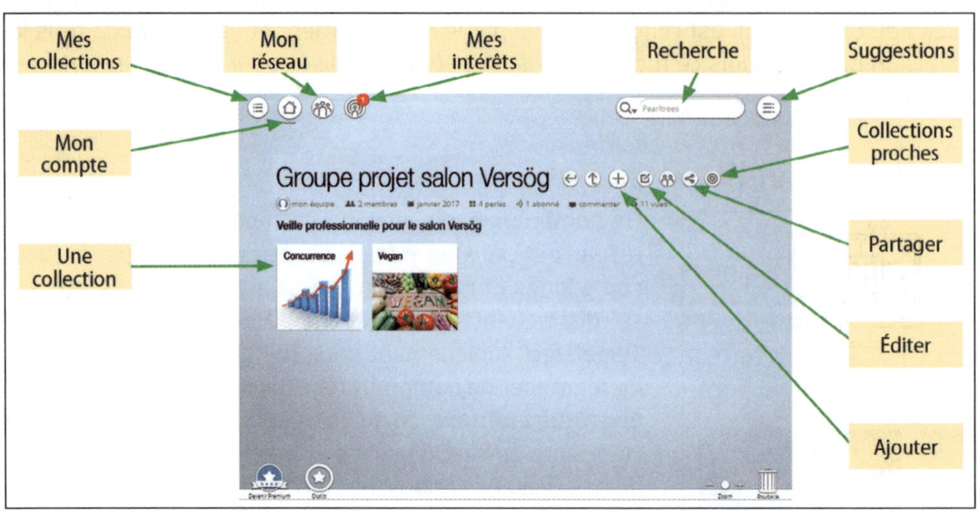

On notera toutefois que, par défaut, tout ce que l'on mettra sur Pearltrees sera public et donc accessible à tous. Pour pouvoir publier de façon privée, il faudra disposer d'un compte premium (payant).

© Nathan - La photocopie non autorisée est un délit.

4 Le stockage des flux RSS à l'aide d'un agrégateur

I Le fonctionnement d'un agrégateur en ligne de flux RSS

Pour pouvoir exploiter un fil RSS, l'utilisateur doit disposer d'un outil spécifique, le « lecteur RSS » ou « agrégateur RSS », qui permet de consulter les dernières actualités à un seul endroit. Les titres sont dotés de liens vers les articles intégraux des sites qui les ont publiés. Comme pour la gestion des favoris, cela peut se faire directement dans le navigateur, mais le partage et l'accès à distance sont impossibles. C'est pourquoi il existe des agrégateurs en ligne qui permettent d'être accessibles de partout dès lors que l'on dispose d'un accès Internet. Parmi les plus connus, on peut citer **Feedly**, **Inoreader** ou encore **Netvibes** (le plus complet).

II Utilisation d'un agrégateur en ligne : exemple avec Netvibes

1. Création du compte

Ouvrir un navigateur à l'adresse **http://www.netvibes.com/fr**. Lors de la première connexion, on est invité à créer un compte ou à s'identifier à l'aide d'un compte social type Twitter, Facebook ou Google.

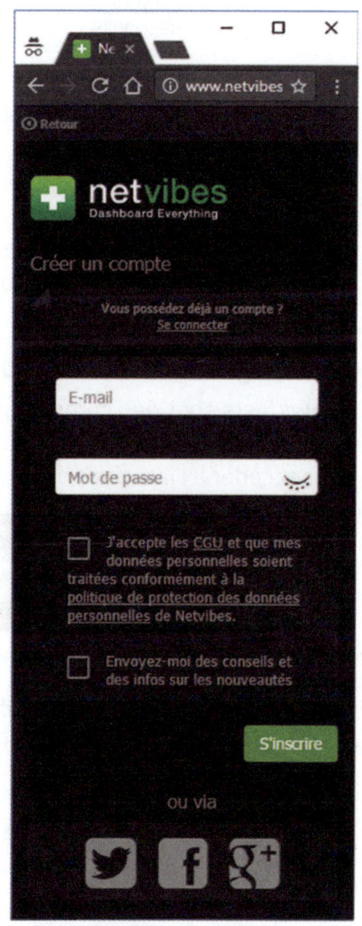

2. Création d'un tableau de bord personnalisable

Après avoir créé le compte, on arrive sur un tableau de bord à configurer qui va permettre de personnaliser la centralisation et l'affichage de nos flux RSS. L'affichage par défaut est en mode « lecteur ». Cliquer sur « Vue application » :

Vue application — Vue lecteur

Pour pouvoir repartir d'un tableau de bord vierge, il faut créer un nouvel onglet : cliquer sur le « + » en haut à droite et saisir un nouveau nom d'onglet :

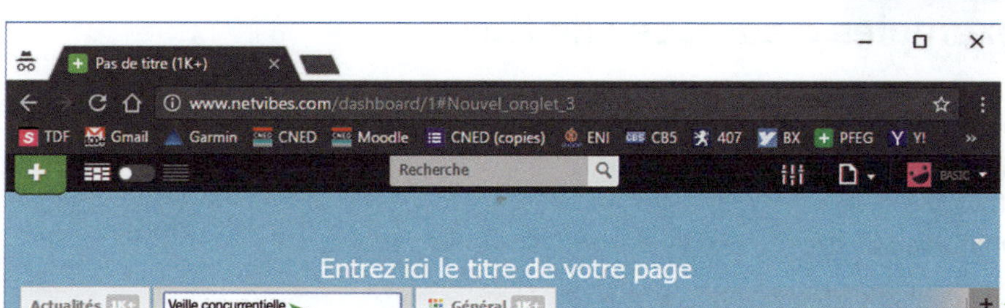

Ajouter des widgets

Titre de l'onglet

▶▶▶

© Nathan - La photocopie non autorisée est un délit.

On supprime ensuite les onglets créés par défaut par la plateforme : pour chaque onglet, cliquer sur « ▼ » pour accéder aux options, puis sur « Supprimer ».

Options de l'onglet

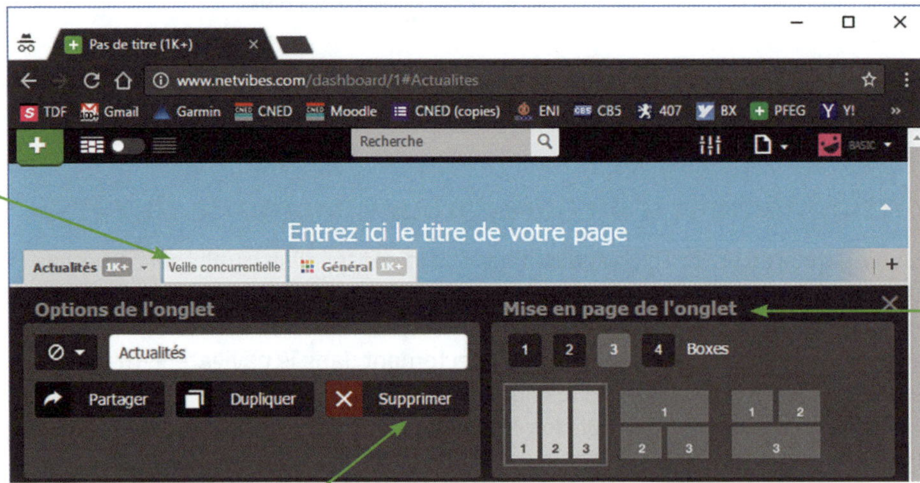

Mise en page de l'onglet

Suppression de l'onglet

Sur la partie droite, on peut voir également les options de mise en page que l'on utilisera pour personnaliser l'affichage du tableau de bord.

La gestion par onglet est très pratique, surtout si les flux suivis correspondent à des domaines différents. Par exemple, dans le cadre d'un projet, tous les articles intéressants que l'on aura mémorisés ne seront pas forcément à retransmettre à tous les acteurs. Réfléchir à une organisation par onglets, c'est déjà réfléchir de façon pertinente aux destinataires à cibler pour rediffuser une information.

3. Enregistrement des flux souhaités dans le tableau de bord

Les *widgets* sont des composants graphiques (par exemple la météo, Wikipedia ou encore une liste de tâches « cochable ») que l'on va pouvoir ajouter pour personnaliser le tableau de bord. Pour accéder à l'interface d'ajout, cliquer sur le « + » en haut à gauche.

Ajout de widgets

On clique ensuite sur « App de lecture » pour ajouter une application de lecture d'un flux RSS.

Il suffit ensuite de coller le lien vers le flux RSS que l'on veut suivre.

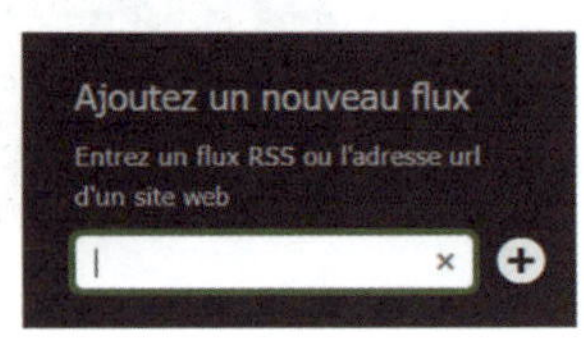

III Quelques exemples d'adresses de flux

Quelques exemples de pages où récupérer des adresses de flux intéressants :
– https://www.service-public.fr/abonnements/rss
– http://www.editions-legislatives.fr/flux-rss.html
– http://www.efl.fr/rss/
– http://www.economie.gouv.fr/cedef/veille-documentaire-fiscalite

© Nathan - La photocopie non autorisée est un délit.

5 Prévenir de la mise à jour d'une veille avec un service d'alerte

I Le fonctionnement d'un service d'alerte

Il existe de nombreux services d'alerte tels que Talkwalker, Giga Alert ou Google Alertes. Google Alertes par exemple permet d'être prévenu par mail ou par mise à jour de flux RSS lorsqu'une nouvelle page Web correspondant aux mots clés préalablement choisis apparaît dans les résultats de Google, donc dans la base de données Google.

II La mise en place d'un service d'alerte avec Google

Ouvrir un navigateur à l'adresse **https://www.google.fr/alerts** (nécessite une identité Google).

Le service étant très utilisé pour veiller sur sa e-réputation, deux alertes sont proposées : la première avec son identité et la seconde avec son e-mail.

Pour créer une nouvelle alerte, il faut saisir le mot ou le groupe de mots à rechercher.

Un aperçu du résultat est automatiquement proposé.

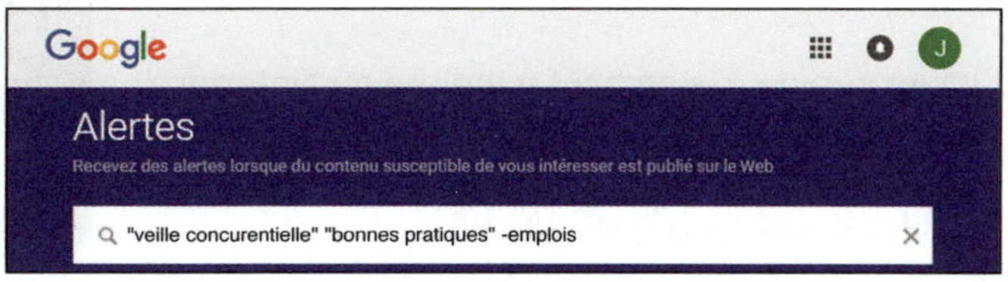

Cliquer sur « Afficher les options ▼ » pour personnaliser l'alerte.

Six options sont alors configurables :
- la fréquence de déclenchement des alertes ;
- le type de source à utiliser (actualités, blogs, Web, vidéos, livres…) ;
- la langue de recherche ;
- le pays de la recherche ;
- le nombre de résultats ;
- le type de diffusion de l'alerte (e-mail ou flux RSS ; e-mail est proposé par défaut).

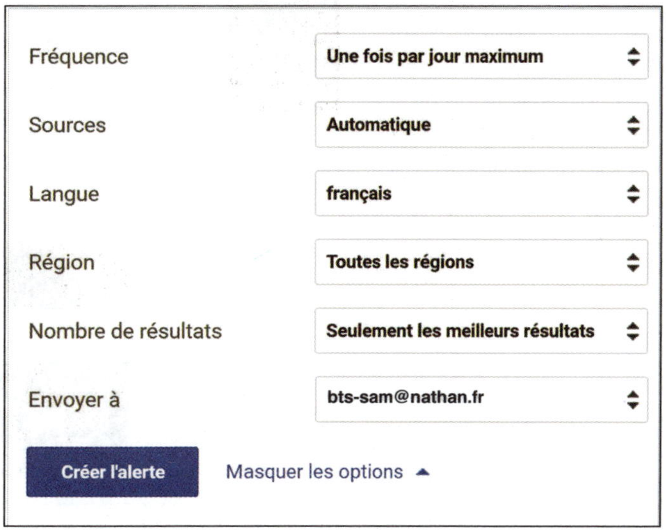

▶▶▶

© Nathan - La photocopie non autorisée est un délit.

▶▶▶

III Le suivi des flux d'alerte par flux RSS

Afin de désengorger la messagerie, il est possible d'indiquer à Google que les alertes doivent arriver sous forme de flux RSS et non pas par e-mail.

Pour cela, cliquer sur le crayon en face de l'alerte ✎.
Dans le mode d'envoi, choisir « Flux RSS » au lieu de l'adresse électronique, puis valider en cliquant sur « Mettre à jour l'alerte ».

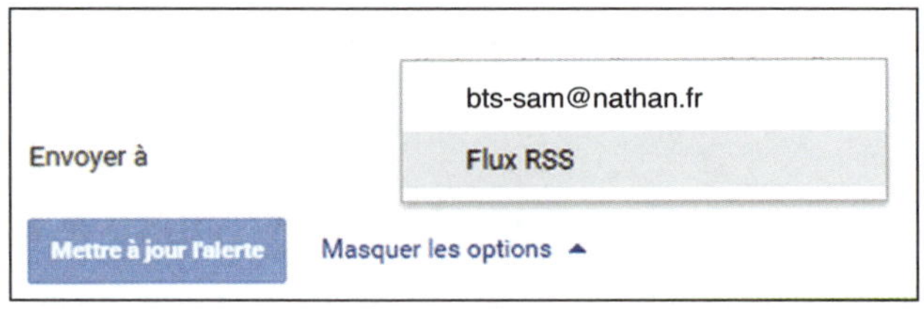

De retour dans l'interface de gestion des alertes, on peut voir que le symbole des flux RSS est apparu. On récupère l'adresse du flux avec un clic droit et « Copier l'adresse du lien ».

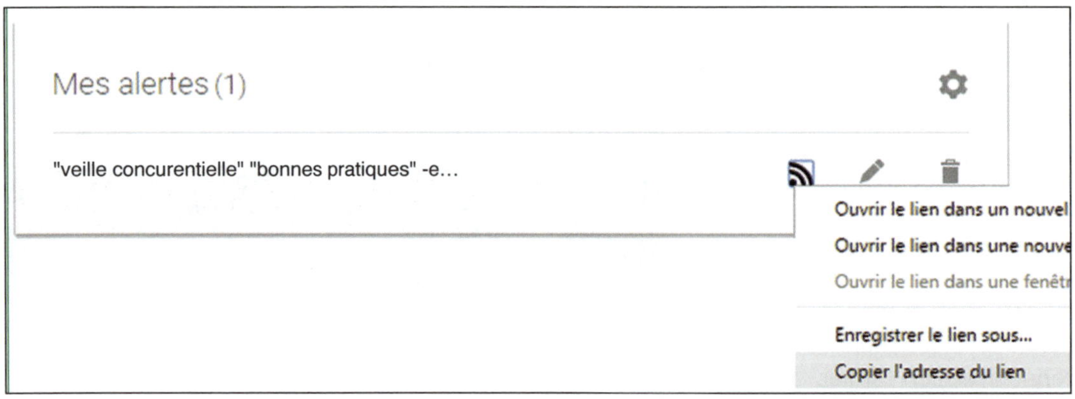

Une fois le lien copié, il n'y a plus qu'à l'ajouter dans l'agrégateur (ici Netvibes) pour pouvoir le suivre comme un flux RSS normal.

Cliquer sur le « + » en haut à gauche de l'interface et coller le lien dans la barre de recherche. Cliquer ensuite sur « + » pour demander la création d'une application à ajouter à Netvibes.

Une vignette avec le nouveau flux apparaît, il suffit de cliquer sur « + » en haut à gauche de la vignette pour l'ajouter au tableau de bord.

© Nathan - La photocopie non autorisée est un délit.

6 La diffusion du contenu de la veille

Dans une stratégie de veille, la diffusion de l'information est souvent plus importante que la collecte, car il ne s'agit pas seulement de mettre une information à disposition, il s'agit de fournir un service.

I La stratégie de diffusion de la veille

Il ne faut pas voir la diffusion du contenu de la veille comme un simple transfert de documentation. Il s'agit bien d'un exercice de communication au cours duquel on devra tenir compte :
– **des attentes des acteurs du projet :** les cibles de la diffusion de la veille n'ont pas toutes le même niveau d'expertise. Il faudra parfois sélectionner l'information et la présenter de telle manière qu'elle soit facilement et rapidement exploitable. Dans d'autres situations, les informations brutes seront préférées ;
– **de la présentation des informations :** il faut savoir intéresser le public visé et faciliter la lecture. La présentation doit donc être attrayante, lisible, accessible ;
– **de la manière dont les informations vont être traitées :**

Si l'information doit être traitée en temps réel, on choisira un support de diffusion facile d'accès.	Si l'information doit être travaillée en collaboration, on choisira un support de diffusion multi-utilisateurs permettant de modifier ou d'annoter.	Si l'information doit être stockée, on choisira un outil permettant la mise en place d'un système d'indexation.

– **du mode de diffusion :** il s'agit de définir la manière dont le produit de veille ira aux acteurs du projet, méthode *push* ou *pull* ou les deux.

II Les règles juridiques et déontologiques du droit de publication et d'information

Selon la nature de ce que l'on est amené à publier (même en interne), l'étude des droits à respecter est incontournable : droit d'auteur, droit à l'image, droit au respect de la vie privée...
Par exemple, si on diffuse régulièrement aux collaborateurs le résultat d'une veille comportant des articles de presse, l'entreprise aura sollicité au préalable des autorisations de reproduction et de rediffusion, afin de respecter le droit d'auteur. Pour éviter d'avoir à contacter chaque auteur de chaque article utilisé, on peut signer un contrat auprès du **Centre français d'exploitation du droit de copie** (CFC) qui perçoit notre redevance et auquel on déclare les articles de presse utilisés. Le CFC s'occupe ensuite de redistribuer les sommes aux ayants droit des publications copiées.

III Choisir un ou des outils de diffusion de la veille

1. Le partage des ressources sur les serveurs de l'entreprise

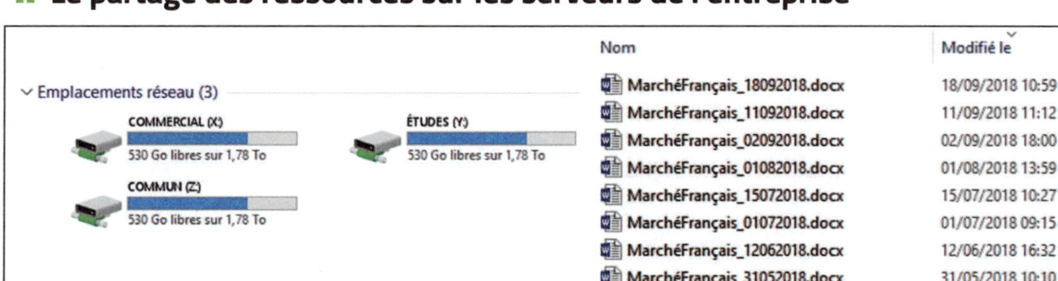

© Nathan - La photocopie non autorisée est un délit.

▶▶▶

En entreprise, il est courant de recourir à des **partages de réseau** pour stocker des documents. Ils sont simples à utiliser mais présentent d'importants inconvénients lorsqu'il s'agit de travailler de façon collaborative.
Ainsi, on ne peut pas travailler simultanément sur un même document réalisé à l'aide d'un traitement de texte, ou alors un des deux éditeurs se retrouve en « lecture seule ».
De plus, si on souhaite garder l'historique des modifications, cela impose une création permanente de nouveau fichier qui, dans le meilleur des cas, portera la date, mais ne permettra pas forcément de retrouver les auteurs.

2. Mail, forum et newsletter interne

Mail	Forum	Newsletter interne
Les acteurs du projet peuvent **diffuser les résultats de la veille informationnelle par e-mail.** En effet, l'e-mail laisse la possibilité de créer des liens hypertextes qui renvoient directement aux pages des sites collectées. Ces liens peuvent être complétés d'explications et de commentaires. L'inconvénient est que le mail est vite oublié par le destinataire et que la mise à jour de l'information ne peut se faire que par l'envoi d'un autre mail.	Le forum est un espace de discussion qui peut être ouvert aux acteurs du projet. Il est pratique de signaler des collectes d'information *via* ce forum en ajoutant, là encore, des liens hypertextes, explications et commentaires. L'intérêt est que les discussions sont archivées. Mais, dans un forum de discussion, les messages sont classés par ordre chronologique : si le forum est très actif, les liens sont vite perdus.	Une newsletter interne est un outil de communication simple et peu coûteux. Elle permet de transmettre l'information de manière régulière (chaque semaine par exemple) aux personnes choisies.

3. Diffusion de la veille par les réseaux sociaux

Les réseaux sociaux sont à la fois des outils de collecte de l'information (Fiche Ressource 2) et des outils de diffusion de l'information.
Facebook permet de publier des informations par le biais de statuts, de partager des liens, des textes, etc. Il est possible de contrôler qui a accès aux informations grâce aux outils de confidentialité. L'avantage est la rapidité de diffusion et de partage de l'information.
Twitter permet à l'utilisateur d'envoyer des *tweets* (« gazouillis ») limités à 280 caractères maximum. Il diffuse l'information en temps réel et la fait circuler rapidement (principe des *retweets*). En revanche, le nombre limité de caractères ne permet ni le commentaire ni l'analyse.

© Nathan - La photocopie non autorisée est un délit.

APPLICATIONS PROFESSIONNELLES

1 Mettre en place une veille RH

MAÎTRISE

Situation

Vous travaillez auprès du responsable des ressources humaines de l'entreprise d'édition Savoirs qui emploie 650 personnes. Une de vos missions consiste à attirer et retenir les meilleurs collaborateurs dans l'entreprise. Les candidats et salariés communiquant massivement sur les réseaux sociaux, vous avez dû vous adapter en utilisant vous aussi des supports personnalisés à vos cibles : blogs, vidéos, guides, fiches métiers…

Pour alimenter votre production de contenus et vos comptes sociaux, vous décidez de mettre en place une veille. À partir des articles sélectionnés grâce à cette veille, vous pourrez relayer l'information après vous être approprié le sujet.

Consignes

1 **Quels sont vos besoins ? En quoi nécessitent-ils la mise en place d'une veille ?**

2 **En quoi votre ligne éditoriale va-t-elle vous aider à sélectionner les sites à intégrer dans votre veille ?**

3 **Complétez la liste des thématiques que vous pourriez aborder dans vos productions. Recherchez quelques sites qui vous semblent pertinents.**

4 **Créez une page Netvibes dans laquelle vous récupérerez les flux RSS des sites sélectionnés.**

Document 1 Définir votre ligne éditoriale

Pour communiquer, il ne suffit pas de publier du contenu sur ce qui nous passe par la tête de façon sporadique. La cadence, la nature, le ton et l'angle des contenus sont cruciaux.

Comment définir sa ligne éditoriale ?
Une réflexion à mener en amont

Pour structurer vos actions de communication, il faut en amont vous poser trois questions :
- dans quel but écrivez-vous ?
- à destination de qui écrivez-vous ?
- selon quel angle écrivez-vous ?

Qu'est-ce qu'une ligne éditoriale ?

Ce sont les réponses à ces trois questions qui permettent de définir :
- votre contenu ;
- votre cible ;
- le ton à adopter.

Ces trois éléments sont les composants de base d'une ligne éditoriale.

www.appvizer.fr

Document 2 Quelques thématiques RH

- Relations sociales
- Management de la performance
- Le recrutement
- Les nouveaux modes de travail
- Les cafés RH
- DRH et robots
- Droit du travail, droit au travail
- L'éthique
- …

© Nathan – La photocopie non autorisée est un délit.

2 Mettre en place une veille sur la e-reputation de l'entreprise

MAÎTRISE

Situation

Vous collaborez dans le service Communication de l'entreprise Toutenboi, fabricant de jeux de plein air à destination des particuliers ou professionnels.
Le responsable de l'entreprise, M. Piloni, vient vous voir, inquiet : par curiosité, il a saisi le nom de son entreprise dans le moteur de recherche Google et a découvert avec surprise en 4e ligne de résultat le titre d'un blog : « Toutenboi, tout en toc ! »...

Consignes

1. **Quel est l'effet de cet article sur l'entreprise Toutenboi ?**
2. **M. Piloni peut-il porter plainte ?**
3. **M. Piloni vient de prendre conscience des enjeux de l'e-réputation. De quoi s'agit-il ?**
4. **Que pouvez-vous faire pour limiter l'impact de cet article ?**
5. **M. Piloni souhaite une veille de sa e-reputation. De quoi s'agit-il selon vous ?**
6. **Pour rassurer M. Piloni, utilisez le service Google Alerte : à partir d'un choix de mots clés, paramétrez l'envoi d'un mail chaque fois que Google détectera des informations nouvelles sur l'entreprise.**

Document 1 Les actions de M. Piloni

M. Piloni s'est renseigné auprès de son service juridique : après avoir examiné en détail le contenu du blog, celui-ci conclut qu'aucune action juridique n'est possible, car les propos de l'auteur du blog ne sont ni diffamatoires, ni insultants. Le blogueur avance des arguments objectifs qu'on ne peut lui reprocher.

Document 2 Les besoins de M. Piloni : extrait de votre discussion

M. Piloni : « Comment faire disparaître ce blog de la première page des moteurs de recherche ? »
Vous : « On ne peut pas supprimer le contenu car on ne peut rien lui reprocher juridiquement. »
M. Piloni : « Puis-je utiliser un droit de réponse ? »
Vous : « Oui, mais c'est assez risqué... Il faudra veiller dans ce cas à faire une réponse très positive, montrant qu'on a compris et mettant en valeur notre entreprise... »
M. Piloni : « C'est assez risqué en effet... »
Vous : « La seule solution est de publier, nous aussi, des contenus positifs sur l'entreprise Toutenboi afin de faire "descendre" l'article gênant dans les résultats de recherche de Google. »
M. Piloni : « C'est-à-dire concrètement ?... »
Vous : « Nous pourrions créer un site "*corporate*" de type toutenboi.fr, un blog de l'entreprise, inscrire l'entreprise dans le *local business center* de Google pour occuper la place dans les premières positions des résultats du moteur de recherche en affichant une carte, ouvrir un compte sur les réseaux sociaux Facebook, Twitter... Tout cela nécessite du temps mais me paraît indispensable. Je peux m'en occuper, bien sûr... »
M. Piloni : « OK, parfait. Je vous laisse mettre tout ça en place. Surtout, pourriez-vous s'il vous plaît faire quelque chose pour que je sache ce qui se dit sur mon entreprise ?... Il est hors de question que je découvre encore des choses par hasard ! »

© Nathan - La photocopie non autorisée est un délit.

E5-A

3 Mettre en place une veille concurrentielle

EXPERTISE

Situation

Carole Simonet est office manager dans un grand groupe de distribution de matériel électroménager en Europe. Forte de son expérience dans de précédents projets innovants, la direction du groupe l'invite à rejoindre une équipe projet récemment formée pour développer et commercialiser une nouvelle tablette culinaire numérique. La direction compte particulièrement sur elle pour sensibiliser cette équipe à l'intérêt de la veille concurrentielle. À plus long terme, cette expérience pourrait être le support d'une nouvelle action de formation proposée au personnel.

Vous êtes en 2e année de BTS SAM et vous effectuez votre stage auprès de Carole Simonet. Elle vient de recevoir le mail qui figure en document 1 et vous confie quelques missions.

Consignes

1 **Préparez un argumentaire qui servira à convaincre tous les membres de l'équipe sur l'utilité de la veille concurrentielle.**

2 **Concevez un panorama de la concurrence sous forme de diaporama et datez-le. Veillez à consigner également de quelle façon vous avez recueilli ces informations (moteurs de recherche et mots clés) et conservez la webographie finale sur un compte Pearltrees dédié.**

3 **Prenez les dispositions qui permettent d'automatiser cette veille concurrentielle.**

4 **Partagez un document sur Google Drive pour que chaque membre du projet puisse venir proposer un outil ou une source de veille pertinents. Commencez le document avec le lien vers la base de marques de l'INPI proposé par un commercial lors de la dernière réunion (document 2).**

E5-A **5** **En accord avec votre professeur, vous décidez d'exploiter ce projet dans le cadre de l'épreuve E5.**
a. Présentez votre compte-rendu de veille informationnelle (2 pages maximum).
b. Préparez la présentation orale de vos travaux de veille (5 mn maximum).

© Nathan - La photocopie non autorisée est un délit.

Document 1 Mail du chef de projet

Bonjour et bienvenue dans l'équipe !

Comme je l'avais indiqué au DG lors du dernier CODIR, je suis ravi que vous rejoigniez notre équipe. J'ai entendu beaucoup de bien sur vos méthodes d'organisation du travail et sur les nombreux outils que vous manipulez et qui peuvent nous rendre plus productifs.

Je vous propose de nous retrouver demain à 9 h lors notre habituel *daily stand-up meeting* afin de faire connaissance avec l'équipe et de vous apporter en direct les réponses à vos questions.

Pour gagner du temps, voici déjà quelques informations utiles :
– le projet démarre tout juste (équipe constituée il y a une semaine) ;
– la direction est consciente que notre tablette arrive tardivement sur un marché qui en compte déjà beaucoup mais souhaite que cela soit notre force. Il faut faire en sorte de proposer un produit qui apporte ce qui manque aux autres ;
– la constitution de l'équipe est la suivante :
  – 3 développeurs (Marjolaine, Thomas, Loïc) travaillent sur le cœur de métier de la tablette en étroite collaboration avec Estelle. Ce sont eux qui codent les applications qui seront présentes sur le système ;
  – 2 commerciaux (Sandra, Vincent) élaborent la stratégie de commercialisation de la tablette. Ils travaillent en ce moment sur le nom du produit et les cibles marketing ;
  – 1 UX designer (Estelle) : en étroite collaboration avec les développeurs, elle conçoit les interfaces afin qu'elles soient les plus centrées sur l'utilisateur (attractivité, facilité de prise en main, confiance dans le produit) ;
  – 1 DevOps Cloud (Pierric) s'occupe de l'infrastructure informatique du projet. Une fois la tablette commercialisée, il faudra que les systèmes présents dans le Cloud soient réactifs et tiennent la charge de très nombreux utilisateurs en simultané. C'est son rôle de dimensionner et de tester tout ça ;
  – moi-même, responsable de la conduite du projet.

Je vous propose également d'animer une réunion (pas plus d'une heure) vendredi prochain afin de bien nous expliquer l'intérêt de la veille concurrentielle afin que chaque membre du projet y participe de façon positive et efficace (je ne vous cache pas que les développeurs et la designer ont émis quelques réserves sur l'intérêt de cette veille, pour eux).

Je compte sur vous pour être facilitatrice dans l'usage des outils et technologies que vous avez l'habitude d'utiliser afin que nous puissions nous les approprier rapidement.

Bien cordialement,
Simon

Document 2 Notes prises lors de la dernière réunion

bases-marques.inpi.fr : Sandra indique qu'elle l'utilise toujours avant de soumettre un nouveau nom pour un produit afin d'être sûre qu'il ne s'agisse pas du nom d'une marque déposée.

© Nathan - La photocopie non autorisée est un délit.

Chapitre 9

Préparer et conduire une réunion de projet

ACTIVITÉ	**2.3.** Conduite du projet	**VERS PIX**	**2.1** Interagir
COMPÉTENCE	Suivre et contrôler le projet		**3.1** Développer des contenus textuels
TÂCHE	**2.3.1.** Coordination des activités de l'équipe projet		

Situation professionnelle

La société Phone Apps développe pour le compte de ses clients des applications pour smartphones Android et IOS. La maison mère, dirigée par Björn Andersson, est implantée à Stockholm. La succursale française, dirigée par Louise Mérué, emploie 34 personnes. Elle est implantée sur le site de la Belle de Mai à Marseille (labellisé *French Tech*), lieu qui lui permet de disposer des atouts du pôle média (espace de *coworking*, regroupement de plusieurs écoles dédiées aux métiers de l'image, du son et du numérique).

Depuis quelques années déjà, la maison mère a mis en place une démarche éco-responsable que Louise Mérué, sensible à ce sujet, souhaite prolonger sur le site de Marseille. Cinq collaborateurs ont déjà manifesté leur volonté d'y participer. Björn Andersson a accepté que deux collaborateurs suédois intègrent l'équipe projet afin de partager leur expérience.

La phase d'initialisation a permis de délimiter le périmètre du projet : les actions à mener portent sur la gestion des déchets et achats administratifs ainsi que sur les déplacements domicile-travail des collaborateurs. Une phase de diagnostic a permis un bilan des habitudes des salariés. Lors de la dernière réunion, des actions ont été retenues pour la gestion des déchets, dont la réalisation a été confiée à différents membres de l'équipe projet.

Comprendre le contexte

Découvrez l'entreprise Phone Apps en vidéo
liennathan.fr/m68ab9

1. **Pourquoi Louise Mérué a-t-elle lancé un projet de démarche éco-responsable ?**
2. **Comment l'équipe projet s'est-elle constituée ?**
3. **Quel est le périmètre de ce projet ?**
4. **Quels sont, selon vous, les principaux risques rattachés à un tel projet ?**

© Nathan - La photocopie non autorisée est un délit.

VOTRE MISSION

Vous êtes Camille Vatel ; vous accompagnez Louise Mérué dans la gestion du projet de démarche éco-responsable. Vous devez préparer et aider Louise Mérué à conduire la prochaine réunion d'avancement.

TRAVAIL À FAIRE

I. Préparer la réunion

Nous sommes le 5 janvier ; vous préparez la réunion d'avancement de projet qui se tiendra à la fin du mois. Vous profitez de la venue exceptionnelle à Marseille d'une collaboratrice suédoise membre de l'équipe projet, Svea Ragvald, afin qu'elle puisse y participer.

1. Identifiez les différents participants à cette réunion.

2. Quel est le principal objectif de la réunion ? Quels documents peuvent être utilisés pour sa préparation ?

3. Quelles sont les informations dont vous devez disposer pour organiser cette réunion ? Présentez ces informations dans une fiche préparatoire de réunion.

4. Planifiez les tâches à réaliser avant, pendant et après la réunion. Vous présenterez votre travail à l'aide d'un logiciel de gestion de projet.

5. Recherchez puis réservez la salle de réunion en respectant les contraintes de Louise Mérué.

COM **6.** Rédigez le mail de convocation à adresser aux participants.

Annexes 1 2 — Chap09-annexe2.mp3 — Fiche ressource 1 — Fiche ressource 2 — Annexes 3 4 5

Lors de cette réunion, Louise Mérué souhaite également proposer des pistes de solutions à mettre en œuvre pour la gestion des déplacements afin d'atteindre les objectifs qui seront fixés. Vous avez donc effectué des recherches que vous avez consignées en annexe 6.

7. Concevez une carte heuristique proposant des pistes de solutions à mettre en œuvre pour améliorer les déplacements domicile-travail.

COM **8.** Préparez le diaporama qui sera diffusé par Louise Mérué pour animer la réunion. Il présentera essentiellement les actions déjà menées ainsi que le diagnostic sur les déplacements.

Fiche ressource 3 — Annexe 6

II. Conduire la réunion

9. À partir du scénario, simulez l'animation de cette réunion réunissant les membres de l'équipe projet autour de Louise Mérué. Les observateurs prennent des notes qui seront exploitées pour la rédaction ultérieure du compte rendu.

10. Analysez la prestation à l'aide de la fiche ressource : rôle de l'animateur et des participants.

Fiches ressources 4 5 — Annexe 7

À l'issue de cette réunion, Louise Mérué vous fait part de la nécessité de la participation de Fridolf Aslög, l'autre membre suédois de l'équipe projet, lors du prochain suivi qui se déroulera dans deux semaines. Elle vous demande de faire des recherches et de lui proposer un outil adapté pour réaliser cette réunion à distance.

COM **11.** Présentez l'outil retenu dans une note à l'attention de votre responsable. Vous justifierez votre choix.

12. Mettez à jour le tableau de répartition des tâches.

E5-B **13.** À partir de la situation professionnelle Phone Apps et de l'annexe 8, rédigez la fiche descriptive de ce projet.

Fiche ressource 6 — Annexe 8 — Chap09-annexe8.docx

© Nathan - La photocopie non autorisée est un délit.

DONNÉES DE LA SITUATION

Annexe 1 Équipe projet « Apps-Éco-Responsabilité »

CHEF DE PROJET : Louise Mérué			
Camille Vatel	Sébastien Lentini Salima Oumi	Alicia Long Svea Ragvald (*Suède*)	Mathieu Kasanian Fridolf Aslög (*Suède*)
Office manager	Ergonomes	Développeurs Android & IOS	Commerciaux

Annexe 2 Message laissé par Louise Mérué sur le dictaphone le 14 décembre

AUDIO

Louise Mérué vous a laissé un message sur le dictaphone le 14 décembre.
(fichier chapitre09-annexe02.mp3)

• **Lien :** liennathan.fr/8zt4r8

Annexe 3 Tableau de répartition des tâches

Tâches	Sébastien	Alicia	Camille	Salima	Mathieu
Agir sur les achats					
Rechercher des fournisseurs de papier avec un éco-label	×				
Sélectionner des fournisseurs de proximité	×				
Rechercher des fournisseurs de cartouches remanufacturées	×				
Agir sur les déchets					
Commander des corbeilles			×		
Installer les corbeilles dans chaque service			×		
Installer le bac pour collecter les cartouches usagées (hall)			×		
Envoyer un mail aux collaborateurs pour information (tri papier, bac)				×	
Réaliser des affiches « pour éviter les oublis »				×	
Vérifier les imprimantes (fonction recto-verso)					×
Paramétrer les imprimantes (impression recto-verso par défaut)					×
Paramétrer le photocopieur en impression recto-verso					×
Concevoir un mode opératoire à afficher pour désactiver l'option quand cela est nécessaire				×	
Rechercher des exemples de charte éco-responsable		×			
Proposer une maquette de charte		×			

Annexe 4 Extrait du diagnostic « Les déplacements domicile-travail »

Distance	Marche	Vélo	Deux-roues motorisé	Transport en commun	Covoiturage	Voiture	Total
Moins 5 km	1	1	2	2		3	9
De 5 à 10 km		1	1	2		5	9
De 10 à 15 km			1	2		5	8
De 15 à 20 km					1	1	2
De 20 à 30 km				1		1	2
Plus de 30 km					1	3	4

© Nathan - La photocopie non autorisée est un délit.

Annexe 5 Extrait de la note de cadrage

PHONE APPS	**NOTE DE CADRAGE** **Projet : Phone-Apps-Éco-Responsabilité**	**Date : 8 novembre** **Version n° : 1** **Auteur : C. Vatel** **Nom du fichier : Ecores.notec1**
Projet	Engager une démarche éco-responsable au sein de Phone-Apps France au niveau des activités administratives (gestion des déchets et des achats) et des déplacements du personnel (domicile-travail).	
Objectifs	Ce projet vise à engager des démarches éco-responsables au niveau de chaque service afin de diminuer les impacts environnementaux liés à l'activité de la société et de participer à une démarche citoyenne et solidaire pour préserver les ressources naturelles et agir pour l'environnement. L'objectif est de définir et de mettre en œuvre un programme d'actions volontaires et non certifiées. La démarche éco-responsable s'oriente sur trois domaines : – la gestion des déchets administratifs ; – la gestion des déplacements domicile-travail ; – la gestion des achats administratifs.	
Organisation du projet	**Chef de projet :** L. Mérué **Équipe projet :** C. Vatel, S. Lentini, S. Oumi, A. Long, M. Kasanian, S. Ragvald et F. Aslög Constitution de groupes de travail thématique Les actions proposées et menées par les acteurs du projet dans chaque domaine doivent être communiquées à l'ensemble des collaborateurs.	
Délai	Étape 1 : évaluer, diagnostiquer – 1 mois Étape 2 : préparer un plan d'actions à mener (prioriser, lancer) – 2 mois Étape 3 : suivre les actions – 8 mois Étape 4 : faire le bilan des actions menées – 1 mois **Durée :** 12 mois	
Risques	Humains : manque d'implication du personnel, accueil défavorable des actions mises en œuvre. Organisationnels : gestion et respect des délais.	
Communication	Au sein de l'équipe projet : réunions de coordination et d'avancement – 2 par mois. En direction des collaborateurs : à chaque étape du projet (lancement, participation au diagnostic, diffusion des résultats, propositions d'actions à mener, choix des actions, mise en œuvre, suivi et évaluation).	
Indicateurs	Les indicateurs de performance seront définis après le diagnostic et lors de l'élaboration du plan d'action et porteront sur les trois domaines. Indicateurs portant sur les déchets administratifs : nombre d'impressions, quantité de papier jeté par mois... Indicateurs portant sur la consommation : papier, cartouches d'encre, nombre de fournisseurs avec un éco label... Indicateurs relatifs aux déplacements des collaborateurs : nombre de km séparant le domicile du lieu de travail, moyens de transport utilisés...	

© Nathan - La photocopie non autorisée est un délit.

Annexe 6 Le résultat de vos recherches sur Internet

Comment améliorer les conditions de transport en entreprise

D'abord, pour un patron ou un responsable qui souhaite améliorer les transports de ses salariés au sein de son entreprise, il existe le « Plan de déplacement d'entreprise ». Depuis la loi SRU de 2000, les collectivités ont l'obligation de mettre en place un Plan de déplacement urbain, dans le cadre duquel elles doivent « encourager » les entreprises à développer un « Plan de déplacement d'entreprise ». Concrètement, ce PDE est un programme destiné à mieux gérer les transports des salariés de leur domicile à leur travail, ou dans le cadre de leur travail, en proposant des modes de transport plus écologiques (transport en commun, covoiturage). Ce plan est obligatoire pour certaines grandes entreprises (celles qui génèrent un trafic important), mais même les petites entreprises peuvent mettre ce système en place. [...]
On sait que l'entreprise en France a l'obligation de rembourser la moitié des frais de transport public de ses salariés. Cette mesure a été prise pour encourager l'utilisation des transports publics, mais cela n'est au final pas valable pour les modes de transport qui polluent le moins (comme le vélo).
Depuis le 1er janvier 2016, il est également possible pour les salariés qui viennent au travail à vélo de demander une indemnité kilométrique. L'entreprise indemnise le salarié à hauteur de 25 centimes/kilomètre, et cela peut rapporter jusqu'à 200 euros par an à un salarié cycliste. Pour l'entreprise, ces 200 euros peuvent être exonérés de cotisations sociales et de CSG. Cela permet donc d'encourager la pratique du vélo, et c'est financièrement du « gagnant-gagnant ».

e-rse.net (plateforme de l'engagement RSE et développement durable)

L'entreprise RTE incite ses salariés à laisser leur voiture au garage

[...] Il y a un an, RTE (Réseau de transport d'électricité) a décidé de payer double les indemnités kilométriques de ses salariés qui font le choix du vélo pour leur trajet domicile-travail. Alors que s'achève aujourd'hui la Semaine de la mobilité, RTE dresse le bilan de l'opération. « Près de 500 de nos salariés, sur les 8 500 que compte notre groupe en France, ont enfourché leur vélo, se réjouit Nathalie Devulder, directrice du développement durable chez RTE. Ils ont parcouru au total 405 000 km. Soit dix fois le tour de la Terre. » RTE, un vivier de sportifs ? « Par salarié, cela correspond à une distance moyenne de 16 km par semaine, modère-t-elle. C'est tout à fait raisonnable. » Et avantageux !
[...] Pour l'entreprise, cela ne représente que quelques investissements minimes. « Sur chacun de nos sites, nous avons aménagé un garage pour ranger les vélos, précise Nathalie Devulder. Et des prises pour recharger les modèles électriques. Et parfois même des douches. Tout est fait pour rendre cette nouvelle mobilité la plus pratique possible. » De quoi créer une nouvelle dynamique. Certains salariés ouvrent ainsi des groupes de discussion sur l'intranet, afin d'identifier ceux qui habitent dans le même coin et inciter à pédaler ensemble. Sur le trajet, un seul mot d'ordre : on parle de tout, sauf du boulot !

E. Benezet, « Les indemnités kilométriques dopent le vélo », www.leparisien.fr, 24 septembre 2017.

Nordiques à vélo, Italiens à moto

Les résidents européens conservent souvent les habitudes de déplacement domicile-travail typiques de leur nationalité [...]. Ce résultat demeure, même en tenant compte des autres facteurs observables qui pourraient expliquer l'utilisation d'un mode de transport particulier. Ainsi, parmi les citoyens de l'Union européenne (UE) habitant et travaillant en France, les Allemands, Danois, Suédois et Hollandais sont de loin les plus fervents utilisateurs du vélo (avec des proportions de l'ordre de 4 à 8 % de cyclistes parmi les travailleurs de ces nationalités). Les Italiens privilégient davantage que les autres nationalités les deux-roues motorisés (3,3 % contre 2,0 % des Français et 1,4 % des autres citoyens de l'UE).
Ces différences d'utilisation du vélo selon le sexe, le diplôme, la nationalité ou le groupe social pourraient résulter uniquement d'effets de structure. Mais l'analyse [...] montre au contraire qu'une fois neutralisés ces effets, ces différentes variables conservent un effet propre dans le recours à la bicyclette pour se rendre à son travail.

insee.fr / *INSEE Première* n° 1 629 du 17/01/2017.

© Nathan - La photocopie non autorisée est un délit.

Annexe 7 Scénario pour la réunion d'avancement

Acteur 1 : Louise Mérué
Animatrice

Après avoir fait le point sur les actions menées et rappelé les chiffres clés du diagnostic, elle interroge les membres de l'équipe sur les actions à envisager pour réduire les déplacements effectués en voiture.

Elle ne souhaite pas changer les véhicules de fonction des commerciaux mais accepterait d'étudier le télétravail (à la condition d'un jour de présence hebdomadaire au minimum) et d'accorder une prime de 50 € pour l'achat d'un vélo à assistance électrique (VAE).

Acteur 2 : Svea Ragvald (s'exprime en anglais)
Développeur

Elle indique que plus de 50 % des collaborateurs viennent travailler à vélo souvent équipé de moteur pour parcourir de plus longues distances. L'entretien de l'équipement est financé par l'indemnité kilométrique versée par la société.

Elle regrette l'absence de Fridolf Aslög qui a mis en place un concours pour récompenser le collaborateur qui a parcouru le plus de kilomètres à vélo dans l'année.

Acteur 3 : Sébastien Lentini
Ergonome

Il n'est pas très disponible aujourd'hui car son enfant a été malade cette nuit.

Il est très passif.

Il se lève tout à coup pour répondre à un appel sur son téléphone portable.

Acteur 4 : Camille Vatel
Office manager

Elle est très impliquée dans ce projet et vient elle-même à vélo.

Elle pense qu'il faut davantage communiquer sur le sujet auprès des collaborateurs : indemnités kilométriques, bienfaits sur la santé, respect de l'environnement, gain de temps…

Elle propose d'enrichir la charte proposée par Alicia.

Acteur 5 : Salima Oumi
Ergonome

Son domicile est situé à 4 kilomètres du travail et elle ne se voit pas parcourir cette distance à vélo, sauf peut-être avec une assistance électrique.

Elle pense qu'il faut créer sur l'intranet un groupe de discussion pour favoriser le covoiturage entre collaborateurs. Elle propose de prendre en charge cette mission.

Acteur 6 : Alicia Long
Développeur

Elle tient aujourd'hui le rôle de secrétaire et prend en note les idées émises.

Elle aimerait pouvoir bénéficier du télétravail car son activité lui permet de travailler à distance.

Elle sait que d'autres collaborateurs seraient intéressés par cette possibilité.

Elle aimerait faire un sondage pour quantifier l'effectif et étudier cette option.

Acteur 7 : Mathieu Kasanian
Commercial

Il aimerait disposer d'un véhicule hybride ou électrique pour ses déplacements.

Ayant un esprit de compétition, il imagine également un challenge par service : consommation de papier…

Il propose de faire une pesée hebdomadaire des cartons disposés dans chaque service pour collecter les déchets papier.

© Nathan - La photocopie non autorisée est un délit.

1 Les réunions de projet

Conduire un projet, c'est conduire un groupe de personnes qui a pour but de mener le projet à son objectif final. Le pilotage d'un projet exige l'organisation de réunions de projet assez nombreuses et fréquentes, répondant à différents objectifs. Les réunions sont donc essentielles à la réussite d'un projet. Elles sont prévues dans le plan de communication.
Les réunions sont organisées périodiquement, ponctuellement ou occasionnellement, à la demande du chef de projet ou des membres du groupe pour faire fonctionner le projet et le groupe projet (résolution de problèmes, avancement du projet, etc.).
Les réunions ont pour but de contrôler la progression du projet en mettant en évidence le plus tôt possible les aspects correctifs (techniques, humains, financiers ou délais).

Tableau récapitulatif des principales réunions de projet

Type de réunion	Objectifs de la réunion	Information Périodicité
Réunion de lancement (démarrage) « *Kick off meeting* »	Présenter le projet et ses caractéristiques, partager les objectifs, les contraintes pour donner une vision cohérente et globale du projet. Mobiliser les membres de l'équipe projet. Documents : note de cadrage, cahier des charges, tableau de répartition des rôles, budget prévisionnel.	Descendante Horizontale Une seule
Réunion d'avancement (suivi)	Suivre le projet d'un point de vue technique, économique et contractuel. Recueillir les informations des différents acteurs du projet et faire le bilan des actions nouvelles, en cours et terminées. Avoir un *feedback*.	Ascendante Une à deux par mois
Réunion de coordination	Gérer les priorités, ce qui permet de débloquer les situations critiques à venir. Périodicité : en fonction du besoin. Document : tableau de répartition des rôles.	Descendante En fonction des besoins
Réunion de résolution de problèmes	Trouver collectivement une ou des solutions à des problèmes ou à des situations de projet bloquées. Traiter une situation en recherchant l'efficacité et l'efficience des moyens.	Horizontale En fonction des besoins
Réunion de clôture	Faire le bilan du projet (du démarrage jusqu'à sa clôture) selon tous les aspects. C'est l'occasion de tirer les leçons de l'expérience du projet et de faire évoluer les pratiques de l'organisation. Document : bilan du projet.	Ascendante, descendante, horizontale Une seule

Selon l'objectif de la réunion de projet, les participants seront différents. Le comité de pilotage, constitué par un groupe de dirigeants qui veille au bon déroulement du projet, est nécessaire lorsque les décideurs ne font pas partie intégrante de l'équipe projet. Dans ce cas, les réunions des membres du comité de pilotage permettent de gérer les arbitrages nécessaires à la conduite du projet et de prendre des décisions. Lorsque les décideurs font partie de l'équipe projet, il n'y a donc pas de comité de pilotage et les décisions sont prises au sein de l'équipe projet.
Lors des réunions de projet, des documents et des informations sont échangés. Le **tableau de bord**, qui centralise un ensemble d'informations et permet d'assurer le bon fonctionnement du projet, peut donc être utilisé lors de toutes les réunions.

© Nathan - La photocopie non autorisée est un délit.

FICHE RESSOURCE

2 Préparer la réunion

Pour être efficace, une réunion doit être préparée et conduite selon une méthodologie précise.
Une réunion a un coût. Il faut donc s'assurer de son utilité et de son efficacité.
On estime que chaque heure de réunion nécessite entre deux et quatre heures de préparation.

I Déterminer les points clés

Avant la réunion, il est nécessaire de déterminer un certain nombre d'informations clés qui peuvent figurer dans une fiche préparatoire de réunion.

Exemple de fiche préparatoire à une réunion

Quand ? **Date et durée** Horaires précis à respecter	**Préparation d'une réunion de gestion de projet**		***Où ?*** **Lieu et salle** à réserver
	Date : 9 décembre Heure : 10 h 30 à 12 h30 Durée : 2 heures	Lieu : Hôtel Novotel Toulouse Salle : Salle de séminaire n° 3 Animateur : directeur technique Secrétaire : assistante du directeur	
	Objectif de la réunion		
Pourquoi ? **Objectif précis**	☐ De lancement ☐ De résolution de problème	☒ De suivi/d'avancement ☐ De clôture	
	Titre de la réunion : Suivi du chantier de la construction du bâtiment Zata Cette réunion a pour objectif de : faire un bilan des travaux de gros œuvre réalisés, préparer et coordonner l'intervention de l'électricien et du plaquiste		
	Personnes convoquées/invitées		
Qui ? **Les participants** Internes et externes Inviter les bonnes personnes	☒ Participants internes : – Chef des travaux – Responsable Qualité Environnement – Responsable Sécurité	☒ Participants externes : – Entreprise de maçonnerie M. Vani – Électricien, M. Choucas – Plombier, M. Benhalou ☐ Autres (précisez) :	
	Ordre du jour		
Quand ? **Date et durée** Horaires précis à respecter	– Faire le bilan du gros œuvre (délais et coûts) – Prévoir l'échéancier des travaux d'électricité et de plaquage – Communiquer sur les autorisations obtenues		
	Documentation à préparer (intitulé et support)		
Comment ? **Interventions et supports**	Pour l'animateur : supports visuels par vidéoprojection	Pour les participants : – cahier des charges – échéancier prévisionnel – budget prévisionnel	

Ces informations clés seront utilisées pour rédiger la convocation ou l'invitation à la réunion : date, heure, durée, lieu précis, participants, type de réunion, objectif, ordre du jour et documents joints. La convocation peut, en plus, indiquer la liste des documents que les participants doivent apporter ainsi que les tâches à accomplir d'ici la rencontre.

© Nathan - La photocopie non autorisée est un délit.

II Planifier les tâches d'organisation d'une réunion

La préparation de la rencontre, le choix du lieu, l'animation du déroulement ont un effet sur la productivité de la réunion.

Avant la réunion (J –...)	
Préparer la communication avec les participants	**Observations**
▪ Rechercher et proposer une date et un horaire (ou plusieurs) ▪ Vérifier la disponibilité des participants, éventuellement par sondage ▪ Fixer une date définitive	Des services Web simples et gratuits facilitent la fixation d'une date (ex. : Doodle, Framadate...).
▪ Envoyer la convocation (participants internes) ou l'invitation (participants externes). Faire un rappel la veille de la réunion	La convocation donne le ton.
▪ Prévoir le plan d'accès si nécessaire	À insérer en lien hypertexte dans le courriel ou en pièce jointe.
▪ Concevoir les supports de communication et d'animation (diaporama, carte visuelle...) ▪ Préparer les dossiers et/ou documents « Animateur » et « Participants » ▪ Envoyer les documents éventuellement nécessaires à la préparation des participants et les déposer sur la plateforme partagée ▪ Préparer les supports d'identification des participants (notamment externes)	
Préparer l'organisation (notamment en cas de déplacement)	
▪ Rechercher des hôtels/restaurants avec une salle de réunion adaptée ▪ Demander des devis ▪ Sélectionner un hôtel ou un restaurant ▪ Procéder aux réservations (hôtel, restaurant) en fonction des réponses des participants	
Préparer la salle et le matériel	
▪ Choisir le lieu et la configuration de la salle (place de l'animateur et des participants) ▪ Vérifier la disponibilité ▪ Réserver la salle (à reconfirmer 7 jours avant)	Taille adaptée, la disposition influe sur les échanges. Un lieu nouveau favorise le dynamisme, la créativité.
▪ Préparer le matériel nécessaire : vidéoprojecteur, tableau blanc, tablettes, bloc-notes, stylos... ▪ Disposer les éléments pour identifier les participants ▪ Prévoir des rafraîchissements	
Pendant la réunion (J...)	
▪ Disposer les supports ▪ Accueillir les participants ▪ Prendre des notes ▪ Rédiger éventuellement le compte rendu en temps réel, si possible visible par tous	
Après la réunion (J +...)	
▪ Rédiger le compte rendu en respectant le modèle adopté et le faire valider ▪ Déposer le compte rendu sur un espace partagé par l'équipe projet (maximum 48 heures après la réunion) ▪ Évaluer l'efficacité de la réunion	

© Nathan - La photocopie non autorisée est un délit.

3 Réaliser une carte mentale

I Qu'est-ce qu'une carte mentale ?

1. Définition

Une carte heuristique (*mind map* en anglais), également appelée carte mentale, carte conceptuelle, schéma de pensée, carte des idées ou arbre à idées, est un diagramme qui représente les connexions de sens entre différentes idées, et les liens hiérarchiques entre différents concepts. Il s'agit d'une représentation arborescente basée sur les principes de l'organigramme.

2. Principe

La carte heuristique fait référence :
- **au fonctionnement du cerveau :** de façon simpliste, son activité peut être résumée par une structure en araignée capable d'accumuler des données, de les lier et les trier pour ensuite les restituer en en créant ainsi de nouvelles ;
- **à l'informatique :** organisation arborescente des fichiers et dossiers dans un ordinateur ;
- **au Web :** liens hypertexte.

3. Utilisation

La carte heuristique offre de nombreuses applications dans le domaine professionnel, notamment lors des réunions de projet :
- prise de notes lors de la réunion ou remise en forme de notes en vue de l'élaboration du compte rendu de la réunion ;
- *brainstorming* pour résoudre un problème, trouver des solutions ;
- présentation, structuration du projet ;
- visualisation d'organisation complexe d'idées ;
- mémorisation.

II Conseils méthodologiques pour réaliser une carte mentale

Exemple de carte mentale pour présenter un projet

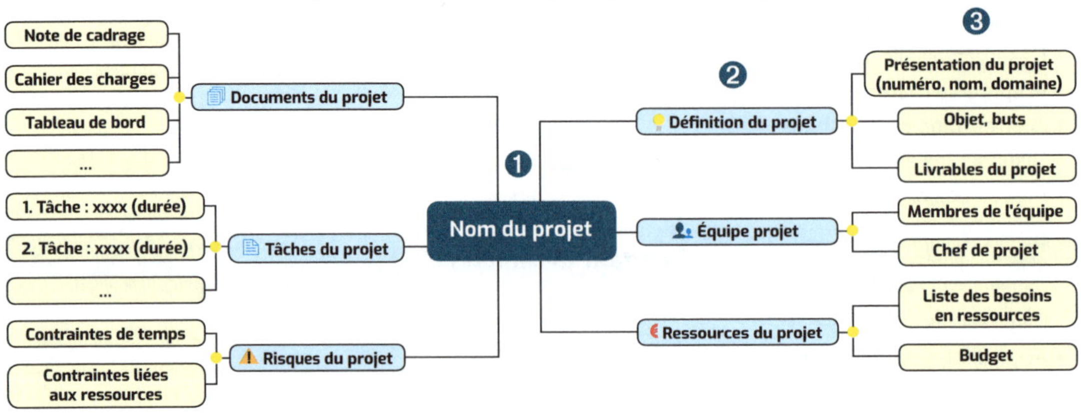

❶ On part d'un sujet ou concept central (qui figure au centre du schéma).
❷ On décline d'abord le concept par une liste de mots clés ou d'idées. Ces idées constituent les premières branches de la carte. Ce sont les idées secondaires.
❸ Ensuite, on part de ces branches pour les développer et étendre la carte à la manière d'un arbre.

On pourra à tout moment réorganiser la carte, associer des branches entre elles, supprimer ou ajouter de nouvelles entrées.
Des dessins ou couleurs permettront de hiérarchiser, mettre en valeur les différents éléments.
Une carte n'est jamais vraiment définitive, ni vraiment terminée.

© Nathan - La photocopie non autorisée est un délit.

III Comment créer une carte mentale ?

On peut créer une carte mentale à partir :
– d'un logiciel (gratuit ou payant) de cartographie visuelle des idées,
– d'une application en ligne.
Ces deux outils permettent de réaliser techniquement ces schémas.
Le tableau ci-dessous présente certains outils de mindmapping utilisables gratuitement. Cette liste est non exhaustive. De plus, il est à noter que ces outils évoluent régulièrement et sont parfois gratuits pour la version de base.

Applications/ Logiciels	Freemind/ Freeplane	Mindomo	Framindmap	Mind42
Caractéristiques	Logiciel libre à télécharger.	Logiciel gratuit avec licence. Utilisable en ligne par tous et sans installation après création d'un compte.	Logiciel libre et gratuit. Utilisable en ligne par tous et sans installation après création d'un compte.	Outil gratuit utilisable en ligne et permettant de créer des *mindmaps* ou cartes mentales seul ou à plusieurs en mode collaboratif.
Descriptif	Permet de créer des cartes heuristiques représentant les connexions sémantiques entre différentes idées.	Permet de créer des cartes de *mindmapping* en mode collaboratif en temps réel (ou synchrone).	Permet de créer et de partager des cartes mentales.	Permet de créer des cartes de *mindmapping* en mode collaboratif simple.
Avantages	Version portable à insérer sur une *framakey*.	Les cartes peuvent être sauvegardées localement ou dans le Cloud. Elles peuvent aussi être partagées *via* e-mail ou Dropbox, etc. Le tchat permet d'échanger en ligne en temps réel. Les modifications effectuées sur la carte sont visibles en temps réel, synchrone.	Les cartes peuvent être partagées et modifiées à plusieurs mais pas en temps réel. Les cartes peuvent être téléchargées sous différents formats (*freemind*, image, texte…).	La collaboration en temps réel, synchrone, avec d'autres personnes, se fait sur invitation. La personne qui invite envoie un e-mail aux personnes avec lesquelles elle souhaite travailler.
Inconvénients	Ne permet pas la collaboration à plusieurs.	Version gratuite limitée à 3 cartes, puis abonnement.	Les données transitent sur le serveur de l'hébergeur.	Un peu moins convivial. Pas d'insertion de notes audio ni vidéo.
Usage	Non collaboratif	Collaboratif et synchrone	Collaboratif	Collaboratif
Tutoriel	liennathan .fr/qz688i	liennathan .fr/77gd6p	liennathan .fr/gu493v	liennathan .fr/uf7f53

MindMeister est également une application gratuite en ligne de cartographie mentale professionnelle qui est à la fois polyvalente et facile à utiliser.

© Nathan - La photocopie non autorisée est un délit.

4 Conduire une réunion de projet

La réunion de projet est une composante clé du pilotage de projet. On distingue généralement trois phases dans la conduite de réunion : le lancement, le déroulement et la clôture.
Il est à noter que l'animateur n'est pas toujours l'organisateur de la réunion.

I Le lancement de la réunion : introduire

Objectif : sécuriser les participants et créer une ambiance de travail détendue

- Accueillir les participants, laisser le temps d'échanger et de s'installer
- Débuter à l'heure
- Se présenter ainsi que les participants si nécessaire (tour de table)
- Rappeler les livrables et les décisions précédentes
- Faire un état de l'avancement par rapport au calendrier
- Rappeler l'objectif de la réunion et l'ordre du jour
- Définir les règles de fonctionnement et la méthode de travail

II Le déroulement de la réunion : engager et piloter

Objectif : conduire la réunion et les participants vers l'objectif, dans le respect des consignes

- Gérer les interventions des participants (temps de parole et écoute réciproque)
- Favoriser l'analyse et la synthèse
- Susciter les réactions et les questions des participants
- Reformuler le résultat de l'échange
- Obtenir l'accord des participants quant au résultat proposé
- Formuler les décisions, un plan d'action, l'écrire ou le faire écrire par un participant

Une réunion est un dosage :
20 % de directivité de la part de l'animateur et 80 % d'expression des participants

III La fin de la réunion : conclure

Objectif : conclure et anticiper la suite des discussions du projet en organisant la réunion suivante

- Évoquer à nouveau les objectifs de départ, les décisions prises et les prochaines actions à mener
- Indiquer clairement les objectifs de chaque participant et le plan d'action (qui, fait quoi, pour quand ?)
- S'assurer que les participants s'entendent sur ces points
- Fixer la prochaine réunion et l'ordre du jour éventuel
- Remercier les participants

© Nathan - La photocopie non autorisée est un délit.

5 Animer une réunion de projet

L'animateur est le pilote de la réunion. Son rôle est de mettre en mouvement le groupe vers les objectifs de la réunion. Il doit pour cela adopter certaines attitudes et utiliser des techniques et outils. Il n'y a pas de bonne animation sans une bonne préparation.

I Les rôles et attitudes de l'animateur

1. Les rôles

Il veillera à ne pas monopoliser la parole au détriment des participants. Il fera en sorte de ne pas imposer ses points de vue, mais de les soumettre aux participants à titre de propositions.

L'animateur a trois fonctions	Objectif	Rôle/Techniques
Production	Atteindre l'objectif fixé pour la réunion. Donner de l'efficacité au groupe. Produire des résultats : trouver des solutions, prendre des décisions, faire des propositions, transmettre des informations.	Utiliser la **reformulation** pour vérifier, clarifier ou faire émerger des idées. Utiliser le **questionnement.** Synthétiser.
Organisation	Organiser le groupe et le travail du groupe. Faire respecter l'ordre du jour. Favoriser l'expression des participants. Veiller à la participation de tous.	Gérer le temps de parole et la durée de la réunion. Faire le point par rapport au cheminement prévu. Recentrer le sujet. Solliciter les avis, les analyses. Faire respecter l'écoute mutuelle.
Régulation	Gérer les interactions entre individus. Maintenir un équilibre relationnel. Intégrer le fait que les participants réagiront en fonction de leur personnalité, de leur statut…	**Pratiquer l'écoute active.** Veiller à maintenir un climat favorable à la discussion. Réguler les tensions dues aux divergences. Canaliser les participants. Utiliser les méthodes de gestion des conflits.

2. Les attitudes

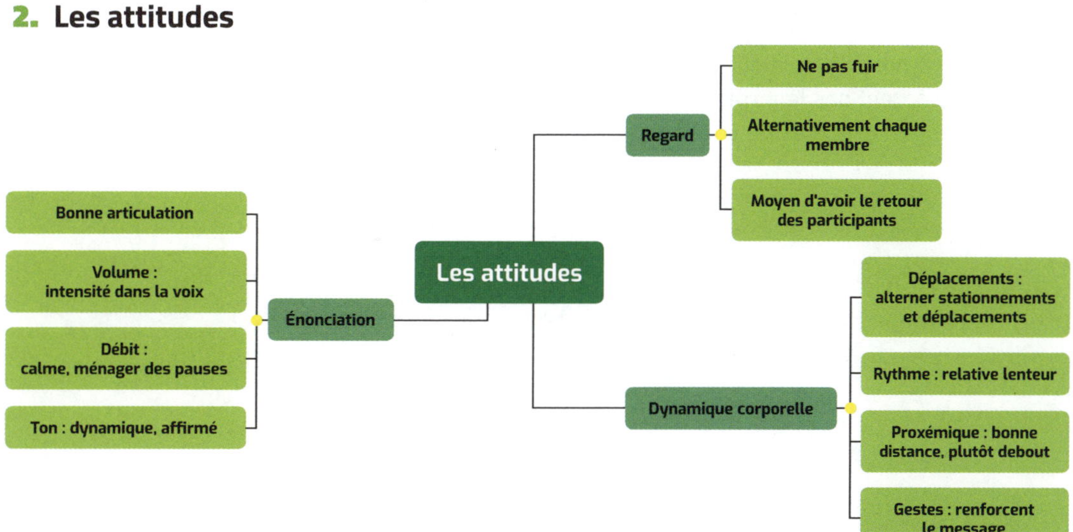

© Nathan - La photocopie non autorisée est un délit.

▶▶▶

II Les techniques et outils de l'animateur

La réunion de projet est une occasion de mettre en œuvre le *team building*, c'est-à-dire faire travailler en équipe afin d'optimiser les compétences de chacun. Pour cela, l'animateur a à sa disposition des techniques et des outils qu'il choisira en fonction du type de réunion (en présentiel ou à distance, objectifs, nombre de participants...).

1. Les techniques d'animation

– Le tour de table : chacun des participants répond à tour de rôle à une problématique précise. Il n'y a pas d'interaction programmée entre les arguments de chacun.
– Le débat : il permet d'élaborer des solutions collectives grâce à l'interaction des participants.
– Le travail en groupe : il s'agit de réfléchir en groupe de travail sur un sujet durant un temps limité.
– Le *brainstorming* : utilisé pour la production d'idées et la créativité.

2. Les outils d'animation

L'outil visuel permet de :
– focaliser l'attention ;
– mémoriser plus facilement ;
– visualiser la production du groupe ;
– dégager et valoriser l'essentiel ;
– garder une trace de ce qui est dit ;
– aider à convaincre.

Les principaux outils à la disposition de l'animateur sont :
– le tableau blanc ou *paper-board* ;
– le diaporama ;
– les documents papier ;
– les Post-it® ;
– une carte heuristique.

III L'auto-évaluation de l'animateur

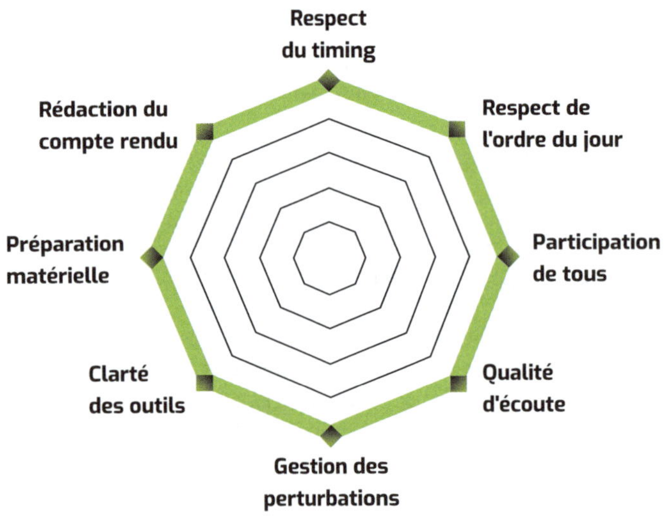

Les signes d'une réunion efficace :

▷ L'objectif de la réunion est atteint

▷ Les membres participent activement

▷ La motivation du groupe augmente

▷ La production du groupe est importante

▷ Les membres sont satisfaits en partant

Malgré ses techniques et la qualité de ses interventions, l'animateur n'arrivera à rien si les participants n'acceptent pas leur rôle. L'animation est donc une responsabilité partagée par le groupe et l'ingrédient essentiel est la confiance, qui favorise la collaboration et le travail d'équipe.

© Nathan - La photocopie non autorisée est un délit.

6 Organiser une réunion à distance

Certaines réunions peuvent se dérouler à distance, par exemple en raison de l'éloignement géographique des participants. On distingue principalement les réunions téléphoniques (audioconférences) et les visioconférences, également appelées web-conférences ou vidéo-conférences.

I Intérêt des réunions à distance

Les réunions à distance ne remplacent pas les réunions physiques ou le besoin de rencontre. Elles sont des alternatives supplémentaires dans la gestion de projet, pour la coordination et la coopération entre les acteurs.
Elles permettent :
– de gagner du temps ;
– d'éviter des déplacements coûteux ;
– de participer au respect de l'environnement avec des arguments écologiques ;
– de favoriser la convivialité et l'interactivité notamment pour les projets collaboratifs.
Les outils pour se réunir en ligne évoluent régulièrement. On peut citer parmi les outils gratuits : Google Hangouts, Skype, Blizz, Livestorm, Jitsi, Zoom, Microsoft Teams.

II Les critères de sélection d'un outil de visioconférence

Tout outil requiert l'équipement d'une webcam, d'un micro-casque ou micro et d'écouteurs (ou enceintes).

Les principaux critères à prendre en compte pour le choix des outils
· Le nombre maximal de personnes · La sécurité de la connexion et de la transmission des données · Le téléchargement d'un logiciel en amont sur l'ordinateur · Les prérequis au niveau matériel : navigateur Internet, caractéristiques de l'ordinateur (puissant, récent ?) · Les prérequis au niveau des participants : complexité ou facilité d'installation · Les participants : logiciel accessible à tous ou logiciel exigeant une bonne connaissance des outils numériques · La possibilité d'enregistrer les visioconférences et de les revisionner · Logiciel libre ou propriétaire · La gratuité ou le coût · Les retours d'usage des utilisateurs

Remarque : La connexion par un lien à une visioconférence ne suffit pas pour en assurer sa sécurité. Il est indispensable de paramétrer le logiciel ou l'application en activant les options de sécurité proposées (ex. : mot de passe pour sécuriser l'entrée à la réunion, création d'une salle d'attente pour permettre une autorisation d'entrée par l'animateur, verrouillage de la réunion lorsqu'elle est lancée...).

© Nathan - La photocopie non autorisée est un délit.

▶▶▶

III Les spécificités

Les réunions à distance, dans leur préparation et leur conduite, présentent des spécificités à prendre en considération pour permettre leur efficacité. La gestion technique et la distance suppose d'anticiper les appréhensions techniques et les différentes modalités d'échange (moins de non-verbal).

Les compétences requises par l'animateur de visioconférence sont multiples :

– maîtrise du logiciel de visioconférence ainsi que des paramètres de réglage afin d'aider les participants à distance ;

– maîtrise d'outils numériques complémentaires (pour l'écriture collaborative) ;

– capacité d'adaptation pour être réactif tant sur la technique et sur les outils collaboratifs que sur la dynamique du groupe.

Pour la préparation de la réunion à distance	
Réunion plus lente	Un ordre du jour très précis (maximum 2 points). Un bon *timing* avec une marge plus grande.
Concentration plus difficile	Durée (ex.) : 1 h en audio et 2 h en visioconférence. Nombre de participants réduit.
Préparation matérielle	L'animateur doit réserver un créneau de visioconférence selon le logiciel choisi. Envoyer un lien vers la visioconférence et un bref mode d'emploi en précisant la date et l'heure. Demander aux participants de tester leur matériel quelques jours avant.
Pour le déroulement de la réunion à distance	
Début de la réunion	Les participants doivent se connecter 10 minutes avant la réunion pour tester la configuration et le matériel. L'animateur doit commencer à l'heure, vérifier l'arrivée de tous les participants, présenter les participants, impulser la convivialité, fixer les règles de communication, gérer l'arrivée des retardataires.
Pendant la réunion	L'animateur doit être plus vigilant qu'en présentiel : suivre point par point l'ordre du jour, passer la parole à chaque participant, donner un temps de parole, instaurer une interactivité avec le partage de documents, éviter les dispersions, favoriser la prise de notes collective avec des logiciels en ligne… L'utilisation des outils de tchat est conseillée pour poser des questions ou faire des remarques lors de l'intervention d'un autre participant. Les participants doivent éliminer tout contact avec l'extérieur, attendre/demander leur tour de parole.
Clôture de la réunion	Selon le logiciel utilisé, la visioconférence peut être limitée dans le temps. L'animateur doit donc surveiller davantage l'horaire et conclure avant que tout s'arrête brutalement.

Tout au long de la réunion, des problèmes techniques peuvent survenir. Il est conseillé de prévoir l'intervention éventuelle d'un technicien sur place (contact à relever au préalable).

© Nathan - La photocopie non autorisée est un délit.

1 Préparer une réunion

MAÎTRISE

Situation

La société NetVet est spécialisée dans le nettoyage de vêtements professionnels. Elle emploie 120 personnes. Ses clients sont principalement des hôpitaux. Pour une meilleure productivité, le lavage s'effectue tous vêtements confondus ; chaque vêtement est équipé d'une puce électronique lue par un opérateur à l'aide d'un lecteur optique, puis les vêtements sont triés et retournés au client.

Le directeur général souhaite acquérir une machine qui automatiserait cette tâche de reconnaissance des vêtements à l'aide d'un portique automatisé équipé d'un lecteur optique. Il a confié la gestion de ce projet « Automatisation du tri des vêtements » au directeur de production, Mohamed Boukrouche (document 1).

La conception de cette machine a été confiée à un maître d'œuvre, la société ATR Electro. Un cahier des charges techniques a été remis au maître d'œuvre. La machine a été livrée pour sa phase de test, qui a été réalisée par deux opérateurs durant une demi-journée. Cette phase a également fait l'objet d'un bilan en interne lors d'une réunion du CHSCT (document 2). Il semble que certains aménagements soient nécessaires pour améliorer les conditions de travail des utilisateurs et leur sécurité.

Vous êtes Céline Perconti ; vous collaborez avec M. Boukrouche pour la gestion de ce projet. À la suite de la réunion du CHSCT, il vous demande d'organiser une réunion de suivi avec les participants au projet pour le 24 mars en fin de matinée, afin de leur faire part du bilan (quantitatif et qualitatif) du test et des aménagements nécessaires pour permettre la finalisation du projet.

Consignes

1. **Réalisez la fiche préparatoire de cette réunion.**
2. COM **Rédigez le mail de convocation/d'invitation à adresser aux participants.**
3. **Présentez, à l'aide d'une carte heuristique, les solutions à apporter à la machine pour améliorer son utilisation. Cette carte sera présentée lors de la réunion.**

Document 1 Équipe projet « Conception du portique de tri des vêtements après nettoyage »

Chef de projet	Mohamed Boukrouche, directeur de production	Société NetVet
Participant interne	Léa Rhamany, responsable du service qualité	
Participants internes	Samia Razi, Enzo Piazza, opérateurs	
Participant externe	Jean-Michel Coloré, dirigeant	Société ATR Electro

© Nathan - La photocopie non autorisée est un délit.

▶▶▶

Document 2 Extrait du compte rendu de la réunion du CHSCT du 10 mars

[...]

2) Bilan du test « Portique de tri des vêtements après nettoyage »

• L'investissement de 80 000 € devait améliorer les conditions de travail des salariés concernés. Après le test, il semble que le rythme de 2 100 pièces/heure (imposé par la programmation) soit trop difficile à tenir par les opérateurs pour diverses raisons.

• Le tag (puce électronique) à l'intérieur des vêtements, qui permet une identification de l'entreprise « cliente » et un tri du linge, n'est pas toujours lu convenablement par le lecteur et engendre différentes manipulations de la part des opérateurs. Le lecteur est actuellement à 10 centimètres de l'aiguillage, il faudrait le reculer à 20 centimètres.

• Ces erreurs d'identification mettent la machine « en défaut » ou nécessitent l'utilisation de l'arrêt manuel d'urgence. Par ailleurs, ce bouton électronique « coup de poing » n'est pas clairement identifié et engendre un temps de réflexion trop long de la part des utilisateurs.

• Les cintres en aluminium, sur lesquels reposent les vêtements, sont trop saillants et peuvent couper les agents. Il faudrait les ébavurer, de même que les portes qui permettent un accès au moteur en cas d'arrêt d'urgence qu'il faudrait rehausser de 50 centimètres.

• Le poste de commande tactile n'est pas ergonomique. Les testeurs préconisent un écran tactile posé sur un bras articulé réglable en hauteur.

• L'afficheur de commandes n'est pas assez convivial. Le menu doit être plus clair pour faciliter la prise en main de la machine par les opérateurs (notamment, la fonction « cadence », pour régler le rythme, doit apparaître dès le menu principal).

• Une maintenance préventive du fournisseur doit être prévue pour éviter la surcharge de travail des opérateurs de cette nouvelle machine ainsi que la livraison et l'installation des pièces de rechange.

2 Analyser une réunion de projet

MAÎTRISE

Situation

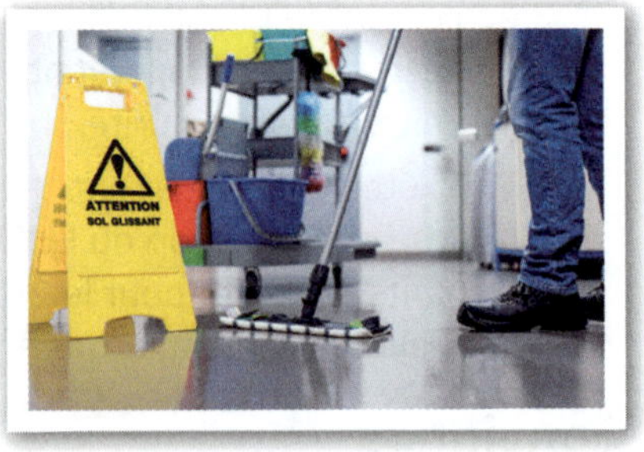

La société TopNet, spécialisée dans le nettoyage de locaux professionnels, est dirigée par Fabrice Steinger et Malik Vasseur. Ses contrats sont le plus souvent conclus à la suite d'un appel d'offres. Les dirigeants souhaitent se distinguer davantage de la concurrence en obtenant une certification qualité. Pour cela, un nouveau chef d'équipe, ayant des compétences spécifiques en matière de respect des normes d'hygiène, a été recruté. Malik Vasseur a réuni une équipe restreinte pour présenter son projet « Nouvelle organisation des chantiers ».

Consignes

1. **Quels sont les objectifs de cette réunion ?**
2. **Tous les membres de cette réunion participent-ils activement ? Justifiez votre réponse.**
3. **Analysez le rôle de l'animateur dans la conduite de cette réunion (prise en compte des participants, temps de parole, attitude).**
4. **Comment sont prises les décisions lors de cette réunion ?**
5. **Quelles sont les actions à mettre en œuvre à la suite de cette réunion ?**
6. **Indiquez par qui, quand et comment est rédigé le compte rendu de la réunion. À qui sera-t-il adressé ?**

Document Réunion animée par Malik Vasseur (vidéo)

VIDÉO

• **Fichier :** Chapitre09Application02.mp4
• **Durée :** 4'50 minutes
• **Lien :** liennathan.fr/ej59t7

© Nathan - La photocopie non autorisée est un délit.

3 Animer une réunion

MAÎTRISE

Situation

EMPB (Espace musical du Pays basque) est une association qui a pour objet de favoriser et développer toutes les formes d'art musical. Le président, avec lequel vous collaborez, a souhaité renouveler l'organisation d'un concert à l'occasion de la Fête de la musique. Il vous a confié l'intégralité du projet. Vous devez cependant obtenir sa validation avant de prendre une décision. L'an dernier, de nombreuses plaintes ont été rapportées sur une mauvaise gestion des déchets (document 1). La prochaine réunion d'avancement porte sur ce thème. Vous avez convié les membres de l'équipe projet (document 2) ainsi que l'adjoint municipal à la culture, Dominique Sagarduy. Vous animez cette réunion.

Consignes

1. **À partir du scénario (document 3), simulez l'animation de cette réunion.**
2. **Analysez la prestation de l'animateur à partir de la grille d'observation.**

Document 1 Courriels reçus par le président après la Fête de la musique

Bonjour,
En tant qu'habitante de la commune, j'ai apprécié votre concert, notamment le concert d'harmonie, mais que dire des ordures... Au petit matin, il y en avait partout. Je trouve cela très dommage et cela jette une ombre sur la qualité de la soirée que vous organisez. J'espère que vous tiendrez compte de cela l'année prochaine pour passer à nouveau une belle soirée.
Cordialement
Claudine Amezcoa

Bonjour monsieur,
Nous tenons à vous remercier, ainsi que votre équipe, pour la merveilleuse soirée du 21 juin.
Toutefois, en raison du succès de ce concert, il nous semble nécessaire de mieux intégrer la gestion des déchets à l'avenir.
En effet, de nombreuses personnes cherchaient les containers à poubelles mal identifiés et insuffisants en nombre. À défaut, certains les déposaient à même le sol.
Bien cordialement,
M. et Mme Urbieta

Bonjour monsieur,
La mairie et son conseil d'administration soutiennent le concert de la Fête de la musique organisé par votre association depuis plusieurs années. Des moyens matériels et financiers vous sont par ailleurs accordés et force est de constater que le public est toujours plus nombreux et va bien au-delà de nos administrés.
Toutefois, les agents municipaux ont eu une recrudescence de travail à la suite de cette soirée : gobelets en plastique retrouvés dans tout le village, déchets jetés partout...
Nous comptons sur vous pour intégrer cette problématique lors de la prochaine édition.
Nous vous remercions encore pour votre investissement.
Bien cordialement,
Dominique Sagarduy
Adjoint municipal à la culture

Document 2 Équipe projet « EMBP en fête »

Chef de projet	Vous
Participants	Deux professeurs
Participants	Deux parents bénévoles

© Nathan - La photocopie non autorisée est un délit.

Document 3 Scénario de la réunion

Acteur 1 : vous

Vous accueillez les participants. Vous rappelez les anomalies constatées l'année dernière.
Vous animez efficacement la réunion de façon à proposer des actions pour résoudre le problème des déchets.
Vous prenez en charge la communication sur le site (affichage...).

Acteur 2 : adjoint municipal

Il est attentif.
Il se propose de consulter le service concerné pour obtenir la mise à disposition de plus de containers.

Acteurs 3 et 4 : deux professeurs

Elles font part de leur expérience à d'autres concerts :
– remplacer les gobelets jetables par des gobelets réutilisables consignés à 1 € ;
– éviter les emballages unitaires (canettes, bouteilles...) et acheter en grand volume pour limiter les emballages ;
– utiliser des poubelles aux couleurs habituelles du système de tri local ;
– indiquer les emplacements des poubelles, installer plusieurs petites poubelles plutôt qu'une seule trop grosse : leur manutention et le contrôle du tri seront ainsi plus faciles.
Elles se proposent de rechercher les fournisseurs.

Acteurs 5 et 6 : deux parents bénévoles

Le premier accepte d'être le secrétaire et participe en proposant aussi des actions : achat de sacs poubelle biodégradables, de jus de fruit bio fabriqués par des artisans proches de la commune.
Le deuxième ne participe pas. Il s'était porté volontaire pour apporter une aide essentiellement logistique (préparer l'espace, tables, chaises...).

4 Organiser et animer une réunion à distance

EXPERTISE

Situation

Lors de la dernière réunion d'avancement du projet « Phone-Apps-Eco-Responsabilité », qui s'est déroulée fin janvier, des actions relatives à la gestion des déplacements « domicile-travail » ont été confiées aux différents membres de l'équipe projet. La prochaine réunion, qui se déroulera le 20 février, permettra de valider la charte éco-responsable, présenter les recherches sur le télétravail (collaborateurs intéressés, avantages et inconvénients, conditions de mise en œuvre...), faire le point sur le groupe de discussion créé (participation, idées émises...).
Cette réunion aura lieu dans la salle de réunion du bâtiment car la rénovation est terminée. Elle est entièrement équipée (poste informatique avec webcam, haut-parleur, vidéoprojecteur...). Louise Mérué, en déplacement ce jour-là, souhaite que vous animiez cette réunion. Elle y participera à distance ainsi que Fridolf et Svea, en utilisant l'outil que vous lui avez soumis. Il présentera ainsi aux membres de l'équipe projet l'organisation du concours « Kilomètres parcourus à vélo ». Sébastien est en congé et ne pourra pas y assister.

Consignes

COM **1** Rédigez à l'attention des participants les consignes à respecter pour faciliter le déroulement de cette réunion à distance (en français et en anglais).

COM **2** Rédigez le mail de convocation à adresser aux participants (en français et en anglais). Joignez à ce mail les consignes au format pdf.

3 Réservez le créneau de visioconférence à l'aide de l'outil sélectionné et invitez les participants en envoyant le lien de connexion.

4 Procédez à l'animation de cette réunion.

5 Analysez le déroulement de cette réunion : points forts et points à améliorer.

© Nathan - La photocopie non autorisée est un délit.

Chapitre

10 Coordonner les activités du groupe projet

▸ **ACTIVITÉ**	**2.3.** Conduite du projet	▸ **VERS PIX**	**1.3.** Traiter des données
▸ **COMPÉTENCE**	Suivre et contrôler le projet		**2.1.** Interagir
▸ **TÂCHE**	**2.3.1.** Coordination des activités de l'équipe projet		**2.2.** Partager et publier
			2.4 S'insérer dans le monde numérique
			4.2. Protéger les données personnelles et la vie privée

Situation professionnelle

Vous poursuivez votre mission au sein de l'entreprise Phone Apps à Marseille. Le projet « Phone Apps-Eco-Responsabilité » suit son cours.

Les résultats de l'enquête « déplacements domicile-travail » réalisée auprès du personnel ont été commentés en réunion de travail fin janvier, laissant apparaître que les salariés sont prêts à changer leurs habitudes quant aux moyens de tranport à utiliser pour leur trajet.

Louise Mérué fixe la prochaine étape au 23 février : il s'agira pour le groupe de travail de présenter à Fridolf Aslög le détail des actions à mettre en place dans l'entreprise, notamment le projet de charte sur les déplacements domicile-travail ; cette présentation se fera en visioconférence.

Louise Mérué vous a chargé(e) de préparer cette charte avec vos collègues Salima Oumi et Alicia Long. Vous vous efforcez de réunir les divers éléments produits jusque-là par le groupe sur le sujet, mais vous n'êtes pas sûr(e) de bien comprendre la répartition des tâches ni de détenir l'ensemble des informations.

Comprendre le contexte

1. **Sur quel axe du projet Louise Mérué souhaite-t-elle à présent orienter la démarche éco-responsable ?**
2. **Quelles sont les difficultés auxquelles vous êtes confronté(e) aujourd'hui ?**

Découvrez l'entreprise Phone Apps en vidéo
liennathan.fr/m68ab9

© Nathan - La photocopie non autorisée est un délit.

VOTRE MISSION

Vous faites part à Louise Mérué des problèmes que vous rencontrez. Elle vous demande de proposer des solutions visant à optimiser la coordination des activités au sein du groupe projet.

TRAVAIL À FAIRE

I. Communiquer et collaborer au sein de l'équipe projet

Vous croisez Louise Mérué et échangez de manière informelle sur l'avancée du travail.

Fiche ressource 1 — Annexe 1

1. Louise Mérué est contrariée par la manière dont le travail est en train de s'organiser. Pourquoi ?

2. Quelles conditions de travail semblent manquer pour faciliter votre collaboration avec Alicia et Salima ?

Annexe 2

3. Louise Mérué vous transmet pour rappel un extrait du tableau de répartition des rôles.

a. Quel est l'intérêt de ce support ?

b. Pourquoi peut-on penser que ce support ne suffit pas ici à coordonner le travail ?

Fiche ressource 2 — Annexes 1 3

4. Jusqu'à présent, quels outils de communication ont été privilégiés entre les membres du groupe projet ? Quels sont leurs atouts ? leurs limites ?

5. Quel canal a été choisi pour transférer les informations entre les membres du groupe ?

6. Quels dysfonctionnements montrent qu'un outil de travail collaboratif est devenu nécessaire pour travailler sur cette charte ?

II. Utiliser un outil d'écriture collaborative

Vous décidez d'entreprendre un véritable travail collaboratif et de vous aider les uns les autres en temps réel. Vous souhaitez commencer la rédaction de la charte en vous aidant d'un outil d'écriture collaborative.

Fiche ressource 3 — Annexe 1

7. Vous choisissez de travailler avec Google Docs.

a. En quoi Google Docs est-il un outil d'écriture collaborative ?

b. Allez-vous devoir « attendre » Alicia ?

c. Quel peut être l'intérêt de cet outil pour Louise Mérué ?

Annexe 4

8. À l'aide de la carte heuristique sur la gestion des déplacements domicile-travail utilisée lors de la réunion et d'éventuelles recherches complémentaires sur Internet, rédigez à trois la charte sur Google Docs. Chacun complètera sa partie et utilisera la trame que vous avez préparée.

III. Utiliser un outil de coordination du travail de groupe

La production de la charte a bien progressé mais de nombreuses contraintes mal gérées ralentissent encore le travail : sauvegardes multiples, *timing*, répartition des tâches… Face à la multiplication des outils, Louise Mérué envisage un espace de travail collaboratif.

Fiche ressource 3

9. Quelles sont les fonctions de Google Docs que vous venez d'utiliser ?

10. Cet outil répond-t-il à l'ensemble de vos besoins ?

© Nathan - La photocopie non autorisée est un délit.

11. Listez vos besoins en termes de communication et de collaboration qui vous paraissent utiles par rapport au besoin du groupe projet et qui ne sont pas couverts par Google Docs.

Annexe 5

12. Pourquoi la plateforme collaborative semble-t-elle une solution intéressante pour votre projet ?

13. En tenant compte de l'ensemble de vos besoins, proposez la plateforme qui vous paraît la mieux appropriée parmi les quatre présélectionnées.

Annexes 5 6

COM 14. Rédigez une note pour faire part de votre analyse à Louise Mérué.

IV. Utiliser les médias sociaux dans le cadre du projet

Sans attendre la mise en place de la plateforme, Louise Mérué souhaite valoriser la démarche écoresponsable de Phone Apps en communiquant sur le projet auprès du grand public. Pour cela, elle décide d'utiliser les médias sociaux. Elle vous remet divers documents qu'elle souhaite diffuser.

15. Pour chaque document présenté en annexe 7, choisissez le média social qui vous paraît le mieux adapté à sa diffusion en justifiant votre choix.

Fiche ressource 4
Annexe 7

16. Mettez en œuvre le média social de votre choix en vous assurant de respecter la netiquette.

DONNÉES DE LA SITUATION

Annexe 1 Extrait de votre conversation avec Louise Mérué

Louise Mérué : « Bonjour Camille ! Alors, tout se passe bien ? »
Vous : « Bonjour Louise, oui, ça va, le projet est intéressant mais je rencontre des difficultés à réunir l'ensemble des informations déjà produites concernant la charte sur les déplacements domicile-travail et je perds un peu de temps. »
Louise Mérué : « Nous avons déjà eu plusieurs réunions de travail à ce sujet. Les comptes rendus et leurs annexes sont précieux… »
Vous : « Oui, bien sûr, mais je ne suis pas certaine de disposer de tout. Pourtant, j'ai bien organisé ma messagerie électronique et classé tous les mails dans des dossiers, mais il suffit de pas grand-chose… »
Louise Mérué : « On refera une petite réunion intermédiaire pour faire le point, si vous voulez. »
Vous : « Oui, merci, je pense que ce sera nécessaire, mais un peu plus tard. Pour l'instant, il nous faut patienter un peu car Alicia est bloquée dans sa recherche concernant le covoiturage. Je ne sais pas trop où elle en est et j'ai peur qu'elle perde du temps à rechercher des éléments sur lesquels Salima a déjà travaillé. Je ne suis pas sûre… En tout cas, tant qu'elle n'a pas fini son travail, je l'attends pour regrouper le tout et vous le présenter. »
Louise Mérué : « Sa recherche ? Il me semble plus adapté de parler de votre recherche… Même si vous avez réparti les tâches, cela doit rester un travail collaboratif ! »
Vous : « Oui, c'est vrai… »

© Nathan - La photocopie non autorisée est un délit.

Annexe 2 Extrait du tableau de répartition des rôles

Tâches	Sébastien Lentini	Alicia Long	Camille Vatel	Salima Oumi
Élaborer et diffuser une enquête auprès des collaborateurs/trices pour estimer celles et ceux qui seraient intéressé(e)s par le télétravail	×		×	
Analyser les résultats de l'enquête	×		×	
Rechercher des informations sur la mise en place du télétravail (aspects juridiques, avantages/inconvénients)	×		×	
Rédiger une note de synthèse sur le télétravail	×		×	
Rechercher les informations destinées à favoriser les déplacements « propres » (primes, bienfaits sur la santé, pass mobilité…)		×		
Enrichissement de la charte sur les déplacements domicile-travail		×	×	×

Annexe 3 Extraits des communications entre les membres du groupe

Boîte de réception — Rechercher Boîte de récep

Date : Semaine

De	Objet	Reçu	Taille
sebastien.lentini@phoneapps.fr	Nouvelle idée !	04/02/N	28 ko
salima.oumi@phoneapps.fr	Vidéo intéressante (attention, fichier lourd)	07/02/N	10 Mo
alicia.long@phoneapps.fr	Photos à diffuser ?	12/02/N	8352 ko
mathieu.kasanian@phoneapps.fr	Voici l'extrait d'un podcast pour notre réflexion…	03/02/N	10 Mo
salima.oumi@phoneapps.fr	Article, à voir ensemble pour les idées	09/02/N	7 Mo

Annexe 4 Trame de la charte sur les déplacements domicile-travail

PHONE APPS

Insérer une photo — Camille

Charte écoresponsable
Déplacements domicile-travail

Considérant l'importance grandissante des enjeux environnementaux, la société Phone Apps a élaboré cette charte regroupant les engagements liés aux déplacements du personnel.

Favoriser l'utilisation du vélo — Camille

La direction de Phone Apps France s'engage à :

- aménager un parking vélo à l'abri des intempéries
- Prévoir, dans cet espace, une série de prises permettant de recharger les modèles électriques
- …

Favoriser le covoiturage

Favoriser le transport public — Alicia

Favoriser l'achat de véhicules propres

Favoriser la marche — Salima

© Nathan - La photocopie non autorisée est un délit.

Annexe 5 Extrait de votre conversation avec Louise Mérué

Vous : « Suite à notre discussion, j'ai fait un point sur la manière dont nous avons organisé notre travail. Nous sommes désormais bien dans un esprit de travail collaboratif. »
Louise Mérué : « Je suis d'accord avec vous, l'utilisation d'un outil d'écriture collaborative était une bonne idée ! Cela m'a d'ailleurs inspiré une autre idée, qui est de mettre en place un espace de travail collaboratif : je pense que nous gagnerions en efficacité avec un espace qui regrouperait tous les outils dont nous avons besoin et, surtout, qui faciliterait notre coordination ! J'ai présélectionné quatre outils collaboratifs et j'ai construit un tableau comparatif. Pour en choisir un, il nous faut désormais faire le point sur les besoins. »
Vous : « Oui, bien sûr. Pour une coordination optimale, il faudrait visualiser clairement les tâches affectées aux uns et aux autres et l'avancée du travail. Nous aimerions aussi une messagerie instantanée afin de communiquer à plusieurs et garder les fils de discussion. Un fil d'actualité nous permettrait de rester attentifs aux nouveaux éléments… »
Louise Mérué : « Et la charte ? »
Vous : « Pour la rédaction de la charte, un outil permettant l'écriture collaborative serait un plus, mais le travail est désormais terminé, donc il ne s'agit plus d'une priorité à ce niveau du projet… »
Louise Mérué : « Quant à moi, pour coordonner les activités, j'ai besoin de planifier les réunions, de partager des documents, fichiers, vidéos, d'un gestionnaire de tâches. J'aimerais aussi, si c'est possible, réaliser des plannings et pouvoir contrôler l'avancée des tâches dans le temps… »
Vous : « L'idéal serait aussi un espace en ligne afin de ne pas avoir de logiciel à télécharger et de pouvoir travailler depuis n'importe quel poste. »
Louise Mérué : « Et surtout, il faut penser à la sécurité des données et des matériels, se prémunir des intrusions et des virus. C'est capital. Prévoyez aussi la possibilité d'organiser des réunions à distance avec la Suède. »
Vous : « Et pour le prix ? »
Louise Mérué : « Il ne faudrait pas dépenser plus de 500 € par an… »

Annexe 6 Tableau comparatif des espaces collaboratifs en ligne

	Omnispace (Agora)	Microsoft One Drive	Google GSuite	Google Drive
Partage de fichiers	✓	✓	✓	✓
Agenda partagé	✓	✓	✓	✓
Partage des tâches et suivi	✓	Version pro	Module complémentaire	Module complémentaire
Annuaire de contact	✓	✓	✓	✓
Messagerie instantanée	✓	✓	✓	✓
Messagerie	✗	✓	✓	✓
Forums de discussion	✓	✗	✗	✓
Partage de liens/ Favoris	✓	✗	✗	✗
Newsletter	✓	✗	✗	✗
Écriture collaborative		✓	✓	✓
Fil d'actualité	✓	✗	✗	✗
Conférence en ligne		Version pro	✓	✓
Capacité de stockage	• Version découverte 500 Mo • Version pro 200 Go	• Version basique 5 Go • Version pro 1 To/utilisateur	Illimité ou 1 To/utilisateur	15 Go
Coût	• Version découverte gratuite pour 4 utilisateurs • Version pro 599 €/an, nombre d'utilisateurs illimité	• Version basique gratuite, utilisation personnelle • 10,50 €/mois par utilisateur pro	23 €/mois par utilisateur pro	Gratuit pour utilisation personnelle
Confidentialité des données	• Accès crypté à l'espace (version pro) • Données stockées dans des centres de données sécurisés			Données stockées dans des centres sécurisés

© Nathan - La photocopie non autorisée est un délit.

Annexe 7 Documents que Louise Mérué souhaite diffuser

A – Les salariés de Phone Apps font du sport !

Comparaison du taux de recyclage du papier en France et en Suède

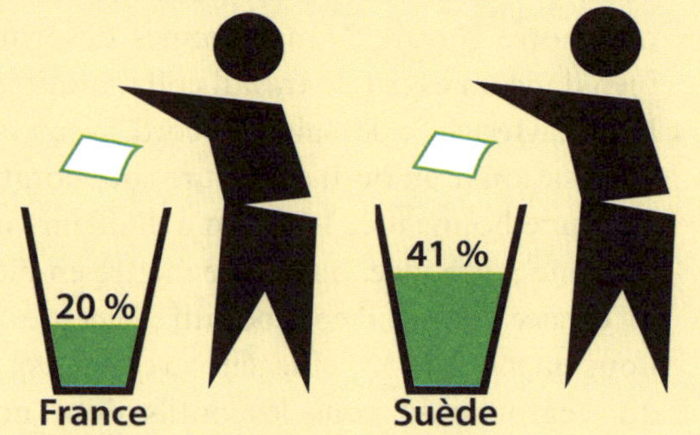

B – Phone Apps : 45 % !

LADEPECHE.fr

Actualité > Grand Sud > Haute-Garonne > Toulouse

Publié le 21/12/2017 à 07:36

Aller au travail à vélo : tous gagnants

Circulation - Déplacements

Partager 52 partages | Réagir 15 réactions | S'ABONNER

Partager | Tweeter | Partager | Commenter

Hier, un rapport proposant de rendre obligatoire l'indemnisation des salariés venant au travail à vélo a été remis à Elisabeth Borne, la ministre des Transports. L'objectif est de doubler le nombre de cyclistes sur le trajet travail domicile d'ici 2022. Cette prime ; l'indemnité kilométrique vélo (IKV), existe déjà mais reste suspendue au bon vouloir des employeurs. Et pour l'instant, ils ne sont que 5 dans le département à la proposer. Le rapport montre que le passage à la vitesse supérieure peut se faire «à coût quasi nul pour les entreprises comme pour l'Etat.»

https://www.ladepeche.fr

C – Phone Apps dans l'air du temps !

Guide des éco-gestes

Gestes écologiques et citoyens de tous les jours

Rechercher un éco-geste

Les éco-gestes et les déplacements

Adopter un comportement éco-citoyen à travers ses choix de transports et ses **modes de déplacements**, c'est facile, c'est écologique et cela permet de rester en bonne santé.

Il s'agit d'utiliser les transports doux, tant que cela est possible : marche à pied, vélo, roller, trotinette... et de toujours privilégier les transports propres sur l'utilisation de l'automobile.

Les éco-gestes en matière de déplacements, c'est **éviter au maximum l'utilisation de l'automobile**, et si elle s'avère obligatoire, utiliser une voiture peu émettrice de CO_2, adopter une éco-conduite, et pratiquer le co-voiturage.

http://www.vedura.fr

D – Phone Apps écoresponsable !

E – Avec le vélo électrique, on s'économise !

© Nathan - La photocopie non autorisée est un délit.

1 Travailler à plusieurs

Travailler à plusieurs signifie pour les membres d'un groupe projet de collaborer en échangeant et en partageant des informations. Ce nouveau mode de travail n'est plus fondé sur l'organisation hiérarchique traditionnelle, puisque de nombreuses personnes exerçant parfois dans des entreprises différentes vont pouvoir travailler ensemble sur un projet commun. Le chef de projet va devoir assurer la coordination des activités des membres du groupe.

I Le travail collaboratif dans le cadre d'un projet

1. La distinction entre travail coopératif et travail collaboratif

Le travail coopératif	Le travail collaboratif
Les tâches sont réparties entre les acteurs du groupe qui communiquent, échangent et partagent des ressources afin d'atteindre un objectif commun. Chaque individu réalise les tâches dont il a la responsabilité de façon autonome. À la fin du projet, les travaux individuels seront assemblés. La coopération valorise donc le travail individuel, facilement identifiable.	Il n'y a pas de répartition préalable des tâches ; les membres du groupe communiquent en permanence et sont engagés dans une production commune. Les connaissances, compétences et ressources sont partagées. Le travail individuel est difficilement identifiable. La responsabilité est collective. Le support final se construit au fur et à mesure de l'avancée du travail. La collaboration valorise le travail de groupe.

2. Le travail collaboratif dans le cadre du projet

Un projet correspond à une méthode de travail collaborative selon laquelle l'équipe fonctionne de manière horizontale. Chaque membre du groupe connaît son rôle et ses responsabilités mais travaille ensemble, chacun donne son avis et valide. Le travail s'effectue par accumulations et modifications permanentes.

3. Les conditions d'un travail collaboratif efficace

Le respect des règles communes de fonctionnement : délais, circulation de l'information, confidentialité…	**Une communication permanente entre les membres de l'équipe,** afin que chacun connaisse le degré d'avancement du projet.	**La collaboration entre les membres du groupe,** pour encourager les initiatives et l'innovation.	**L'utilisation des technologies** de production et de partage de contenus ainsi que des outils de communication.	**Une bonne coordination** des activités du groupe.

II La coordination du travail à plusieurs

Le chef de projet, secondé par un(e) collaborateur/-trice, a pour rôle de créer une dynamique entre les membres du groupe dont il assure la coordination, en établissant un lien cohérent entre leurs activités. Chaque membre du groupe facilite l'action du coordinateur en coopérant étroitement avec lui.

Exemple de coordination dans le cadre d'un projet :
Répartir les différentes tâches à accomplir, planifier les tâches, gérer les échanges d'informations, assurer le suivi du budget, déterminer le format des documents créés, mettre à disposition une feuille de style, des modèles de documents, faire le point sur l'avancement du projet et procéder aux relances si nécessaire…

De nombreux outils permettent de faciliter la coordination dans le cadre d'un projet :
- tableau de répartition des tâches ;
- agenda partagé, planning ;
- compte rendu de réunion d'avancement ;
- tableau de bord ;
- logiciel de gestion des tâches ;
- diagramme de Gantt, réseau PERT.

© Nathan - La photocopie non autorisée est un délit.

2 La communication dans les groupes de travail

La communication dans le groupe projet est fondée sur l'échange des informations entre les individus qui composent le groupe. Au cours de ces échanges, la rétroaction est systématique ; une relation s'établit donc entre le chef de projet et les membres du groupe. Elle obéit à des normes et des codes préalablement fixés par le chef de projet et son équipe.

I La communication orale et en face à face

La communication orale et en face à face peut être formelle (réunions, entretiens) ou informelle (pause-café, temps des repas…).
Le développement des outils numériques ne doit pas faire oublier ce moyen de faire circuler l'information, de collaborer, de coordonner, qui présente de nombreux avantages.
Dans le cadre d'un projet, les réunions permettent à chaque membre du groupe d'échanger sur l'avancement du projet ; elles donnent l'occasion de pratiquer le remue-méninges, indispensable dans un travail collaboratif pour faire émerger de nouvelles idées ; elles permettent enfin et surtout de personnaliser les relations.

II La communication écrite

La communication écrite est aujourd'hui essentiellement électronique : messageries textuelles (SMS), sites Internet, courrier électronique (courriels) ou messageries instantanées… De nombreux outils permettent cette communication, il s'agit de trouver l'outil le plus approprié.

III Le processus de transmission d'une communication

Étapes	**Exemple :** Processus de diffusion d'un compte-rendu
Étape 1 : déterminer les objectifs du message Il peut s'agir de rendre compte, motiver son équipe, susciter l'adhésion, transmettre des connaissances…	Restituer les échanges ayant eu lieu au cours de la réunion afin que les membres du groupe projet aient le même niveau d'information. Garder une trace des discussions et des décisions prises.
Étape 2 : déterminer les composantes du processus de communication	
L'émetteur Personne à l'origine de la communication	Collaborateur/-trice qui assiste le chef de projet.
Le message Il est constitué par l'ensemble des informations transmises par l'émetteur au(x) destinataire(s) du message.	Éléments d'information échangés au cours de la réunion d'avancement de projet.
Le support de communication Moyen par lequel le message va être véhiculé vers le(s) destinataire(s) : mail, courrier…	Les informations échangées lors de la réunion vont être transmises sous forme d'un compte rendu écrit, en pièce jointe d'un mail.
Le canal Média de transmission de l'information (voie de circulation) qui permet l'acheminement du message vers le(s) destinataire(s) : presse, Internet, affichage, forum…	Le média choisi pour transmettre le compte rendu de réunion est Internet.
Le(s) destinataire(s) Personne(s) à qui le message est adressé.	Le chef de projet reçoit le compte rendu, le modifie ou le valide et le transmet à son auteur, qui le diffuse ensuite aux participants de la réunion.

© Nathan - La photocopie non autorisée est un délit.

3 Les outils numériques au service du travail collaboratif

Le travail au sein du groupe projet s'appuie sur différents outils numériques favorisant la communication, la coordination et la collaboration entre les membres.

I L'intérêt d'utiliser des outils collaboratifs

1. Les caractéristiques d'un outil collaboratif

Appelés aussi *groupware*, les outils collaboratifs permettent de travailler ensemble et en même temps. Accessibles depuis un poste de travail fixe ou mobile (smartphone, tablette), ils facilitent le partage des informations (rendez-vous, messages, base de données…).
Le maître mot des outils collaboratifs est « synchronisation » : les éléments partagés sont mis à jour en temps réel et consultables par tous à tout moment. Chaque membre du groupe dispose en permanence de la bonne version du document et des dernières données.

2. Quand l'outil collaboratif devient une nécessité

Lorsqu'un groupe de projet se met en place, les outils classiques de communication sont naturellement utilisés : réunions de travail, mails avec liste de destinataires, organisation de dossiers de partage sur le serveur…, mais, selon l'ampleur du projet, ces outils sont parfois insuffisants pour rendre la communication parfaitement fluide.

Quelques indicateurs révèlent le besoin d'un outil mieux adapté au travail collaboratif : une boîte mail saturée, la réception de trois versions d'un même fichier ne permettant pas de savoir lequel est le bon, le temps perdu à mettre en forme un mail alors qu'une messagerie instantanée pourrait s'affranchir des formules de politesse, l'impression de perdre son temps en réunion, le sentiment d'être perdu dans l'avancement du projet et de n'avoir aucune idée du respect des dates, le fait de ne pas savoir quelle tâche est prioritaire, le sentiment de ne pas arriver à s'organiser…

II Choisir un outil collaboratif adapté à ses besoins

Le choix d'un outil de collaboratif dépend de son besoin.
On distingue :
– le besoin de produire : certains outils ont une fonction production,
– le besoin de communiquer : certains outils ont une fonction communication,
– le besoin de coordonner : certains outils ont une fonction coordination.
Certains outils permettent de combler plusieurs besoins en même temps, par exemple les fonctions communication et production, les fonctions coordination et communication…
Les plateformes de travail collaboratif présentent l'intérêt de répondre aux trois besoins.

III Description de quelques outils de travail collaboratif

Type d'outil	Fonction	Description	Exemple
Courrier électronique	Communication	Service de transmission de messages écrits envoyés électroniquement dans la boîte aux lettres électronique d'un ou plusieurs destinataires choisis par l'émetteur. Ne correspond pas, à proprement parler, à une communication collaborative.	Gmail
Messagerie instantanée	Communication	Méthode de communication à mi-chemin entre l'e-mail (pour l'écrit) et le téléphone (pour l'instantanéité). À la différence du tchat, le(s) destinataire(s) du message fait/font partie d'une liste privée intégrant uniquement les personnes désirées. Correspond à une communication collaborative.	WhatsApp

© Nathan - La photocopie non autorisée est un délit.

▶▶▶

Type d'outil	Fonction	Description	Exemple
Conférence en ligne (*Web-conference*)	Communication, Production	Conférences, réunions de travail ou formations virtuelles organisées *via* une application Internet avec des personnes à distance. Tous les participants voient et entendent la même chose au même moment à l'aide d'une webcam.	Jitsi Meet
Outils d'écriture collaborative	Communication, Production	Il s'agit d'écrire un texte à plusieurs en travaillant sur le même document. Chaque intervenant peut écrire en même temps et corriger si besoin. Ces outils évitent les allers-retours par mail ou les versions multiples.	Google Docs
Partage de fichiers en ligne	Production	Partage de fichiers ou dossiers stockés sur Internet, soit en donnant aux personnes un lien d'accès, soit en partageant le dossier lui-même. Lorsque le dossier est partagé, les personnes peuvent travailler conjointement sur le même fichier.	Google Drive
Partage d'informations en ligne	Production	Permet à plusieurs personnes de travailler simultanément sur un même support, qui peut être un mur virtuel. C'est un peu la version moderne du tableau d'affichage.	Padlet
Agenda électronique partagé	Coordination	Permet à tous les membres d'un groupe d'accéder en ligne à l'agenda de chacun. L'agenda est mis à jour en temps réel et chacun peut organiser son travail en fonction du planning des autres : permet de planifier des actions (réunions, rendez-vous) sur des plages libres communes.	Google Agenda
Logiciel de gestion de projet	Communication, Coordination	Permet de travailler en équipe et de structurer les différentes étapes d'un projet : répartir les tâches et les ordonnancer, suivre le planning. Certains outils permettent de commenter ou gérer les documents. Ces logiciels sont collaboratifs, car accessibles par tous les membres *via* Internet.	Tom's Planner
Réseau social d'entreprise (RSE)	Communication, Coordination	Espace communautaire virtuel, interne à l'entreprise (ou éventuellement accessible aux fournisseurs, clients, distributeurs) où convergent les informations, idées, connaissances et expériences de tous les acteurs. Parmi ses fonctionnalités, un RSE peut proposer une messagerie instantanée, le partage de fichiers, la création de groupes de travail, l'organisation d'événements… On trouve habituellement sur ces réseaux un profil individuel pour chaque membre et un organigramme dynamique de la société.	Yammer (Office 365)
Plateforme collaborative	Communication, Production, Coordination	Espace virtuel de travail partagé regroupant des outils et services nécessaires à la réalisation d'un projet permettant d'organiser le fonctionnement du groupe. Cet espace intègre divers outils (agenda partagé, planning, gestion des tâches, messagerie…).	Omnispace (Agora-Project)

Remarque : cette classification est indicative.

© Nathan - La photocopie non autorisée est un délit.

4 Les médias sociaux

I Définition

Un média est un moyen de diffusion d'informations (texte, son, image, vidéo). Les médias traditionnels sont la presse, la radio et la télévision.
Avec l'essor d'Internet sont apparus les médias sociaux : il s'agit de plateformes accessibles par Internet (Web et applications) permettant la création et la diffusion de contenus. Les médias sociaux incluent les réseaux sociaux, qui sont des outils visant à créer des communautés.

II Typologie des médias sociaux

Les médias sociaux peuvent être classés en quatre catégories :

Outils de discussion		**Outils de publication**	
Les systèmes de messagerie mobile		**Les plateformes de blogs**	
Messagerie instantanée *via* Internet ou les réseaux mobiles	WhatsApp Messenger	Publication d'articles avec possibilité de laisser des commentaires	Wordpress Blogger
Les forums		**Les wikis**	
Espaces permettant de poser des questions pour se faire aider par d'autres utilisateurs	Quora, Ask...	Outil de partage d'informations modifiables par les utilisateurs	Wikipedia Wikia
Les messageries visuelles		**Le partage de vidéos**	
Diffusion de messages vidéo en mode asynchrone	Tribe, Tik Tok	Stockage et diffusion d'un contenu vidéo en temps réel (*streaming*)	YouTube Dailymotion
		Le partage de documents	
		Hébergement et partage de contenus (présentation, documents...)	Slideshare Scribd

Réseaux sociaux de contacts		**Réseaux sociaux de contenus**	
Les plateformes de conversation		**Le partage de photos**	
Participation à des discussions sur un sujet entre membres inscrits	Facebook Groups	Stockage et diffusion de photos	Instagram Flickr
Les réseaux sociaux professionnels		**Le partage d'inspiration**	
Constitution d'un réseau de connaissances professionnelles	LinkedIn Viadeo	Partage des centres d'intérêt des membres, passions, *hobbies*, à travers des albums photos	Pinterest Dribbble

© Nathan - La photocopie non autorisée est un délit.

▶▶▶

III La netiquette

1. La notion de netiquette

« Netiquette » est la contraction des termes « Net » (Internet) et « étiquette » (désignant autrefois les règles de bienséance), ou encore des termes « Net » et « éthique » (science de la morale). Elle correspond à l'ensemble des règles de bonne conduite à observer sur Internet.

2. Le respect de la netiquette

Toute personne connectée sur Internet est moralement tenue de respecter les autres, quel que soit le support utilisé (messagerie, site Web, plateforme collaborative, médias sociaux...). Il s'agit donc de communiquer dans le respect des autres, avec politesse et tolérance.

Exemples :

– Dans une messagerie, renseigner l'objet du message, envoyer le courriel aux seules personnes concernées, s'identifier en fin de message, joindre des documents dans un format lisible, ne pas écrire tout en majuscules (ce qui équivaut à crier)...

– Dans un forum, indiquer les sources, utiliser les fils existants, répondre en privé aux messages privés...

– Ne pas relayer les chaînes de messages ou les *hoax* (informations fausses), vérifier l'information avant de la rediffuser.

– Être modéré et poli dans ses propos.

– Respecter le droit d'auteur.

Tous ces aspects sont à prendre en compte dans l'utilisation d'Internet, qu'elle soit à des fins personnelles ou professionnelles. Une mauvaise utilisation d'Internet et des médias sociaux peut avoir des conséquences désastreuses pour les entreprises et pour les individus, en termes de réputation notamment.

IV La sécurité sur les réseaux sociaux

Utilisés à des fins professionnelles par les entreprises comme vitrine ou outil de la relation client, les réseaux sociaux n'échappent pas aux activités malveillantes.

Escroquerie, chantage, diffamation, cyberharcèlement, usurpation d'identité, vol d'informations, désinformation sont autant de dangers qui peuvent nuire à leur image ou à leur pérennité. Il faut s'en prémunir au travers de quelques parades simples mais efficaces :

- protéger l'accès au compte par un mot de passe complexe (chiffres, lettres, majuscules, caractères spéciaux) ;
- avoir une entière maîtrise de la qualité des publications : un seul et unique salarié sera le rédacteur avec visa du supérieur hiérarchique avant diffusion ;
- identifier si possible les interlocuteurs et faire preuve de vigilance car les cybercriminels œuvrent sur les réseaux sociaux pour commettre des escroqueries ou des vols d'informations ;
- contrôler les applications qui proposent d'interagir avec le compte de réseau social de votre entreprise. Il est d'ailleurs recommandé de les installer à partir d'un magasin officiel tel que Apple Store ou Googleplay ;
- paramétrer les règles de confidentialité (restreindre la visibilité de certaines informations, surveiller les activités sur le réseau) ;
- éviter une connexion en wifi ou sur un ordinateur non sécurisé (sans *firewall*, antivirus ou VPN)
- assurer un suivi des connexions au compte pour repérer les risques de piratage : au moindre doute, il faudra impérativement changer le mot de passe ;
- ne jamais utiliser le compte du réseau social de l'entreprise pour s'identifier sur d'autres applications ou sites.

En cas de doute, on peut demander de l'aide sur https://www.cybermalveillance.gouv.fr

© Nathan - La photocopie non autorisée est un délit.

APPLICATIONS PROFESSIONNELLES

1 Réaliser la page Facebook du service jeunesse d'une mairie

MAÎTRISE

Situation

Vous êtes en stage au service Jeunesse de la mairie d'Ingré dans le Loiret. Votre responsable, Mylène Roques, souhaite mettre en place un nouveau projet d'animation culturelle à destination des jeunes de la commune (document 1). Elle a mis en avant ce projet sur le site Web de la commune mais souhaite lui donner davantage de visibilité. Vous suggérez de réaliser une page professionnelle sur le réseau social Facebook, à destination des adolescents.

Consignes

1. **Identifiez les contenus à publier ainsi que leur fréquence.**
2. **Concevez la structure de la page du service Jeunesse.**
3. **Créez la page sur Facebook.**
4. **Publiez un message de bienvenue, puis la présentation d'une soirée jeu.**
5. **Que peut espérer Mme Roques en termes de répercussions au niveau du centre d'accueil ?**

COM

Document 1 Le projet municipal

Le groupe de travail a pris la décision de développer l'accueil périscolaire, l'animation durant les périodes de vacances, puis des soirées à thème, principalement le vendredi de 20 heures à 22 heures avec des jeux de rôle et des activités sportives et ludiques.
L'ensemble des activités proposées n'est pas figé ; le groupe de travail espère de nouvelles idées pour étoffer son offre.

Document 2 Conseils pour réaliser une page professionnelle sur Facebook

Les pages Facebook, destinées aux entreprises, aux marques ou encore aux artistes, disposent des mêmes facilités et outils que les comptes Facebook privés (publications de statuts et de photos). Elles offrent des fonctionnalités supplémentaires : le bouton « J'aime », qui permet de s'abonner à la page, ou le suivi d'interactions suscitées par la page avec des comptes Facebook (abonnés ou non à la page).
Pour réaliser une page Facebook professionnelle efficace, il faut se poser les bonnes questions :
– ***Quels contenus publier ?*** Le mot clé est la variété : il ne faut pas tomber dans la répétition mais rendre la page dynamique et attractive grâce à la publication de contenus visuels : photos, vidéos…
– ***Quel style de rédaction adopter ?*** Il faut être clair, concis et s'adapter à son public (tutoiement ou vouvoiement…).
– ***À quelle fréquence publier ?*** Le rythme de publication varie selon le secteur d'activité. Si la presse peut diffuser entre 10 et 20 publications par jour, le rythme idéal dans les autres secteurs est de 5 à 10 publications hebdomadaires. Il est indispensable d'instaurer des rendez-vous réguliers pour fidéliser la communauté créée autour de la page.

© Nathan - La photocopie non autorisée est un délit.

2 Communiquer et collaborer au sein de l'équipe projet

MAÎTRISE

Situation

Vous travaillez auprès de Corentin Bancel, dirigeant de la société Newstyle, spécialisée dans la vente en ligne de vêtements et accessoires de mode. Au départ, la société comptait 20 salariés, elle en compte aujourd'hui 150. Votre responsable souhaite poursuivre sa croissance. À ce titre, plusieurs projets sont menés en parallèle, nécessitant une coopération et une collaboration constantes entre les équipes. Les mails sont trop utilisés dans les échanges d'informations et de documents et les outils de travail collaboratif deviennent incontournables. Vous avez listé les situations que vous rencontrez dans le cadre de la gestion de projet.

Consignes

Pour chaque situation, indiquez s'il s'agit d'une activité de coopération, de communication ou de collaboration, et proposez les outils adaptés à chacune d'elle. Justifiez vos réponses.

Document Situations

1. Vous devez partager des idées avec l'ensemble des salariés concernant le projet d'ouverture d'une boutique. Il serait souhaitable que les échanges soient consignés au même endroit et que tout le monde puisse les consulter. Il faudrait également pouvoir communiquer en temps réel.

2. M. Bancel doit répartir les tâches entre les différents acteurs du projet afin de pouvoir les communiquer lors de la réunion de lancement qui aura lieu très prochainement.

3. M. Bancel vous charge d'informer les clients de l'ouverture prochaine d'une boutique à Perpignan. Il souhaite toucher un large public, au-delà de la clientèle e-commerce.

4. Vous devez concevoir et rédiger le cahier des charges du projet avec M. Bancel et la chargée de communication.

5. M. Bancel souhaite savoir comment il peut suivre efficacement l'avancement du projet.

6. Vous devez programmer les réunions de l'équipe projet pour le mois prochain, à raison d'une réunion par semaine.

3 Coordonner les activités : partager les tâches d'un projet

EXPERTISE

Situation

Léo Albertini a créé il y a dix ans des points de vente de restauration rapide sur la Côte d'Azur. Face à une concurrence croissante, il a décidé de diversifier son activité en créant un *fast-food* haut de gamme à mi-chemin entre la restauration servie à table et le *fast-food*. Tous les produits seront bio et frais. Les clients pourront les consommer sur place ou les emporter, voire même être livrés. Les prix seront compris entre 10 et 20 € pour un repas complet. Pour se lancer dans cette aventure, il a constitué une équipe projet composée de six personnes, dont il sera le chef de projet. En tant que proche collaborateur/-trice de Léo Albertini depuis dix ans, ce dernier compte sur vous pour l'assister dans son projet.

Consignes

1. **Réalisez une analyse critique de la répartition actuelle des tâches du projet.**
2. **Procédez à une nouvelle répartition des tâches en tenant compte des contraintes.**
3. **Dans une note destinée à votre responsable, proposez la nouvelle répartition en justifiant vos choix.**

© Nathan - La photocopie non autorisée est un délit.

Document 1 Tableau de répartition des tâches du projet

	Vous	Cédric	Sarah	Pauline	Marc	Lina	Total
Formalités administratives	30 h						**30 h**
Préparation et suivi du budget		30 h					**30 h**
Élaboration des statistiques et étude de rentabilité		40 h					**40 h**
Gestion et mise en place de l'espace de travail collaboratif						40 h	**40 h**
Lancement des appels d'offres auprès de nouveaux fournisseurs pour les produits alimentaires	30 h						**30 h**
Recherche d'un architecte d'intérieur pour l'aménagement du local	15 h						**15 h**
Recrutement de 6 personnes					40 h		**40 h**
Organisation des formations du personnel nouvellement recruté				30 h			**30 h**
Équipement du local (rayonnages, chambre froide...)				30 h			**30 h**
Actions de communication (communication sur le projet, publicité...)			50 h				**50 h**
Préparation de l'inauguration	40 h						**40 h**
Envoi des invitations			10 h				**10 h**
Total	**115 h**	**70 h**	**60 h**	**60 h**	**40 h**	**40 h**	**385 h**

Document 2 Tableau des compétences

Vous	Titulaire d'un BTS SAM	**Pauline, responsable achats**	Titulaire d'un master Gestion des achats et des approvisionnements et d'un BTS Assistant de direction
Sarah, chargée de communication	Titulaire d'un Master 2 Communication	**Lina, webmaster**	Titulaire d'un Master 1 en Informatique 2 ans d'expérience professionnelle
Marc, chargé de recrutement	Titulaire d'un Master 1 Ressources humaines	**Cédric, comptable**	Titulaire d'un DUT GEA et d'une licence professionnelle Ressources humaines

Document 3 Note laissée par Léo Albertini

Bonjour,

Comme convenu suite à la réunion de lancement de projet, je vous ai demandé de revoir la répartition des tâches du projet, qui était un premier jet et n'a pas satisfait toute l'équipe. J'ai conscience que votre charge doit être allégée. Je pense que le nombre d'heures à consacrer au projet ne doit pas excéder 70 heures par personne. Attention, Lina a beaucoup de travail en ce moment avec la mise en réseau de nos points de vente, elle peut donc passer 50 heures maximum sur ce projet. Merci de me faire une proposition pour vendredi si possible.

Faites pour le mieux.

Merci.

Léo

© Nathan - La photocopie non autorisée est un délit.

4 Réfléchir à la mise en place d'un réseau social d'entreprise

MAÎTRISE

Situation

Vous travaillez en qualité d'*office manager* dans l'entreprise Air Drone Agro basée à Albi dans le Tarn, et forte de 136 collaborateurs. Spécialisée dans la distribution et la maintenance de drones agricoles, l'entreprise compte déjà 8 000 clients en Europe. Sa technologie cartographie les champs avec précision, permettant le suivi des cultures aux moments clés de leur développement et ainsi l'amélioration du rendement des parcelles.

Sa fondatrice, Emma Pichou, a assisté à une conférence sur les outils du Web 2.0 à la Chambre de commerce de Toulouse. Elle vous demande de réfléchir à la mise en place d'un réseau social d'entreprise (RSE) pour faciliter la communication au sein de sa société en pleine expansion.

Consignes

1. **Présentez à Emma Pichou les apports et limites de la mise en œuvre d'une telle solution numérique.**
2. **Faites une recherche sur Internet et proposez des outils susceptibles d'être utilisés par les collaborateurs.**

Document La mode des réseaux sociaux d'entreprise

Entraide et partage d'informations

Casse-tête pour ce chef de projet de Schneider Electric. Un de ses clients vient de l'appeler et exige qu'on lui livre des transformateurs mobiles embarqués sur camion. Une demande pour le moins originale. Ce cadre établi en Arabie saoudite a alors l'idée de se connecter sur Spice, le réseau social ouvert depuis quatre ans aux 170 000 salariés du groupe. En quelques phrases, il expose le problème à sa communauté. L'un des membres le relaie auprès des acheteurs. Résultat : 25 solutions récoltées en un temps record auprès de collaborateurs basés aux quatre coins du monde qu'il n'a jamais rencontrés.

L'entraide, la réactivité et, au final, la satisfaction client, voilà quelques exemples des bénéfices qu'apporte un réseau social d'entreprise (RSE). [...] Il permettrait aux collaborateurs de réaliser un gain de temps estimé entre 20 et 25 %, grâce au travail collaboratif, mais aussi à la réduction du nombre d'e-mails échangés, qui peut se révéler terriblement chronophage. La *social collaboration* permettrait aussi de réduire les coûts de communication et de déplacement de 10 à 15 %. Cette nouvelle façon de travailler répond par ailleurs au besoin d'échanges et d'interactivité des plus jeunes, qui ont grandi avec Facebook et Twitter. « Pour nous, c'est clairement un moyen d'attirer les générations Y et Z », confirme Louis-Pierre Guillaume, le responsable de la gestion des connaissances chez Schneider Electric. [...]

Chasse aux e-mails inutiles

Démarche similaire chez Atos, le géant des services informatiques [...]. Le groupe [...] n'a pas hésité à créer un électrochoc avec son objectif Zéro email. « En trois ans, les e-mails internes ont chuté de 70 %, ce qui a permis de dégager 25 % de temps de travail disponible », se félicite [...] le directeur du travail collaboratif chez Atos.

Principal frein à cette collaboration transversale ? Le *middle management*, qui craint de perdre son pouvoir en se faisant court-circuiter. Atos a donc pris soin de les rassurer à coup de formations. [...] « Les chefs redoutent également que leurs équipes perdent leur temps sur le réseau ». [...] De fait, bien des communautés non orientées *business* y fleurissent. [...] Là encore, il a fallu convaincre le management du bénéfice de tels échanges en termes de bien-être au travail et de consolidation d'équipes.

Christine Halary, lexpansion.lexpress.fr, 27 septembre 2016.

© Nathan - La photocopie non autorisée est un délit.

Chapitre 11

Gérer l'information du groupe projet

ACTIVITÉ	**2.3.** Conduite du projet
COMPÉTENCE	Suivre et contrôler le projet
TÂCHE	**2.3.2.** Gestion de l'information du groupe projet

VERS PIX

1.2. Gérer des données
2.1. Interagir
2.2. Partager et publier
2.3. Collaborer
2.4 S'insérer dans le monde numérique
3.1. Développer des documents textuels
3.3. Adapter les documents à leur finalité
4.1. Sécuriser l'environnement numérique
5.1 Résoudre des problèmes techniques

Situation professionnelle

Votre participation au projet « Apps-Éco-Responsabilité » au sein de Phone Apps se poursuit.
Les tâches des membres du groupe projet sont parfois interdépendantes et le partage des informations est capital.
Vous avez recommandé l'usage d'un espace collaboratif (*cf.* chapitre 10) pour faciliter la coordination et l'échange des informations entre les membres du groupe projet. Il faut maintenant mettre en place cet espace et s'assurer que les échanges d'informations se font en toute sécurité.

Découvrez l'entreprise Phone Apps en vidéo
liennathan.fr/m68ab9

Comprendre le contexte

1. Pourquoi les informations partagées sont-elles si importantes dans une démarche projet ?
2. Pourquoi est-il primordial de veiller à la sécurité des échanges d'informations ?

© Nathan - La photocopie non autorisée est un délit.

VOTRE MISSION

Louise Mérué vous charge d'administrer l'espace collaboratif que vous avez recommandé (Agora Project – Omnispace) et de veiller au respect des bonnes pratiques de sécurité informatique lors des échanges d'informations.

TRAVAIL À FAIRE

Vous organisez l'information du groupe projet.

I. Administrer un espace collaboratif

1. Vous incarnez Camille Vatel et allez préparer l'espace collaboratif dédié à votre groupe projet.

a. Prenez connaissance de l'arborescence des documents (annexe 1). Que va permettre cette arborescence en termes de gestion de l'information ?

Fiche ressource 1
Annexe 1

b. Définissez les droits d'accès de Louise Mérué, Salima Oumi et Sébastien Lentini en remplissant le tableau de l'annexe 2. Pourquoi est-il important de le faire ?

Fiche ressource 2
Annexes 1 2

2. Vous allez procéder à la création de l'espace collaboratif.

a. Créez un compte sur Omnispace.

b. Créez les trois utilisateurs (incarnés par vos camarades) en leur créant un compte puis envoyez-leur une notification avec leurs codes d'accès.

c. Créez les dossiers documentaires selon votre arborescence en précisant les droits accordés à chacun des utilisateurs.

COM **d.** À l'aide de la fonction « mailing » de l'espace collaboratif, envoyez un message à tous les membres pour les informer de la mise en place de ces droits d'accès, de leur nécessité et de leurs effets.

L'espace collaboratif Omnispace permet de suivre la réalisation des tâches.

3. Vous êtes chargé(e) du compte rendu de la réunion qui s'est tenue fin janvier, à rédiger avant le 8 février. Ajoutez cette tâche au gestionnaire des tâches.

4. Envoyez une notification à Louise Mérué pour l'informer de l'ajout de cette tâche.

II. Partager l'information

Vous vous attelez à la rédaction du compte rendu de la dernière réunion d'avancement du projet.

COM **5.** À partir de vos notes prises au chapitre 9, rédigez le compte rendu de la dernière réunion d'avancement de projet.

Fiche ressource 3

6. Déposez votre compte rendu sur l'espace collaboratif, dans le dossier adapté.

7. Informez Louise Mérué de ce dépôt par l'envoi d'une notification *via* la fonction mailing.

Louise Mérué a pris connaissance de votre compte rendu et vous demande d'y ajouter la date de la prochaine réunion d'avancement, qui se tiendra le 23 février.

© Nathan - La photocopie non autorisée est un délit.

Fiche ressource 3

8. Modifiez votre fichier et déposez-le au même endroit sur l'espace collaboratif. À quoi faut-il faire attention ?

9. Informez les autres membres de ce dépôt par l'envoi d'une notification *via* la fonction mailing.

Votre document a été validé par l'ensemble des participants.

10. Transformez votre document en une version sécurisée et déposez-le sur l'espace collaboratif.

11. Clôturez la tâche que vous avez initiée.

III. Assurer la sécurité du système d'information

Les membres du groupe projet utilisent les outils informatiques propres au réseau de chaque structure pour élaborer les documents déposés ensuite sur l'espace collaboratif. Ils ont été confrontés à divers problèmes (annexe 3), malgré l'existence d'une charte de bon usage du réseau informatique (annexe 4).

Fiches ressources 4 5
Annexes 3 4

12. Identifiez, pour chaque problème, le risque ou la menace et leurs conséquences éventuelles.

13. Repérez quelle(s) règle(s) de bon usage n'a(ont) sans doute pas été respectée(s).

14. Proposez une solution pour chaque problème.

Louise Mérué souhaite rappeler à tous les salariés les règles de sécurité du système d'information.

COM **15.** Préparez une infographie présentant les principales règles de sécurité du SI issues de la charte informatique.

COM **16.** Rédigez une note de service de rappel sur l'importance de respecter la charte à destination de tous les utilisateurs du réseau.

DONNÉES DE LA SITUATION

Annexe 1 Arborescence des dossiers documentaires de l'espace de travail collaboratif

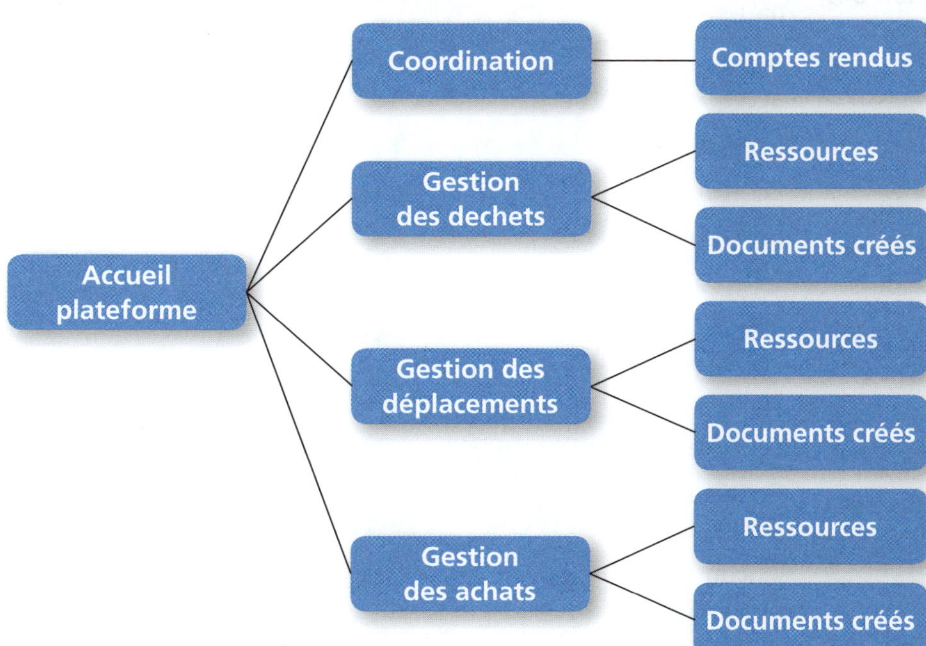

© Nathan - La photocopie non autorisée est un délit.

Annexe 2 Tableau de gestion des droits d'accès

L'espace collaboratif Omnispace propose trois manières d'accéder aux dossiers :
– le mode « lecture », qui correspond à un simple droit de consultation et de téléchargement ;
– le mode « écriture limitée », qui permet, outre la consultation et le téléchargement, l'ajout de fichiers et la suppression de ses propres documents ;
– le mode « écriture », qui permet, en plus des droits précédents, de supprimer les documents déposés par chacun.
Il est également possible de n'attribuer aucun de ces droits : les documents seront alors invisibles pour les utilisateurs non autorisés.

Rappel : Louise Mérué est cheffe de projet. Sébastien est en charge de la gestion des achats. Salima et Camille travaillent ensemble sur la gestion des déplacements domicile-travail et la gestion des déchets. Camille administre l'espace collaboratif.

Utilisateurs / Fonctions		Louise Mérué	Camille Vatel	Salima Oumi	Sébastien Lentini
Dossier Coordination (compte rendu)	Lecture				
	Écriture				
	Écriture limitée				
	Aucun accès				
Dossier Gestion des achats	Lecture				
	Écriture				
	Écriture limitée				
	Aucun accès				
Dossier Gestion des déchets	Lecture				
	Écriture				
	Écriture limitée				
	Aucun accès				
Dossier Gestion des déplacements	Lecture				
	Écriture				
	Écriture limitée				
	Aucun accès				

© Nathan – La photocopie non autorisée est un délit.

Annexe 3 Incidents survenus chez Phone Apps

Sébastien a supprimé par mégarde un document envoyé par Svea Ragvald sur les indemnités kilométriques de l'entreprise. Le fichier demeure introuvable et Svea Ragvald l'avait supprimé de son propre espace de travail.

L'ordinateur de Salima a été infecté par un virus informatique. Ce virus a ensuite contaminé tout le réseau informatique du site de Marseille. Elle explique que l'incident est survenu après le téléchargement d'un logiciel depuis un site Internet.

Camille s'est fait voler son ordinateur portable qu'elle avait laissé dans sa voiture. Sa session n'était pas protégée par un mot de passe.

	Risque(s) ou menace(s) et conséquence(s)	Principe(s) de la charte non respecté(s)	Solution à mettre en œuvre
Suppression accidentelle d'un document			
Propagation d'un virus suite au téléchargement d'un logiciel			
Vol d'un ordinateur			

© Nathan - La photocopie non autorisée est un délit.

Annexe 4 Charte informatique de Phone Apps (extraits)

INTRODUCTION

Phone Apps met en œuvre un système d'information et de communication nécessaire à l'exercice de son activité. Elle met ainsi à disposition de ses collaborateurs des outils informatiques et de communication.

La présente charte définit les conditions d'accès et les règles d'utilisation des moyens informatiques et des ressources extérieures *via* les outils de communication de Phone Apps. Elle a également pour objet de sensibiliser les utilisateurs aux risques liés à l'utilisation de ces ressources en termes d'intégrité et de confidentialité des informations traitées. Ces risques imposent le respect de certaines règles de sécurité et de bonne conduite. L'imprudence, la négligence ou la malveillance d'un utilisateur peuvent en effet avoir des conséquences graves de nature à engager sa responsabilité civile et/ou pénale ainsi que celle de la société. [...]

2. L'authentification

L'accès aux ressources informatiques repose sur l'utilisation d'un nom de compte (*login* ou identifiant) fourni à l'utilisateur lors de son arrivée chez Phone Apps. Un mot de passe est associé à cet identifiant de connexion.
Les moyens d'authentification sont personnels et confidentiels. Actuellement, le mot de passe doit être composé de 8 caractères minimum combinant chiffres, lettres et caractères spéciaux. Il ne doit comporter ni les nom et prénom, ni l'identifiant d'ouverture de la session de travail. Il doit être renouvelé régulièrement (par exemple tous les 3 mois).

3. Les règles de sécurité

Tout utilisateur s'engage à respecter les règles de sécurité suivantes :
– ne jamais confier son identifiant/mot de passe [...] ;
– verrouiller son ordinateur dès qu'il quitte son poste de travail ;
– ne pas accéder, tenter d'accéder, supprimer ou modifier des informations qui ne lui appartiennent pas ;
– toute copie de données sur un support externe est soumise à l'accord du supérieur hiérarchique et doit respecter les règles définies par Phone Apps.
En outre, il convient de rappeler que les visiteurs ne peuvent pas avoir accès au système d'information de Phone Apps sans l'accord préalable du service informatique interne.
L'utilisateur ne doit pas :
– modifier ces équipements et leur fonctionnement, leur paramétrage, ainsi que leur configuration physique ou logicielle ;
– connecter ou déconnecter du réseau les outils informatiques et de communication sans y avoir été autorisé par l'équipe informatique interne ;
– déplacer l'équipement informatique (sauf s'il s'agit d'un équipement nomade) [...].

Toute installation de logiciels supplémentaires (logiciels de consultation de fichiers multimédia) est subordonnée à l'accord du service informatique interne.

Les utilisateurs peuvent consulter les sites Internet présentant un lien direct et nécessaire avec l'activité professionnelle, de quelque nature qu'ils soient. [...]

RESPONSABILITÉS- SANCTIONS

Le manquement aux règles et mesures de sécurité et de confidentialité définies par la présente charte est susceptible d'engager la responsabilité de l'utilisateur et d'entraîner des sanctions à son encontre. [...]

© Nathan - La photocopie non autorisée est un délit.

1 L'organisation de l'information au sein du groupe projet

Au cours d'un projet, les membres du groupe projet vont produire et échanger de nombreux contenus formant l'information du groupe projet. Cette information doit être organisée et protégée.

I La notion de système d'information

Un système est un ensemble d'éléments fonctionnant en interaction et ayant une finalité. Le système d'information est communément décrit comme un triptyque composé de :
– moyens humains : c'est l'ensemble des individus qui reçoivent, manipulent et émettent de l'information ;
– moyens matériels et immatériels : c'est l'ensemble des outils ou machines permettant de recevoir, manipuler et émettre de l'information (c'est la dimension technologique du SI) ;
– procédures et méthodes : il s'agit des règles suivies et appliquées.
Le SI permet le stockage et le traitement des informations d'origine interne ou externe (environnement) et les restitue sous une forme utilisable au moment opportun pour faciliter la prise de décision et le fonctionnement de l'organisation.

II Les fonctions du SI

Un système d'information remplit quatre fonctions essentielles.

Fonction	Explications
Acquisition	Il s'agit d'obtenir des informations, qu'elles proviennent de sources externes (partenaires extérieurs tels que les fournisseurs, les institutions financières, les administrations…) ou internes (services de l'organisation qui produisent de l'information stockée dans des fichiers ou des documents internes). C'est à ce stade qu'en matière de sources externes la veille informationnelle et l'utilisation d'outils appropriés sont importants (voir chapitre 7).
Mémorisation	Il s'agit de stocker les informations de manière durable et stable afin de permettre une utilisation ultérieure.
Exploitation	Correspond à l'utilisation des informations par des programmes informatiques ou des interventions manuelles, afin de prendre des décisions ou de produire de nouvelles informations.
Diffusion	Il s'agit de transmettre les informations entre acteurs internes ou externes.

III La sécurité du système d'information

Les informations sont d'une importance vitale pour le projet ou l'organisation : il est primordial d'assurer leur sécurité. La notion de service de sécurité désigne des concepts à la base de la sécurité du système d'information. Il s'agit en quelque sorte d'objectifs à atteindre :
– la confidentialité : seuls les utilisateurs autorisés peuvent prendre connaissance des données ou accéder à certaines ressources ;
– la disponibilité : les ressources sont accessibles et utilisables au moment où les utilisateurs en ont besoin, il faut donc garantir la continuité du fonctionnement ;
– l'intégrité : les données ne doivent pas subir d'altération, qu'elle soit accidentelle ou délibérée.

© Nathan - La photocopie non autorisée est un délit.

2 La sécurité du SI : l'authentification et les droits d'accès

Mettre en œuvre un réseau informatique ou un espace collaboratif en ligne signifie mettre en place des environnements multi-utilisateurs. Or, certaines des données manipulées peuvent être confidentielles, et d'autres ne doivent être accessibles qu'à certains utilisateurs habilités. Il est donc nécessaire de déterminer des droits d'accès (ou autorisations, ou permissions) aux ressources en fonction des utilisateurs.

I L'authentification des utilisateurs

L'authentification des utilisateurs est un préalable indispensable. Elle est le plus souvent réalisée grâce à un couple identifiant/mot de passe, parfois par d'autres moyens tels que des cartes à puce ou le recours à la biométrie.
Il est possible de créer des groupes d'utilisateurs. Dans ce cas, l'appartenance à un groupe permet d'hériter des autorisations d'accès définies pour ce groupe.

Exemple : Dans les réseaux des lycées, une distinction est souvent faite entre les utilisateurs « ÉLÈVES » et les utilisateurs « PROFESSEURS », qui n'auront pas les mêmes droits. L'attribution des droits n'est pas faite utilisateur par utilisateur, mais pour le groupe. Il suffit ensuite de rattacher l'utilisateur au groupe qui le concerne.

II Les droits d'accès aux données

Il est possible de paramétrer finement les droits d'accès associés aux ressources. Pour les fichiers et dossiers, on distingue principalement les droits d'accès suivants :
– droit en lecture seule : il permet d'accéder au fichier ou au dossier, sans modification possible ; seule la consultation est autorisée ;
– droit en lecture/écriture : il permet l'accès et la modification ou la suppression ;
– droit d'exécution : ce droit particulier est essentiellement associé aux logiciels qui pourront être lancés (ou non) par l'utilisateur. Selon les systèmes d'exploitation, les droits utilisables peuvent être plus développés.

III Les droits d'accès aux applications

De la même façon qu'une authentification initiale est nécessaire pour accéder aux ressources partagées sur le réseau ou sur un espace collaboratif, il est possible de demander aux utilisateurs de s'authentifier lors de l'accès à certaines applications. Il faut pour cela paramétrer les droits associés aux utilisateurs dans l'application elle-même, selon les fonctionnalités. On pourra de même restreindre l'accès aux seuls modules de l'espace collaboratif nécessaires aux membres du groupe projet.

IV Le rôle de l'administrateur d'un espace collaboratif

L'administrateur d'un espace collaboratif a accès à toutes les fonctionnalités et gère l'ensemble du processus :
– il crée l'architecture par l'analyse des besoins des utilisateurs, en termes d'autorisation des droits d'accès et de sécurité ;
– il sensibilise les utilisateurs aux risques et les assiste dans la prise en main de l'outil ;
– il anticipe les dysfonctionnements pour les éviter ou analyse leur origine pour les résoudre ;
– il fait preuve de rigueur et de méthode pour contrôler l'efficacité du travail en équipe ;
– il est capable de dialoguer avec les utilisateurs pour optimiser l'avancée du projet.

© Nathan - La photocopie non autorisée est un délit.

3 La gestion de l'information partagée au sein du groupe projet

La mise à disposition de l'information auprès des membres du groupe projet est une problématique essentielle de la gestion de projet.

I La réalisation et la diffusion de documents

Les interactions et l'échange d'informations entre les membres de l'équipe projet se concrétisent souvent par la création de documents.

> **Exemple :** Le compte rendu d'avancement de projet (ou *reporting*) permet d'informer les participants de la progression d'un projet, de préciser le travail accompli et les étapes qui restent à franchir. Il permet aussi d'analyser et de comprendre les échecs afin de mettre en œuvre les évolutions du plan d'action.

Pour plus de clarté et d'homogénéité, il est souhaitable d'utiliser les modèles pour la rédaction des documents du projet (voir chapitre 5).
La diffusion de ces documents doit obéir à des règles définies dans le mode de fonctionnement du groupe projet. La dématérialisation permet d'avoir accès à une version numérique des documents consultable à tout moment, *via* un espace partagé par exemple.

> **Exemple :** Chaque participant au projet doit pouvoir prendre connaissance du compte rendu d'avancement peu après la réunion (pas plus d'une semaine). Le compte rendu sera stocké dans un espace partagé. Une notification de mise à disposition sera envoyée à tous les participants.

II La protection des fichiers

Il est possible d'assurer la confidentialité et l'intégrité des documents échangés grâce à plusieurs fonctionnalités proposées par les logiciels. Ainsi, Excel, Word et PowerPoint permettent la protection des documents par un mot de passe empêchant la consultation du fichier. La conversion d'un fichier en format PDF permet de figer sa mise en page et donc de garantir son intégrité.

III La traçabilité et la gestion des versions

1. La traçabilité

Il est important de pouvoir conserver une trace de toutes les étapes de construction des documents partagés : c'est ce que l'on appelle la traçabilité.
Si l'on souhaite garder l'historique des modifications, cela impose une création permanente de nouveaux fichiers. Lors des enregistrements successifs du document, l'utilisation d'une règle de nommage des différentes versions des documents est alors indispensable (voir chapitre 5).

2. Les plateformes de gestion de contenus

Afin de simplifier la gestion des versions, les entreprises se tournent de plus en plus vers des plateformes de gestion de contenus qui vont permettre de travailler à plusieurs simultanément sur une même ressource. Chaque modification est consignée et provoque la création d'une nouvelle version, permettant ainsi d'avoir toujours la possibilité de retrouver toutes les modifications et tous les auteurs. C'est ce que l'on appelle de la gestion de version (*versioning* en anglais).
En entreprise, des plateformes comme Microsoft SharePoint, Alfresco ou encore G Suite (anciennement Google Apps for Work) permettent de travailler en mode collaboratif, tout en gardant en permanence la traçabilité des modifications et en offrant la possibilité de revenir à tout moment à un état précis du document.

© Nathan - La photocopie non autorisée est un délit.

4 Les risques pesant sur le SI

Avec le développement des réseaux, différents risques et menaces sont susceptibles d'affecter l'information du groupe projet. Il faudra donc les repérer et mettre en place des dispositifs de sécurité.

Les risques	Les conséquences et les dispositifs de sécurité
 Coupure ou perturbation de l'alimentation électrique	**>> Les ressources ou les outils de travail ne sont plus utilisables. Du fait d'un arrêt brutal, des données peuvent être perdues ou corrompues (endommagées).** – **Mise en place d'onduleurs** : ils jouent le rôle de batteries et permettent de maintenir en fonction les serveurs et matériels de l'infrastructure. – **Mise en œuvre de sources d'énergie redondantes** : lignes électriques supplémentaires ou encore groupes électrogènes afin de produire de l'énergie sur place. – La **sauvegarde** doit permettre de faire face au risque de pertes de données.
 Sinistres (incendies, inondations…)	**>> Selon leur ampleur, ils peuvent entraîner une destruction partielle ou totale des matériels permettant le fonctionnement du SI.** – La **sauvegarde** reste le dispositif de sécurité à privilégier. – Selon les moyens de l'organisation et le caractère critique de son activité (par exemple un hôpital), le recours à une infrastructure redondante est également possible : les serveurs et autres installations critiques sont répliqués dans un ou plusieurs sites géographiques distants.
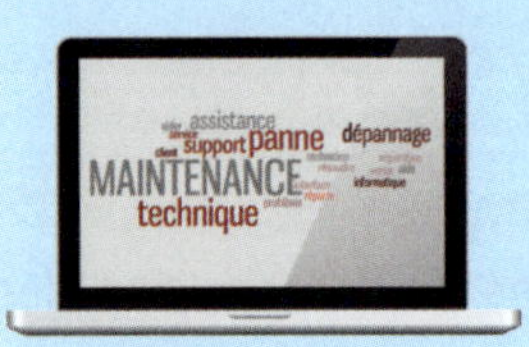 Pannes et dysfonctionnements	**>> Les matériels informatiques comportent un risque de panne qui empêche d'accéder aux ressources.** – Il faut assurer une **maintenance préventive** en renouvelant les matériels avant la fin de leur durée de vie estimée. – Des **matériels redondants** sont également utilisés. Par exemple, grâce à la technologie RAID (*Redundant Array of Independent Disks*), les serveurs comprennent plusieurs disques durs sur lesquels les données sont dupliquées en temps réel. En cas de panne d'un des disques durs, il pourra être remplacé à chaud, sans interruption du serveur, et les données resteront accessibles. – Le dispositif précédent améliore la tolérance aux pannes mais ne se substitue pas à la **sauvegarde**, qui reste indispensable. – Une **redondance des connexions à Internet** peut également être réalisée (*ex. : fibre optique/connexion de secours ADSL ou sans fil de type 4G*).
 Pertes de données liées à une erreur humaine	**>> Des erreurs ou des maladresses (par exemple une suppression de fichier involontaire) peuvent engendrer des pertes de données.** – La mise en place de **droits d'accès appropriés** (sur les ressources mais également sur les postes de travail en distinguant les utilisateurs et les administrateurs) ainsi que la formation et la sensibilisation des utilisateurs sont primordiales. – Ici encore, la **sauvegarde** jouera un rôle clé.

© Nathan - La photocopie non autorisée est un délit.

5 Les menaces pesant sur le SI

Les menaces	Les conséquences et dispositifs de sécurité
 Accès physique aux matériels	**>> L'accès physique aux matériels rend possible toutes sortes de menaces : destruction, sabotage, vol de données.** – **L'accès aux installations sensibles** (serveurs) doit donc être **contrôlé** (armoires verrouillées, pièces ou bâtiments à accès sécurisé par carte d'accès, recours à la biométrie).
 Vol de matériel	**>> Un vol de matériel informatique rend les données stockées sur la machine largement compromises : cela permet en effet à un tiers d'accéder frauduleusement aux ressources puisqu'il dispose d'éléments clés tels que logiciels ou identifiants préenregistrés.** – Tous les systèmes d'exploitation modernes, qu'ils concernent les ordinateurs ou les smartphones, disposent de fonctionnalités intégrées qui permettent le **chiffrement des données** enregistrées. Ainsi, même si la machine tombe entre de mauvaises mains, son contenu restera inexploitable. – Les dispositifs de **déverrouillage biométrique** renforcent également la sécurité, même s'ils ne sont pas infaillibles.
 Intrusions logiques et accès frauduleux	**>> L'ouverture des réseaux sur l'extérieur, via Internet, expose le SI à des intrusions de tiers (faille de sécurité des logiciels, ingénierie sociale(1), cheval de Troie(2)...) susceptibles de compromettre les systèmes informatiques.** – Il est nécessaire de combiner plusieurs dispositifs pour empêcher la réalisation de ces menaces : assurer la **mise à jour** et le suivi des logiciels installés, **former et sensibiliser les utilisateurs**(3), ne pas permettre l'installation de logiciels par les utilisateurs (donc ne pas leur donner de droits d'administrateurs sur leur poste), **installer un pare-feu**(4) ainsi que des **VLAN**(5) pour séparer les flux de données dans un même réseau.

(1) Ingénierie sociale : Un utilisateur met le SI en péril à son insu, en communiquant des informations confidentielles ou en ouvrant des accès.

(2) Cheval de Troie : Logiciel malveillant qui, une fois installé, ouvre une porte dérobée sur le SI.

(3) La sensibilisation des utilisateurs se fait souvent par l'adhésion à une charte d'utilisation des ressources informatiques, qui fixe le cadre dans lequel elles peuvent être exploitées et rappelle les bonnes pratiques à mettre en œuvre.

(4) Le pare-feu (firewall) est un dispositif qui permet de mettre en place une politique de refus de certains échanges de données entre le réseau local et Internet. Cette interdiction peut s'appliquer dans les deux sens, en entrée (d'Internet vers le réseau local) comme en sortie (du réseau local vers Internet). Son principal rôle est donc de limiter les risques d'intrusion depuis l'extérieur du réseau en bloquant les tentatives de connexion de tiers non autorisés. Il permet également de bloquer certains services réseau non utiles pour le travail des salariés dans l'entreprise.

(5) Les VLAN sont des réseaux locaux virtuels. Chaque VLAN permettra de segmenter et donc d'isoler certaines parties du réseau local.

© Nathan - La photocopie non autorisée est un délit.

Les menaces	Les conséquences et dispositifs de sécurité
 Utilisation inappropriée des ressources	**>> Les utilisateurs peuvent parfois se retrouver sur des sites potentiellement dangereux (proposant par exemple le téléchargement de fichiers infectés) ou inappropriés. Ils encombrent alors inutilement la connexion Internet et compromettent la sécurité du SI.** – La mise en œuvre d'un **proxy**(6) permet de bloquer l'accès en rejetant les tentatives de connexion vers des sites non autorisés. L'adhésion du personnel à la **charte d'utilisation** des ressources informatiques joue ici aussi un rôle essentiel.
 Interception et/ou altération des données lors de leur transmission	**>> Les données, lorsqu'elles circulent sur Internet, empruntent des infrastructures sur lesquelles l'organisation n'a aucune maîtrise. Au cours de l'acheminement, un risque d'interception existe.** – Il faut donc rendre inintelligibles les données qui seraient interceptées : on a alors recours au **chiffrement** : un VPN (*Virtual Private Network*) crée un tunnel chiffré entre deux sites, sécurisant ainsi la transmission. Même si les données sont interceptées par un tiers, elles sont incompréhensibles et donc inexploitables.
 Virus et programmes malveillants	**>> Il existe une multitude de logiciels malveillants aux effets très variés : affichage de publicité, utilisation frauduleuse des ressources, blocage, destruction de données…** – Le recours à un **antivirus** mis à jour régulièrement, ainsi que la formation et la sensibilisation des utilisateurs sont indispensables. – Le **paramétrage** adéquat du **pare-feu** et du **proxi** peuvent également limiter les risques.
 Saturation des ressources	**>> Les ressources accessibles en ligne peuvent faire l'objet d'attaques visant à les rendre hors-service. La plupart du temps, il s'agit d'attaques en DDOS(7).** – S'en prémunir nécessite le plus souvent de recourir au service de sécurité de l'**hébergeur de la ressource en ligne**.

(6) Le proxy (serveur mandataire) sécurise l'utilisation qui est faite des ressources par les utilisateurs légitimes du réseau en bloquant l'accès à certains sites. Il analyse les requêtes et les compare à une liste préétablie, pouvant correspondre à des requêtes expressément autorisées (liste blanche), ou à des requêtes interdites (liste noire). Ainsi, dans les établissements scolaires, certains sites sont rendus inaccessibles par le réseau informatique local, afin de protéger les élèves contre certains contenus dangereux ou inappropriés.

(7) *Distributed Denial of Service* ou « déni de service distribué » : des milliers ou centaines de milliers de machines envoient simultanément et de façon répétitive des requêtes qui saturent les serveurs.

© Nathan - La photocopie non autorisée est un délit.

APPLICATIONS PROFESSIONNELLES

1 Prévenir les risques pesant sur le système d'information

MAÎTRISE

Situation

Vous travaillez au sein de l'Agence nationale de sécurité des systèmes d'information (Anssi). Vous participez au projet de lancement du site Web Cybermalveillance.gouv.fr, un programme gouvernemental assurant un rôle de sensibilisation en matière de sécurité du numérique auprès de la population française. M. Challil, directeur de la communication, a formé un groupe projet chargé de collecter les informations nécessaires à la réalisation des vidéos de mise en garde contre les risques qu'encourt chaque réseau informatique et de proposer des solutions pour s'en prémunir. Vous et trois autres collègues avez recensé quatre risques majeurs qui pèsent sur les SI des entreprises.

Consignes

1. **Formez des groupes de quatre étudiants et créez un espace collaboratif d'échange d'informations sur Omnispace en nommant un administrateur.**
2. **Concevez ensemble un modèle de fiche Risque/Solutions, puis déposez-le sur l'espace collaboratif.**
3. **Choisissez chacun un type de risque et proposez des solutions pour l'éviter.**
4. **Remplissez une fiche pour le risque choisi et partagez-la sur l'espace.**

Document Quatre risques capitaux qui planent sur votre système d'information

Les risques informatiques peuvent se révéler fatals à l'entreprise. Revue de détail des principales menaces. [...]

La demande de rançon – Loin d'être anecdotique, le « *ransomware* », ou demande de rançon après blocage de l'outil informatique (par cryptage des données ou déni de service), est devenu une pratique très courante au cours des dix-huit derniers mois. Une étude récente de Kaspersky Lab montre que 34 % des dirigeants ont payé (sans aucune garantie) pour récupérer leurs accès ou leurs données. [...]

La faiblesse des objets connectés et l'attaque de sa chaîne de production – Pas une entreprise industrielle qui ne rêve, aujourd'hui, de proposer des objets connectés... Mais ce n'est pas sans risque. [...] Climatisation, imprimantes, production, etc. : c'est aujourd'hui par des voies détournées que les cybercriminels tentent d'entrer dans l'entreprise. « Les chaînes de production fonctionnent souvent avec une technologie un peu ancienne. Souvent mal protégés, ces outils ne sont pas perçus comme risqués. Or, ils sont désormais en lien avec l'extérieur et un *bug* ou une attaque sur ces circuits peuvent être lourds de conséquences. » [...].

L'espionnage – [...] Sans le savoir, un grand nombre d'entreprises livrent actuellement, chaque jour, leurs informations les plus confidentielles à leurs concurrents. « Il faut en moyenne de 130 à 140 jours pour détecter une intrusion. Pendant ce temps-là, les informations de l'entreprise – qui n'a pas forcément été ciblée mais peut avoir été touchée de façon aléatoire – peuvent être revendues sur le Darknet » [...].

Le comportement désinvolte des utilisateurs – Le voleur est-il vraiment coupable lorsqu'on a laissé la porte ouverte ? [...] « La dimension comportementale des utilisateurs est un élément crucial. Les attaquants s'appuient souvent sur des relais internes, pas forcément malveillants, pour introduire ou diffuser leurs programmes [...]. La moitié de la problématique de la cybersécurité repose donc, en réalité, sur l'humain. » [...]

Cécile Desjardins, *Les Échos*, 5 oct. 2016.

© Nathan - La photocopie non autorisée est un délit.

E5-A

2 Administrer un espace collaboratif

EXPERTISE

Situation

Accélér'up est une association qui accompagne les jeunes créateurs d'entreprise. Ceux-ci peuvent faire appel à Accélér'up dès le démarrage de leur projet de création d'entreprise, en candidatant *via* le site Web de l'association. Après un premier entretien avec un référent projet, une réunion est organisée avec les différentes parties prenantes afin de fixer le calendrier du programme et l'accompagnement ainsi que le budget. Accélér'up emploie 17 personnes à temps plein et collabore avec de nombreux partenaires : écoles et structures de formation, pôles de compétitivité, institutions financières, partenaires commerciaux…
Vous travaillez auprès de Maxime Néri, référent projet, chargé d'assurer la coordination au sein des groupes projet et de suivre leur avancement. La créatrice de Vélo Vert, Noria Zitouni, a fait appel à votre structure pour l'aider à développer son projet de location de vélos électriques dans les Alpes. Un programme de suivi a été validé pour 18 mois (phases de conception, de maturation et d'implantation) et une aide financière (prêt de 5 000 €) est attribuée pour le soutien au démarrage du projet. Noria Zitouni vous sollicite pour utiliser l'espace de travail collaboratif car elle ne pourra pas se déplacer souvent à Lyon pour vous rencontrer.

Consignes

1 **Prévoyez les modalités d'accès à l'information pour les quatre membres actifs du projet (Noria Z, Maxime N, Melina M et vous-même) :**
a. Schématisez, par une arborescence, la structure de l'espace collaboratif dédié à la création de Vélo Vert.
b. Listez dans un tableau les différents types d'accès des participants du groupe projet.
c. Créez cet espace sur Omnispace.

2 **Prévoyez la présentation du fonctionnement du SI à présenter lors de la prochaine réunion à distance du groupe projet (règles d'accès à l'information partagée et règles de partage de l'élaboration de l'information).**

COM **3** **Préparer le mail à envoyer à tous les participants pour les informer de la création de l'espace collaboratif, en joignant le document de présentation.**

E5-B **4** **Votre professeur vous remet la « fiche d'expression de la demande » de la commission d'interrogation.**
a. Préparez, sur poste, le résultat de cette demande.
b. Présentez oralement ce résultat en 10 minutes maximum.

Document 1 Vélo Vert : le projet de Noria Zitouni

Noria Zitouni a travaillé pendant cinq ans dans le domaine de l'art. Elle souhaite réorienter sa vie professionnelle en créant sa propre entreprise et développer l'activité de location de vélos électriques dans les Alpes.
Son projet est donc de créer une TPE de location de vélos électriques. Elle est soutenue par son frère, ingénieur, qui a mis au point une technique innovante (brevet déposé à l'INPI : un système de freinage permet de recharger les batteries des vélos et de bénéficier d'une autonomie illimitée).
Leur projet est prometteur, d'autant que la demande des touristes de montagne pour ce type de vélo est en forte croissance. De plus, Vélo Vert est implantée dans un grand village de montagne très fréquenté l'été.

© Nathan - La photocopie non autorisée est un délit.

Document 2 L'équipe projet

Acteurs		Fonction	Responsabilités
Entrepreneuse	**Noria Zitouni**	Créatrice Vélo Vert	Prise de décision
Membres Accélér'up	**Laurent Boudja**	Directeur général	Supervision
	Maxime Néri	Manager, chef de projet	Référent projet
	Vous-même	Collaborateur/-trice	Gestion de l'information
	Melissa Mafine	Responsable développement	Expertise marketing, juridique, communication et finance
	Sami Benlal	Secrétaire administrative	Courrier planning

Document 3 Les étapes du projet d'accompagnement à la création d'entreprise

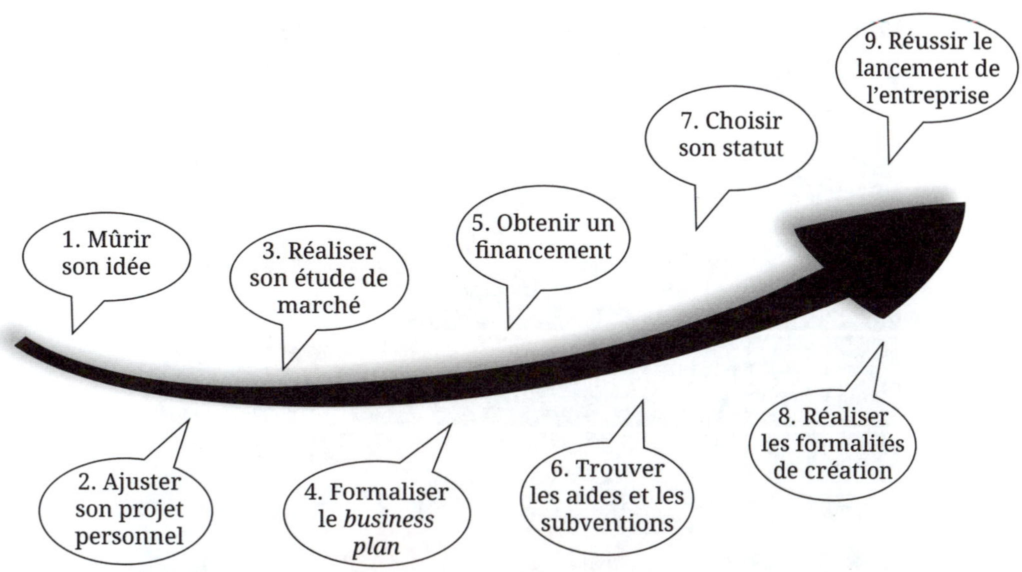

CONCEPTION	MATURATION	IMPLANTATION
Étude du projet Accompagnement AMONT = Renforcer le projet 2 à 5 mois	Décollage Accompagnement AVAL = Réussir la création de l'entreprise 2 ans	Pré-accompagnement = Pérenniser l'entreprise 1 à 3 ans Remboursement prêt

© Nathan - La photocopie non autorisée est un délit.

3 Assurer la sécurité du système d'information

MAÎTRISE

Situation

Vous poursuivez votre mission auprès de Maxime Néri, référent projet chez Accélér'up. Maxime a récemment trouvé un article de presse décrivant un certain nombre de risques que pourrait encourir l'association et s'inquiète pour la sécurité du système d'information. Il vous charge de réfléchir aux moyens de sécuriser le SI.

Consignes

COM **1** **Présentez à Maxime Néri une note reprenant les solutions qui pourraient être mises en place pour éviter les risques qu'il a repérés.**

COM **2** **Réalisez un diaporama présentant les menaces et les solutions adaptées, qui pourra être mis en ligne à destination de tous les utilisateurs de la plateforme.**

Document Une cybercriminalité de plus en plus professionnelle

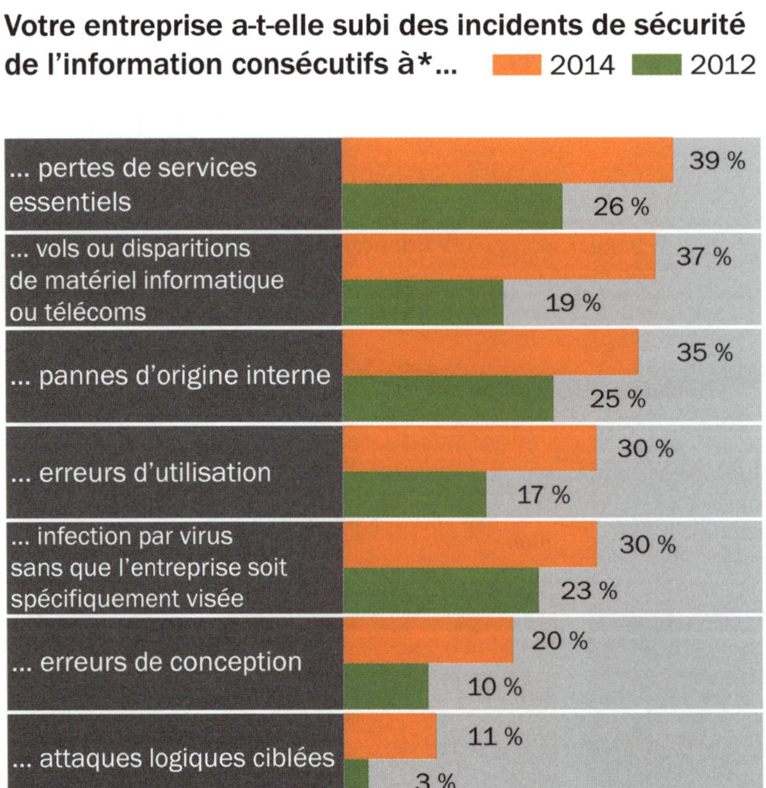

* selon les responsables d'entreprises

«LES ÉCHOS»/SOURCE : ÉTUDE EY: « CYBERSÉCURITÉ : CRÉER LES CONDITIONS DE LA CONFIANCE DANS LE MONDE DIGITAL » 03.02.2016

© Nathan - La photocopie non autorisée est un délit.

Chapitre 12

Suivre le projet

ACTIVITÉ **2.3.** Conduite du projet
COMPÉTENCE Suivre et contrôler le projet
TÂCHE **2.3.3.** Suivi du projet et gestion des contraintes

VERS PIX **1.3.** Traiter des données
3.3. Adapter les documents à leur finalité
5.2. Construire un environnement numérique

Situation professionnelle

Vous poursuivez votre mission au sein de la société Karlia (cf. chapitres 4, 5 et 6). Cette firme agro-alimentaire planifie sa participation au salon Versög à Cologne en novembre prochain.
Vous êtes Camille Boisseau, collaborateur/-trice de Cyril Gindrat, chef de projet. Vous participez avec lui au suivi du projet.
Nous sommes fin septembre. Cyril Gindrat prépare la réunion du comité de pilotage du 3 octobre. Vous faites un point précis sur le projet, collectez des informations et mettez à jour vos outils de suivi.

Comprendre le contexte

Découvrez l'entreprise Karlia en vidéo
liennathan.fr/3j6q9j

1. Rappelez les objectifs de la participation à ce salon pour Karlia.
2. Pourquoi Cyril Gindrat vérifie-t-il régulièrement l'avancement des tâches ?
3. Quels sont les enjeux liés au respect des contraintes de date ou de budget ?

© Nathan - La photocopie non autorisée est un délit.

VOTRE MISSION

Cyril Gindrat vous demande de mettre à jour le tableau de bord du projet afin de préparer la réunion du comité de pilotage.

TRAVAIL À FAIRE

I. Collecter les données et mettre à jour le tableau de bord

Vous consultez la documentation du projet afin de vous remettre en mémoire les grandes lignes du budget et les délais prévisionnels.

1. Quel est le budget total dédié à ce projet ? A-t-on une marge d'erreur possible ? — Fiche ressource 1 ; Annexe 1

2. Trente-six tâches ont été listées, à suivre avec attention : — Annexe 2

a. En combien de phases ces tâches sont-elles réparties ?

b. Donnez un exemple de jalon, en précisant la signification de ce terme.

c. Combien de journées de travail sont-elles prévues ?

Vous disposez du tableau de bord actualisé à fin juin, que vous devez actualiser au 30 septembre.

3. Observez le tableau de bord à fin juin : — Annexe 3

a. La répartition du budget est différente du budget prévisionnel établi initialement. Que constatez-vous ?

b. En quoi cela montre-t-il que les membres de l'équipe projet sont responsabilisés à chaque phase ?

4. Jusqu'à présent, les retards pris sur certaines tâches ne remettaient pas en question la date finale du projet. Pourquoi ?

5. À partir des informations collectées sur le projet depuis le 30 juin, mettez à jour puis éditez le tableau de bord à fin septembre (onglet Suivi). — Annexes 4 5 ; Tableau_de_bord_versog_30juin.xls

II. Analyser les données et mesurer les écarts

Vous comparez les tableaux de bord à fin juin et à fin septembre.

6. Vous analysez le suivi du travail et des délais : — Fiche ressource 2

a. Le projet a avancé au cours des trois derniers mois. En tout, 69 % des tâches ont été réalisées, mais seulement 50 % des jalons. Pourquoi ?

b. La répartition entre les tâches réalisées dans les temps et celles en retard a-t-elle évolué favorablement ? Justifiez.

c. Comparez le nombre réel de jours de travail par rapport aux prévisions : le dérapage aura-t-il des conséquences sur la date finale du projet ? Justifiez.

7. Vous analysez le suivi du budget :

a. Observez la cellule « Total » de votre budget actualisé. Que constatez-vous ?

b. Le budget a été dépassé fin juin et fin septembre. Pourquoi l'alerte apparaît-elle seulement en septembre ? — Annexe 6

c. Quelles sont les phases du projet qui ont le plus dépassé leur budget ?

© Nathan - La photocopie non autorisée est un délit.

Vous préparez sur Excel des données complémentaires pour approfondir votre analyse sur la phase « invitations clients cadeaux » dont le budget a dérapé de 36 %.

8. Par sécurité, créez une ou deux copies de la feuille « suivi ». Annexe 7

9. Faites apparaître, à l'aide de la fonction sous-total, le total des jours et des montants à la fin de chaque phase, puis sélectionnez le détail des phases qui vous intéressent.

10. Quelle tâche a provoqué un tel dépassement du budget « invitations clients cadeaux » ?

11. Quelle est la cause de cet écart ? Annexe 4

12. Ce risque avait-il été identifié ? Justifiez. Annexe 8

III. Alerter et mettre en œuvre des actions correctives

Vous alertez Cyril Gindrat, qui vous demande de proposer une solution. Vous recherchez des économies possibles dans la liste des tâches non encore effectuées à ce jour.

13. Mettez à jour la fiche d'alerte. Fiche ressource 3

14. Calculez le montant des économies à trouver avant la fin du projet. Annexe 9

15. Sur une feuille dédiée, triez la liste des tâches en fonction du budget. Observez les dépenses à venir. Relevez celles pour lesquelles vous pensez pouvoir intervenir.

COM **16.** Proposez une solution à Cyril Gindrat dans une note argumentée.

DONNÉES DE LA SITUATION

Annexe 1 Budget prévisionnel salon Versög

RESSOURCES = budget	**125 000**
DÉPENSES	
Charges de personnel	29 102
Frais de déplacement	14 828
Frais d'exposition	26 015
Frais d'aménagement	5 400
Frais de communication	36 700
Frais liés aux produits	4 480
Frais de gestion	3 000
Total dépenses prévisionnelles	**119 525**
Marge de sécurité : 5 %	**5 475**
Total budget	**125 000**

Budget prévisionnel salon Versög
Répartition des dépenses par poste

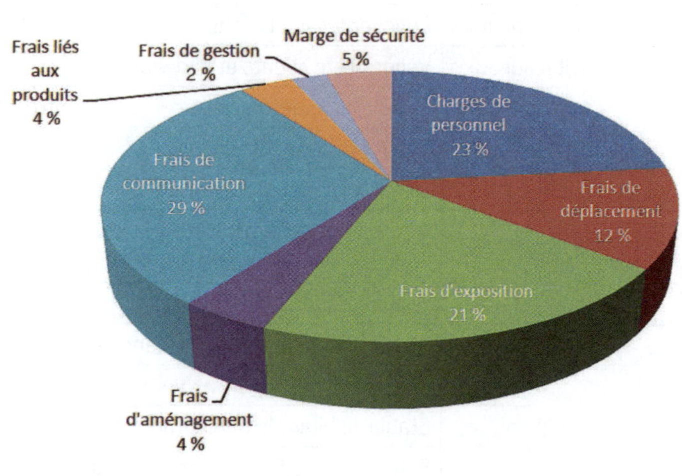

© Nathan - La photocopie non autorisée est un délit.

Annexe 2 Liste des phases et des tâches du projet

Phases		Nom de la tâche *(jalons en couleur)*	Chemin critique	Durée prévisionnelle		
N°	Nom		(O/N)	Nb J	Date Début	Date Fin
1	Org. projet	Définir le plan d'action	N	3	2-janv.	4-janv.
1	Org. projet	Définir les missions	N	3	3-janv.	5-janv.
1	Org. projet	Établir le budget prévisionnel	N	3	4-janv.	6-janv.
1	Org. projet	Réaliser et valider la note de cadrage	N	1	10-janv.	10-janv.
2	Linguistique	Sélectionner et valider l'organisme de formation	N	3	15-janv.	17-janv.
2	Linguistique	Choisir et valider l'interprète	N	3	18-janv.	20-janv.
2	Linguistique	Compte rendu fin de formation	N	1	1-nov.	1-nov.
3	Documentation	Créer les maquettes brochure et plaquette	N	30	1-mars	31-mars
3	Documentation	Créer la maquette vidéo de présentation du groupe	N	10	2-avr.	12-avr.
3	Documentation	Adapter le plan de gestion documentaire (plan de nommage nouvelle charte graphique...)	N	8	16-avr.	27-avr.
3	Documentation	Définir les documents à réaliser pour l'atelier	N	3	30-avr.	3-mai
3	Documentation	Réaliser les documents liés à l'atelier (infographie, visuel projeté, collecte données, prise d'image)	N	21	15-mai	8-juin
3	Documentation	Prévoir catalogue salon + inscription des exposants	N	5	15-juin	20-juin
3	Documentation	Valider documentation du salon	N	1	6-juil.	6-juil.
4	Transp./héberg.	Choisir le transport et l'hébergement de l'équipe	N	3	12-mars	14-mars
4	Transp./héberg.	Réserver le transport et l'hébergement de l'équipe Informer l'équipe	N	2	15-mars	16-mars
5	Org. stand	Réserver emplacement dans pavillon France avant le 01/03	N	1	15-févr.	15-févr.
5	Org. stand	Se procurer/fabriquer matériel stand	N	30	15-févr.	15-mars
5	Org. stand	Faire plan du salon avec matériel en place	N	1	15-mars	15-mars
6	Invit./cadeaux	Prévoir *goodies* cadeaux et objets publicitaires	N	8	2-juil.	11-juil.
6	Invit./cadeaux	Sélectionner les grands comptes à inviter	N	5	2-juil.	6-juil.
6	Invit./cadeaux	Sélectionner les clients et prospects à inviter	N	5	9-juil.	13-juil.
6	Invit./cadeaux	Valider les clients grands comptes, clients et prospects à inviter	N	1	16-juil.	16-juil.
6	Invit./cadeaux	Sélectionner les clients disposant d'une entrée gratuite au salon	N	3	3-sept.	5-sept.
6	Invit./cadeaux	Envoyer les invitations	N	3	10-sept.	13-sept.
6	Invit./cadeaux	Valider liste clients et cadeaux	N	1	17-sept.	17-sept.
7	Atelier culin.	Choisir les plats à réaliser + tests, contrôles	N	15	1-oct.	15-oct.
7	Atelier culin.	Valider les plats de l'atelier	O	1	15-oct.	15-oct.
8	Montage stand	Lister le matériel du stand (PC, vidéoprojecteur...)	O	1	1-nov.	1-nov.
8	Montage stand	Préparer et acheminer les marchandises et le matériel nécessaire au montage des stands	O	1	2-nov.	2-nov.
8	Montage stand	Aménager le stand. Test OK	O	1	4-nov.	4-nov.
9	Salon	Accueillir les prospects + stand végan	N	5	5-nov.	9-nov.
9	Salon	Démontage du salon	N	1	9-nov.	9-nov.
10	Bilan	Établir le bilan de l'événement	N	5	12-nov.	16-nov.
10	Bilan	Relancer et répondre aux demandes prospects et clients (envoi documentation...)	N	5	19-nov.	23-nov.
10	Bilan	Rédiger les pistes d'amélioration pour le futur salon	N	2	26-nov.	27-nov.
		Totaux		**195**		

© Nathan - La photocopie non autorisée est un délit.

Annexe 3 Tableau de bord du projet au 30 juin N

Date TB	30-juin
Date début	2-janv.
Date fin	27-nov.

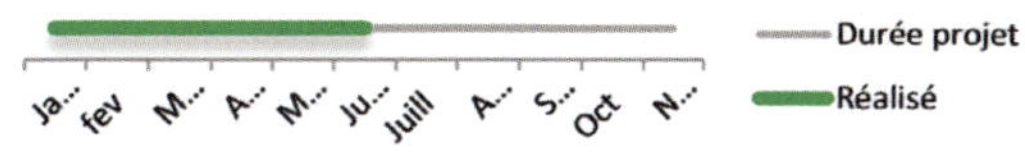

SUIVI DU TRAVAIL ET DES DELAIS

Phases du projet	Nb J Prvl fin Nov	Nb J Réel 30-juin	Ecart en J 30-juin	Ecart en % 30-juin	Jalon ?
Organisation projet	10	13	3	30%	OUI
Linguistique	7	3	-4	-57%	NON
Documentation	78	89	11	14%	NON
Transport hébergement	5	6	1	20%	OUI
Organisation stand	32	31	-1	-3%	OUI
Invitations et cadeaux	26				NON
Atelier culinaire	16				NON
Montage stand	3				NON
Salon	6				NON
Bilan	12				NON
Total	195	142	10		30,0%

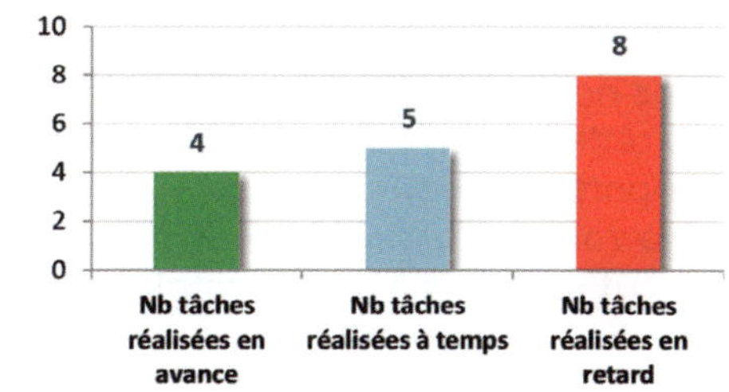

Dates à suivre...	Date Prvl	Date probable	Risque ?
Documentation	06-juil	17-juil	
Liste Invités	17-sept	17-sept	
Plats à présenter	15-oct	15-oct	
Matériel pour Stand	04-nov	04-nov	

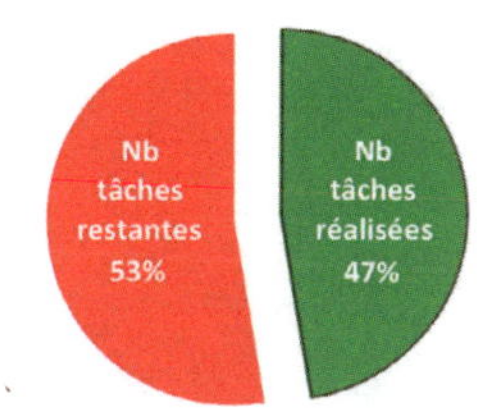

SUIVI DU BUDGET

Phases du projet	Montant total Prev fin Nov	%	Montant Réels 30-juin	Ecart en volume 30-juin	Ecart en % 30-juin	Respect budget
Organisation projet	750	0,6%	500	-250	-33%	OK
Linguistique	13 906	11,6%	13 906	0	0%	OK
Documentation	19 800	16,6%	22 800	3 000	15%	DANGER
Transport hébergement	12 620	10,6%	12 620	0	0%	OK
Organisation stand	4 550	3,8%	5 946	1 396	31%	DANGER
Invitations clients cadeaux	10 400	8,7%	0			
Atelier culinaire	0	0,0%	0			
Montage stand	4 480	3,7%	0			
Salon	52 269	43,7%	0			
Bilan	750	0,6%	0			
Total	**119 525**	100%	**55 772**	**4 146**	**3%**	

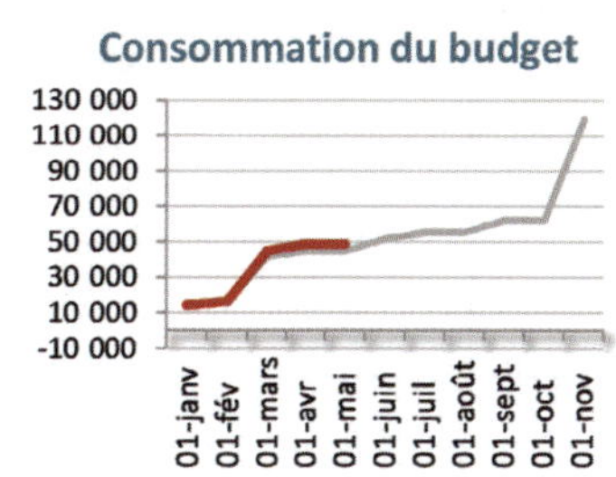

Annexe 4 Informations collectées sur le projet depuis le 30 juin

De...	Muriel Villeneuve
À...	Cyril Gindrat, Camille Boisseau
Date :	6 juillet
Objet :	Validation documentation salon

Bonjour Cyril, bonjour Camille,

J'ai bien reçu la documentation définitive pour le salon ce matin.

Après relecture attentive, je vous confirme notre validation de l'ensemble des supports.

Cordialement,
Muriel Villeneuve

...

© Nathan - La photocopie non autorisée est un délit.

...

Annexe 4 Informations collectées sur le projet depuis le 30 juin (suite)

De...	Henri Tufano
À...	Cyril Gindrat ; Camille Boisseau
Date :	19 juillet
Objet :	*Goodies* et cadeaux publicitaires

Bonjour Cyril, bonjour Camille,
La réalisation des *goodies* et cadeaux publicitaires a nécessité 15 jours et a coûté plus cher que les 2 950 € prévus (voir PJ).
En effet nous avions prévu d'offrir à chaque visiteur sur le stand un sac en tissu contenant un bloc-notes et un crayon aux couleurs de notre marque.
Après réflexion avec Muriel Villeneuve, nous avons préféré offrir des sacs isothermes plus en rapport avec notre marque et qui nous permettront davantage de nous démarquer de Géofroid, notre concurrent : j'ai vu sur le salon l'an dernier qu'ils offraient des *goodies* plus haut de gamme qu'un simple sac en tissu !
Merci,
Henri

Médiaplus
Le spécialiste du cadeau publicitaire
142 rue de la Liberté
59002 Lille

Devis n° 584
Date 01.07.N
Devis en euros

KARLIA SA
ZI des argentines
105 boulevard du Mistral
Strasbourg
03.88.65.21.10
Réf. client BDI136

Référence	Description	Quantité	P.U. HT	Montant HT
21-141	Sac isotherme publicitaire Fresh	4000	1,58	6300,00

Total brut HT	6 300,00 €
Remise HT	0,00 €
Frais de port	Offerts
Net HT	**6 300,00 €**

Numéro TVA intracommunautaire: FR 16751369729

La facture sera payable dès réception. En cas de retard de paiement, seront exigibles une indemnité calculée sur la base de trois fois le taux de l'intérêt légal en vigueur, ainsi qu'une indemnité forfaitaire pour frais de recouvrement de 40 euros.

Médiaplus - SARL au capital de 5400€ - N°SIRET 75136972900023

De...	Henri Tufano
À...	Cyril Gindrat ; Camille Boisseau
Date :	17 septembre
Objet :	Point envoi des invitations

Bonjour Cyril et Camille,

La sélection des grands comptes, des clients et prospects à inviter, leur validation et la sélection des clients ayant une entrée gratuite au salon ont été réalisées dans les délais et dans le respect des coûts administratifs.
L'envoi des invitations a bien nécessité 3 jours mais a coûté 7 100 €.
La liste des clients et des cadeaux a bien été validée aujourd'hui.
À plus tard,
Henri

© Nathan – La photocopie non autorisée est un délit.

Annexe 5 Le fonctionnement de votre fichier Excel (fichier tableau_de_bord_versog_30juin.xls)

La feuille « **Accueil** » présente le fichier.

Vous devez renseigner la date de fin de mois (par exemple 30/09) et incrémenter l'avancée des mois.

Phases N°	Phases Nom	Nom de la tâche (Jalons en couleur)	Chemin critique (O/N)	Durée prévisi Nb J	Durée prévisi Date Début
1	Orga projet	Définir le plan d'action	N	3	2-janv.
1	Orga projet	Définir les missions	N	3	3-janv.
1	Orga projet	Etablir le budget prévisionnel	N	3	4-janv.
1	Orga projet	Réaliser et valider la note de cadrage	N	1	10-janv.
2	Linguistique	Choisir et valider l'interprete	N	3	18-janv.
2	Linguistique	Sélectionner et valider l'organisme de formation	N	3	15-janv.
2	Linguistique	Compte rendu fin de formation	N	1	1-nov.
3	Documentation	Créer les maquettes de brochure et de plaquette	N	30	1-mars
3	Documentation	Créer la maquette de la vidéo de présentation du groupe	N	10	2-avr.
3	Documentation	Adapter le plan de gestion documentaire (plan de nommage nouvelle charte graphique…)	N	8	16-avr.
3	Documentation	Définir les documents à réaliser pour l'atelier	N	3	30-avr.
3	Documentation	Réaliser les documents liés à l'atelier (infographie, visuel projeté, collecte données, prise d'image)	N	21	15-mai
3	Documentation	Prévoir catalogue salon + inscription des exposants	N	5	15-juin
3	Documentation	Valider documentation du salon	N	1	6-juil.

La feuille « **Suivi** »présente la liste des tâches, les dates, nombre de jours et budgets réels et prévisionnels.

Elle doit être mise à jour avec les informations collectées auprès des membres de l'équipe.

Date TB	30-juin
Date début	2-janv.
Date fin	27-nov.

SUIVI DU TRAVAIL ET DES DELAIS

Phases du projet	Nb J Prvl fin Nov	Nb J Réel 30-juin	Ecart en J 30-juin	Ecart en % 30-juin	Jalon ?
Organisation projet	10	13	3	30%	OUI
Linguistique	7	3	-4	-57%	NON
Documentation	78	89	11	14%	NON
Transport hébergement	5	6	1	20%	OUI
Organisation stand	32	31	-1	-3%	OUI
Invitations et cadeaux	26				NON
Atelier culinaire	16				NON
Montage stand	3				NON
Salon	6				NON

La feuille « **TB** » présente le tableau de bord du mois.

Il n'y a rien à modifier dans cette feuille. Tout est automatisé à partir des feuilles précédentes.

Annexe 6 Procédure d'alerte budgétaire

Dépassement budgétaire

Dépassement inférieur à 5 % des prévisions	Dépassement entre 5 % et 7 % des prévisions	Dépassement supérieur à 7 % des prévisions
↓	↓	↓
Risque 4 Gravité 2	*Risque 4 Gravité 3*	*Risque 4 Gravité 4*
↓	↓	↓
À surveiller	Alerter chef de projet Proposer des actions correctives Surveiller	Alerter le comité de pilotage Proposer des actions correctives ou annuler le projet

© Nathan - La photocopie non autorisée est un délit.

Annexe 7 Quelques fonctionnalités Excel pour analyser les données

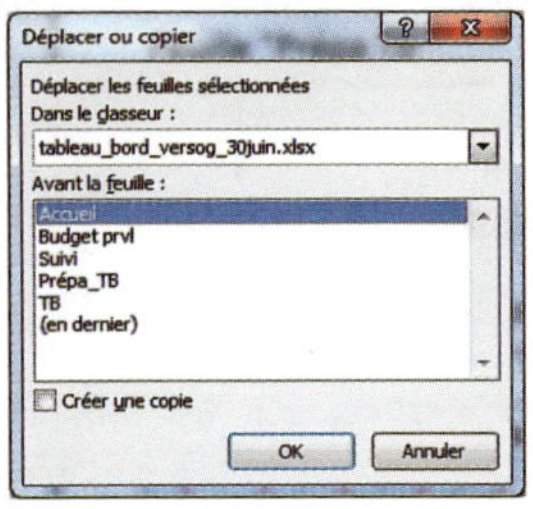

Lorsqu'un fichier est composé de plusieurs feuilles liées entre elles, il est prudent de ne pas modifier la structure des feuilles (nombre de lignes, de colonnes, ordre de liste…) lorsque l'on souhaite manipuler l'une d'elles (tris, calculs…).
Par sécurité, on peut créer une copie de la feuille souhaitée (attention à bien cocher la case « Créer une copie »), la renommer (par exemple l'appeler « TRIS ») et manipuler les données sans risque.
On peut prévoir autant de copies que de manipulations souhaitées.

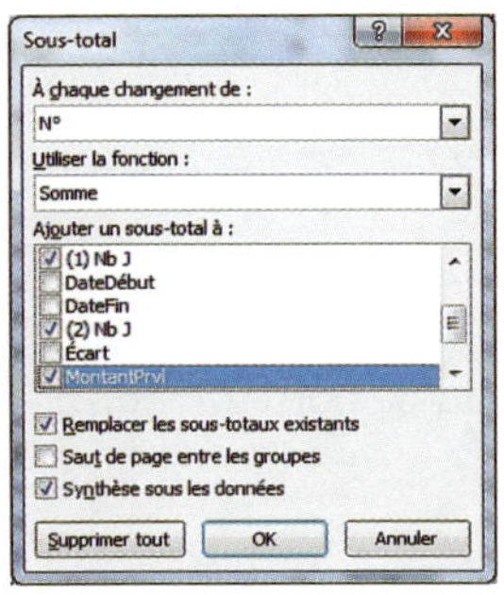

Pour réaliser un sous-total, il faut sélectionner l'ensemble du tableau, à l'exception des lignes de titres de présentation et lignes de totaux.
Dans la fenêtre « Sous-total », on précise les colonnes pour lesquelles on souhaite prévoir un calcul.

Annexe 8 Extrait de la fiche de risques

Fiche de risques du projet : salon Versög						**N° : 1**
Chef de projet : Cyril Gindrat						Date de MAJ : 07/07/N
N°	**Risque**	**Impact**	**P**	**G**	**C**	**Actions**
1	Humain Faiblesse en langues et connaissances interculturelles de l'équipe présente sur le stand	Communication sur le salon	2	3	6	Mise en place de cours intensifs de langue anglaise pour l'équipe présente sur le salon
2	Humain Interprétariat de liaison en allemand peu fiable sur le domaine technique	Traduction sur le salon	3	3	9	Contrat avec un interprète domicilié à Cologne Vérification en visioconférence du champ lexical dans notre domaine d'activité
3	Humain Choix des recettes végans non adapté	Lancement de la gamme	1	3	3	Contrôle de la qualité et du rendu esthétique des plats réalisés
4	Image Arrivée éventuelle d'un nouveau concurrent sur le salon. Aurait prévu des cadeaux très qualitatifs pour se démarquer.	Choix des cadeaux publicitaires	4	2	8	Changer de stratégie par rapport aux *goodies* : proposer des cadeaux plus haut de gamme

Annexe 9 Mise à jour de la fiche de risques

5	Financier Dépassement du budget prévisionnel					

© Nathan - La photocopie non autorisée est un délit.

1 Le suivi d'avancement du projet

Gérer un projet nécessite de suivre son avancement afin de vérifier qu'il se déroule conformément au **planning établi**, dans le respect du **budget** alloué et des **ressources** humaines et matérielles.

I L'organisation du suivi

Le suivi du projet s'organise au niveau du projet global et au niveau des tâches. À chaque niveau, les supports, les acteurs et la fréquence doivent être définis : ces modalités de suivi sont le plus souvent précisées dans la note de cadrage du projet.

Exemple :

Niveau de pilotage	Supports	Acteurs	Fréquence indicative
Projet	- Tableau de bord du projet - Planning général du projet - Budget actualisé	- Comité de pilotage - Chef de projet	Mensuelle
Tâches	- Suivi d'avancement des tâches	- Contributeur individuel - En cas de tâche partagée : responsable de tâche	Hebdomadaire

II Les étapes du suivi

Le suivi de l'avancement du projet se divise en trois étapes :
– **collecte des données** auprès des services ou des responsables concernés ;
– **analyse des données** : il s'agit de comparer les données réelles avec les prévisions, de mesurer et expliquer les écarts ;
– **alerte si nécessaire** : en cas d'écart défavorable, il s'agit d'appliquer une procédure d'alerte débouchant sur la mise en place d'actions correctives éventuelles.

III Les indicateurs de suivi

Les éléments nécessitant un suivi sont nombreux et dépendent des objectifs et contraintes du projet. Ils varient d'un projet à l'autre, d'une entreprise à l'autre, d'un responsable à l'autre. Ils sont choisis en fonction des besoins et sont regroupés dans un tableau de bord.
Dans le cadre d'un projet, on retrouve généralement :

Un suivi des délais	Un suivi des budgets
Les indicateurs peuvent être des dates calendaires, des jours de travail ou les deux.	Il s'agit de vérifier que les acteurs du projet restent dans l'enveloppe déterminée généralement en amont du projet. Les indicateurs sont des montants, des pourcentages d'évolution, des pourcentages de part.

Un tableau de bord comporte :
– des **données chiffrées** : pour une lecture précise ;
– des **graphiques** : pour une lecture rapide.

IV La mise à jour des indicateurs du tableau de bord

1. Le processus de préparation des informations

Les informations sont collectées auprès des membres du projet selon un processus et selon des outils propres au projet. Elles nécessitent généralement d'être travaillées avant d'être intégrées au tableau de bord.

© Nathan - La photocopie non autorisée est un délit.

▶▶▶

Exemple :
Préparation des données à l'aide du tableur Excel.

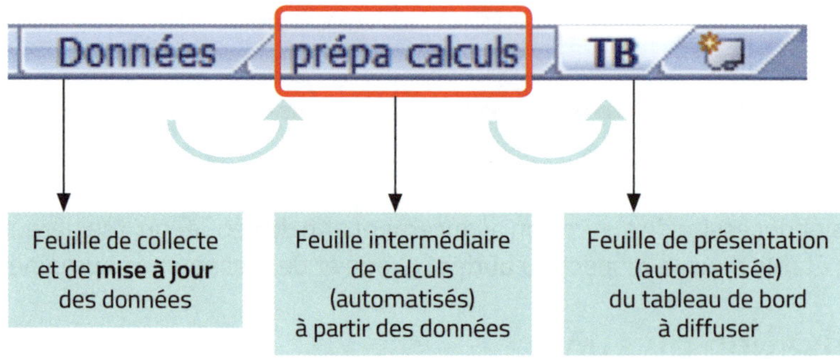

2. Le choix des indicateurs

Quelques règles sont à respecter pour faciliter l'analyse des données :
– **suivre des indicateurs en lien avec la stratégie** mise en œuvre dans le cadre du projet : par principe, le tableau de bord est destiné à être diffusé. Les indicateurs judicieusement sélectionnés doivent permettre de guider les membres du groupe projet ;
– **ne pas suivre trop de chiffres :** il ne s'agit pas de proposer un tableau de bord dense. Il faut plutôt aller à l'essentiel afin que le tableau de bord soit facile et rapide à analyser. Pour cela, les données doivent être préparées pour la lecture, triées, filtrées.

3. Les calculs préparatoires à l'analyse

L'expression « faire parler les chiffres » prend ici tout son sens. Une donnée brute ne peut pas être analysée en tant que telle. Pour « faire parler un chiffre », il faut le comparer à un autre.

Comparaison dans le temps : comparer une donnée aujourd'hui à cette même donnée hier, pour mesurer son évolution.	*Exemple :* Comparer le chiffre d'affaires de l'année N à celui de l'année N-1
Comparaison avec des objectifs : comparer une donnée avec des prévisions.	*Exemple :* Comparer le chiffre d'affaires de l'année N avec les objectifs de chiffre d'affaires fixés en début d'année
Comparaison dans l'espace : comparer une donnée avec celle des concurrents.	*Exemple :* Comparer le chiffre d'affaires de l'année N à celui des entreprises concurrentes sur la même période

Le calcul de pourcentage est un excellent moyen de « faire parler les chiffres ».

Exemple : Calcul d'écart par rapport aux objectifs

	A	B	C	D	E
1	**Postes**	**Objectif N**	**Réel N**	**Ecart en montant**	**Ecart en %**
2	Nombre de.....	1 000	750	-250	-25,0%

	A	B	C	D	E
1	**Postes**	**Objectif N**	**Réel N**	**Ecart en montant**	**Ecart en %**
2	Nombre de.....	1000	750	=C2-B2	=D2/B2
3					

L'objectif est loin d'être atteint pour ce poste : il manque 25 % de ce qui était prévu.

© Nathan - La photocopie non autorisée est un délit.

2 L'analyse des données

Une fois les données collectées et préparées à la lecture (par exemple grâce à la mise en forme d'un tableau de bord), il s'agit de les analyser afin de voir si le projet avance comme prévu. On compare pour cela les données réelles avec les données prévisionnelles.

I Analyser les chiffres-clés

1. La lecture des pourcentages

Les indicateurs en pourcentage permettent de relativiser par rapport aux montants en volume, et inversement. Il faut tenir compte des deux informations pour proposer une analyse pertinente.

Exemple :

Les postes publicité et coûts salariaux ont dépassé le budget de 250 € mais cela ne représente que 1 % pour les coûts salariaux (on peut dire qu'ils sont stables). En revanche, le budget publicité pose problème, il a dérapé de 25 %.

Postes de dépense	Prévisionnel	Réel	Ecart volume	Ecart %
Campagne publicité	1 000	1 250	250	25%
Frais administratifs	50	62	12	24%
Couts salariaux	25 600	25 850	250	1%

Les postes publicité et frais administratifs ont dépassé le budget de 24 ou 25 %, mais cela ne représente que 12 € pour les frais administratifs (on peut dire qu'il n'y a pas d'impact sur le budget total).

2. La mesure des conséquences

Certains indicateurs peuvent déraper par rapport aux objectifs, sans conséquence majeure.
Exemple :

Dans certaines situations, des dépassements de budget sont à surveiller mais ne sont pas définitifs et peuvent être rattrapés.	*Exemple :* Le projet a débuté depuis peu. Les dépenses ont dépassé les objectifs de 15 %. Mais des postes budgétaires à venir sont très lourds et peuvent être sources d'économie.
Dans certaines situations, des dépassements de délais ne remettent pas pour autant en cause la poursuite du projet.	*Exemple :* L'organisation d'une formation en anglais a nécessité 15 jours de travail au lieu de 12 prévus. Mais cette tâche n'était pas sur le chemin critique. L'entreprise disposait d'une marge de 6 jours sans remettre en question la date butoir.

II Rechercher la cause des écarts

Des calculs complémentaires sont parfois nécessaires pour approfondir l'analyse et/ou expliquer les écarts.

1. Les calculs complémentaires

Le tableur Excel permet d'approfondir l'analyse des données. Les fonctions « Trier », « Filtrer » ou « Sous-total » permettent de réaliser des requêtes et d'extraire des informations.

2. L'analyse de la cause des écarts

Les causes des écarts sont multiples et variées : manque de temps à consacrer au projet, mauvaise planification des tâches (demandant plus ou moins d'efforts que prévu), non-respect des dates butoirs, mauvaise anticipation de l'enchaînement des tâches (antériorités oubliées), manque d'expertise dans le domaine abordé…
Parmi les divers outils d'analyse permettant de comprendre les causes des écarts, le plus connu est le diagramme causes-effets ou **diagramme d'Ishikawa**.

© Nathan - La photocopie non autorisée est un délit.

3 Alerter et mettre en œuvre les actions correctives

I Les risques liés au projet

Plusieurs événements sont susceptibles de survenir au cours du projet, qui peuvent entraîner un dérapage. Certains peuvent toutefois être anticipés : on parle alors de risque.
Un risque est un événement dont l'apparition n'est pas certaine mais qui, s'il se produisait, aurait une conséquence négative sur le projet : retard, augmentation des coûts, problème technique ou de performance, image dégradée de l'entreprise, problème juridique…
Un risque qui se réalise devient un problème.

Exemple :
Risque : indisponibilité éventuelle des machines qui pourrait entraîner un problème d'impression des factures.
Problème : indisponibilité des machines qui perturbe l'impression des factures

II La gestion des risques liés au projet

Un risque se caractérise par sa criticité, qui va définir la procédure à mettre en œuvre ; elle se calcule à partir de la gravité et de la probabilité du risque.
– **Gravité** : degré d'importance des conséquences
– **Probabilité** : pourcentage de survenance du risque (niveaux à définir en début de projet)
– **Criticité** (gravité × probabilité) : niveau d'impact et d'acceptabilité du risque (seuils 1 et 2 à définir en début de projet)

Exemple de procédure de gestion des risques du projet

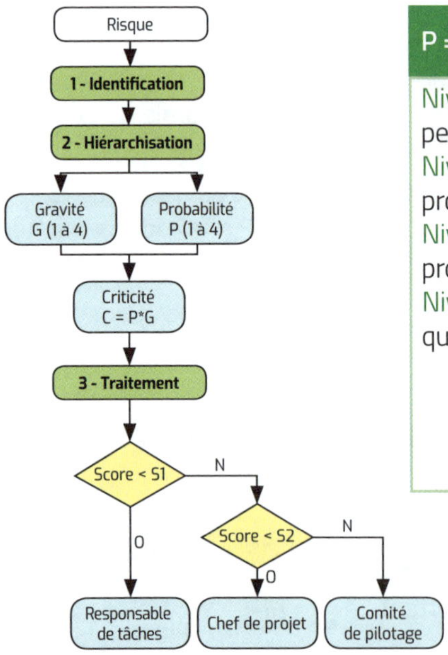

P = Probabilité	G = Gravité	C = Criticité (P × G)
Niveau 1 : très peu probable Niveau 2 : peu probable Niveau 3 : probable Niveau 4 : quasi certain	Niveau 1 : impact insignifiant Niveau 2 : impact léger sans conséquence sur le déroulement du projet Niveau 3 : impact /déroulement du projet Niveau 4 : impact/ poursuite du projet	C ≤ 2 → gestion responsable de lot 2 < C ≤ 9 → gestion chef de projet C > 9 → gestion comité de pilotage

III La procédure d'alerte

Réalisation du risque → Alerte du responsable concerné → Mise en place d'actions correctives

Un document spécifique doit être mis en place afin de synthétiser la gestion des risques et la mise en place d'actions. Il s'agit d'une fiche de risque dont la forme est libre.

© Nathan - La photocopie non autorisée est un délit.

APPLICATIONS PROFESSIONNELLES

1 Suivre un projet et élaborer un tableau de bord

MAÎTRISE

Situation

La start-up BrothRup a été créée par la fratrie Liscia (Marine, Vinciane et Melvin). Ils sont désireux de s'inscrire dans l'agriculture 4.0 en faisant bénéficier ce secteur d'innovations technologiques. Vous y effectuez un stage de 8 semaines.
Leur projet d'application « myEagri » sur appareil mobile (smartphone et/ou tablette) devrait améliorer la collecte des données pour la rotation des cultures. Cela permettra à l'agriculteur d'obtenir une préconisation des cultures à privilégier selon la qualité des sols et sous-sols (principe de rotation des plantations). Le début du projet est fixé à la semaine 16 de l'année en cours. Melvin Liscia, chef de projet, vous demande de réaliser la maquette du tableau de bord.

Consignes

1. **À partir des informations du document, réalisez le planning prévisionnel des tâches et précisez la date de fin du projet.**
2. **Le budget ne comprend dans ce projet que les coûts salariaux. Calculez le coût salarial par tâche.**
3. **Présentez le tableau de bord permettant le suivi de l'avancement des tâches et du budget.**

Les deux développeurs ont consacré chacun 1 jour de plus à la réalisation du codage.
Théo et Matisse seront absents la semaine 20 pour leurs partiels.

4. **Quelle(s) incidence(s) cela va-t-il avoir sur la durée du projet ?**
5. **Semaine 20, Melvin vous demande de mettre à jour le tableau de bord à partir des données réelles à cette date.**

Document — Informations RH du projet myEagri

Les deux développeurs, Théo et Matisse, travaillent uniquement du lundi au mercredi car ils sont encore à l'université.

Théo passera plus de temps que Matisse sur le projet : ce dernier vient uniquement en renfort et continue de travailler en parallèle sur les projets en cours.

Au moment de la planification, les dates des examens de fin d'année ne sont pas encore connues. Les absences en entreprise pour examens sont rémunérées.

Coût total salarial journalier (en €)	Kally	Théo	Matisse	Melvin	Vinciane	Marine
	145	100	100	110	110	110

© Nathan - La photocopie non autorisée est un délit.

Document — Informations RH du projet myEagri (suite)

Dates	Semaine 16					Semaine 17					Semaine 18					Semaine 19					Semaine 20					...
	13/04	14/04	15/04	16/04	17/04	20/04	21/04	22/04	23/04	24/04	27/04	28/04	29/04	30/04	01/05	05/05	06/05	07/05	08/05	09/05	12/05	13/05	14/05	15/05	16/05	...
Tâches	L	M	M	J	V	L	M	M	J	V	L	M	M	J	V	L	M	M	J	V	L	M	M	J	V	...
...																										

Projet myE-agri – Ventilation du nombre de journées de travail

Liste des tâches	Infographiste Kally	Développeur Théo	Développeur Matisse	Chef de projet Melvin	Commerciale Vinciane	Responsable financière Marine	Total
Définition du projet et des besoins	1	1	1	1			
Conception générale de l'application	2	2	2				
Réalisation du design	3						
Création et mise à jour base de données		3	2				
Codage		3	2				
Test d'intégration		2	1	1			
Test de validation		2	1	1			
Mise en exploitation		2	1				
Documentation	1	2	1	1	1		
Test utilisateur		1	1			1	
Référencement		2		1	1	1	

2 Suivre un projet et gérer les imprévus

EXPERTISE

Situation

Vous venez d'être recruté(e) au Pôle de développement de la zone franche Lyon-Duchère. Vous êtes collaborateur/-trice de Sylvie Choron, qui participe au projet de mise à disposition d'espaces *showroom* pour grossistes de textiles. Cette plateforme à vocation internationale va être construite à partir d'une centaine de conteneurs recyclés de 28 mètres carrés. Ces conteneurs sont répartis en 6 îlots de 16, sur 9 000 mètres carrés, avec des places de parking. Le futur centre accueillera à terme une centaine d'entreprises. La commercialisation des six îlots est achevée : les entreprises locataires vous ont fait parvenir leur logo à faire apparaître sur leur conteneur. Sylvie Choron va suivre une formation d'une durée d'une semaine au CETI (Centre européen des textiles innovants) à Roubaix. Elle vous charge du suivi du projet en son absence.

Nous sommes en avril N, avant la phase d'installation des structures sur le site. L'entreprise AmenacontenR, avec laquelle vous avez passé un contrat d'achat et d'aménagement intérieur des conteneurs, vient de vous confirmer leur livraison dès le début de la semaine 17. Les conteneurs doivent ensuite être finalisés (peinture extérieure, logo de l'entreprise locataire, aménagement électrique et travaux de plomberie). Les contrats ont été signés et les entreprises attendent les plannings d'intervention.

© Nathan - La photocopie non autorisée est un délit.

Consignes

1. Sylvie Choron vous charge de réaliser le planning d'intervention des ouvriers (peintres, électricien, plombier). Vous utiliserez un logiciel de planification des tâches et les documents 1, 2 et 3.

COM 2. Préparez le courriel à envoyer aux entreprises intervenant sur le chantier pour leur indiquer les dates d'intervention (avec le planning en pièce jointe).

COM 3. Après avoir pris connaissance du courriel de la société AmenacontenR (document 4), rédigez le courriel à envoyer à l'entreprise concernée par cette contrainte supplémentaire pour l'en informer.

4. Après avoir reçu la réponse de la société Peintbat+ (document 5), évaluez les conséquences sur le projet en termes de délais et de budget.

5. Mettez à jour le tableau de bord prévisionnel.

Document 1 Ébauche de planification de Sylvie Choron

	Semaine 18					Semaine 19		
	Lundi	Mardi	Mercredi	Jeudi	Vendredi	Lundi	Mardi	Mercredi
Lot 1	Peint1	Peint1	Séchage	Plomb1	Élect1			
Lot 2	Peint2	Peint2	Séchage	Élect1	Plomb1			
Lot 3			Peint1	Peint1	Séchage	Élect1	Plomb1	

Peint1 : peintre 1 ; Peint2 : peintre 2 ; Plomb1 : plombier 1 ; Elec1 : électricien 1

Document 2 Informations sur l'intervention des artisans

Durée d'intervention par conteneur :
– peinture : 2 jours pour 1 peintre ;
– séchage : 1 jour ;
– électricité : 1 jour ;
– plomberie : 1 jour.

Personnalisation logo (traçage, remplissage) :
4 jours pour l'ensemble des conteneurs.

Plomberie Plombec
1 plombier du ... au ... ?
l.picot@plombec.fr

Électricien Elekplus
1 électricien date ?
a.laurent@elekplus.fr

Peinture Peintbat+
2 peintres du ... au ... ?
c.klara@peintbat.fr

Document 3 Informations de la société AmenacontenR concernant l'aménagement des conteneurs

Conteneur simple		
Caractéristiques techniques	Dimensions extérieures Dimensions intérieures Passage de portes Dimensions au sol	13,06 × 2,44 × 2,59 m 12,40 × 2,37 × 2,40 m 2,33 × 2,28 m 28 m²
Budget HT : aménagement du lot de 36 conteneurs	Prestation par jour et par personne Plombier : 200 € ; Électricien : 250 € ; Peintre : 200 € Fourniture de peinture 27 450 €	

Plombier	Électricien	Peintre
200 €	250 €	200 €

© Nathan - La photocopie non autorisée est un délit.

Document 4 Courriel de la société AmenacontenR

Expéditeur : roger.villeneuve@amenacontenr.fr

Répondre à :

Pour : contact@pole-dvp-duchere.fr

Sujet : commande n°3542

Bonjour,

En réponse à votre courriel du 2 avril, nous nous confirmons que, pour l'achat de conteneurs d'occasion, il faut prévoir la pose d'une sous-couche anti-corrosion avant la mise en couleur.

Nous avons planifié la livraison des 36 conteneurs semaine 17. Les deux camions-grues interviendront lundi, mardi et mercredi entre 8h30 et 17h30. Pouvez-vous nous retourner les plans d'installation afin de voir avec les chauffeurs la rotation des camions ?

Merci par avance.
Bonne journée,

Cordialement,
Roger Villeneuve
Responsable commercialisation

Société AmenacontenR

Document 5 Courriel de la société Peintbat+

Expéditeur : ryan.darus@peintbat.fr

Pour : contact@pole-dvp-duchere.fr

Copie à : sylvie.choron@pole-dvp-duchere.fr

Sujet : Devis n° 657

1 pièce jointe

devis 754...ere.docx

Bonjour,

Nous avons bien reçu votre demande de modification du devis n° 657.
Nous pouvons prévoir une sous-couche anti-corrosion sur l'ensemble de vos conteneurs. Cependant cela entraînera une journée d'intervention de plus par îlot et un surcoût de 20 % sur le montant de la commande.

Vous trouverez le nouveau devis en pièce jointe que vous devrez nous retourner signé sous 8 jours.

Cordialement,

Ryan Darus
Directeur Peintbat+

© Nathan - La photocopie non autorisée est un délit.

Chapitre

13 Participer à la conduite du changement

ACTIVITÉ **2.4.** Clôture du projet
COMPÉTENCE Évaluer le projet
TÂCHE **2.4.3.** Participation à la conduite du changement et au retour d'expérience

VERS PIX **1.1.** Mener une recherche et une veille d'information
3.1 Développer des documents textuels
3.2. Développer des documents multimédias

Situation professionnelle

Les Hôpitaux Haute-Normandie (HHN) sont un regroupement des deux hôpitaux Marie-Curie et James-Parkinson de la ville de Rouen, pour un territoire comptant près de 400 000 habitants. En se rapprochant au sein d'un Groupement hospitalier de territoire (GHT), les HHN deviennent un acteur sanitaire majeur du Grand Ouest français avec 630 lits et près de 1 300 agents.
Ce regroupement a pour objectif d'améliorer l'offre de soins auprès des patients. Au sein de ce GHT, uni par une direction commune, un nouveau pôle Sécurité-Qualité a été créé pour renforcer la politique qualité et améliorer le service rendu au patient.
Engagée dans une démarche de réduction des risques et profitant de la fusion des deux établissements, la direction des HHN a décidé de développer une nouvelle activité de chirurgie ambulatoire. Pour ce faire, la direction a choisi de transformer son pôle de gériatrie en une unité court séjour de chirurgie ambulatoire. Le pôle Sécurité-Qualité, au sein duquel vous travaillez en collaboration avec Maud Constantin, l'ingénieure qualité du groupement, est chargé d'accompagner et de pérenniser ce projet de changement organisationnel.

Découvrez les Hôpitaux Haute-Normandie en vidéo
liennathan.fr/3pn48h

Comprendre le contexte

1. Quel est le projet de changement des Hôpitaux Haute-Normandie ?
2. Pour quelles raisons les Hôpitaux Haute-Normandie s'engagent-ils dans ce projet ?
3. Quels peuvent être les obstacles à la conduite de ce projet ?

© Nathan - La photocopie non autorisée est un délit.

VOTRE MISSION

Maud Constantin s'appuie sur vos compétences pour préparer les documents liés au projet de réorganisation du pôle gériatrie en unité de chirurgie ambulatoire. Vous l'assistez également dans son action destinée à conduire et à pérenniser ce changement organisationnel.

TRAVAIL À FAIRE

I. Faciliter le changement

À la demande de Maud Constantin, vous réalisez des documents destinés à faciliter le changement.

COM **1.** Réalisez une brochure pour présenter et valoriser la nouvelle unité Chirurgie ambulatoire auprès du personnel des Hôpitaux Haute-Normandie. — Fiches ressources 1 2 ; Annexes 1 2 3

2. Élaborez un diagramme de suivi des différentes étapes du projet de changement organisationnel à l'aide d'un outil de planification. — Fiche ressource 4 ; Annexe 5

3. Repérez les besoins en formation qui vont permettre d'accompagner le changement organisationnel.

4. Proposez un enrichissement du plan de formation présenté. — Fiche ressource 3 ; Annexes 3 5 6 7

5. Préparez un plan de communication destiné aux futurs agents de la nouvelle unité Chirurgie ambulatoire afin d'accompagner la conduite du changement au sein des Hôpitaux Haute-Normandie. — Fiche ressource 2 ; Annexe 5

II. Ancrer le changement

Dans un second temps, Maud Constantin vous sollicite afin de réaliser les opérations suivantes :

6. Afin d'améliorer l'information du personnel, formalisez la procédure du parcours du patient au sein de l'unité de chirurgie ambulatoire à l'aide d'un outil numérique. — Annexe 4

7. Construisez un tableau de bord permettant de mesurer l'efficacité des actions d'accompagnement de la conduite du changement. — Fiche ressource 4 ; Annexes 5 6

8. Repérez les obstacles à ce changement organisationnel en analysant les types d'acteurs et les causes éventuelles de résistance. — Fiche ressource 1 ; Annexe 7

9. Proposez des actions correctrices à mener afin de lever les obstacles au changement et atteindre les objectifs de la conduite du changement. — Fiche ressource 1 ; Annexe 7

COM **10.** Rédigez un rapport permettant de présenter les actions réalisées pour conduire et pérenniser le changement.

E5-B **11.** Votre professeur(e) vous remet la fiche d'expression de demande de la commission : conformez-vous à cette demande.

© Nathan – La photocopie non autorisée est un délit.

DONNÉES DE LA SITUATION

Annexe 1 La chirurgie ambulatoire, un défi pour répondre aux nouveaux enjeux de la santé

Qu'est-ce que la chirurgie ambulatoire ?

La chirurgie ambulatoire est un mode de prise en charge qui se caractérise par une unité de lieu (unité de chirurgie ambulatoire), de temps (moins de 12 heures) et d'action (action coordonnée et globale de l'équipe de soins).

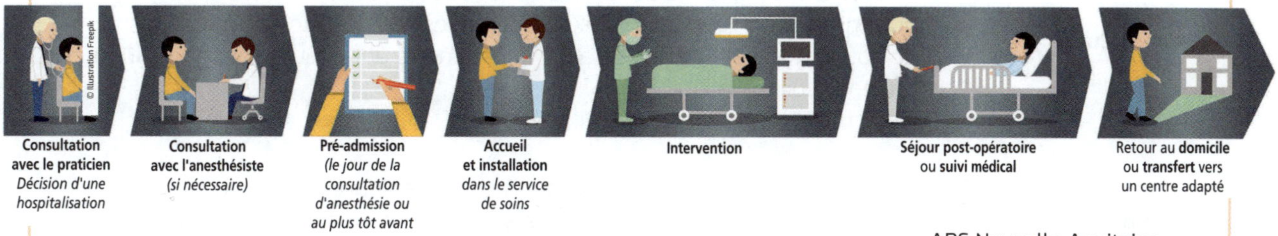

ARS Nouvelle-Aquitaine

Quels intérêts la chirurgie ambulatoire présente-t-elle ?

– La satisfaction du patient et de sa famille.
– La qualité et la sécurité des soins chirurgicaux, par une limitation de l'exposition aux infections nosocomiales, c'est-à-dire des infections contractées au cours d'un séjour dans un établissement de santé (hôpital, clinique...).
– La satisfaction des personnels, par l'amélioration des conditions de travail.
– L'optimisation et l'efficience de l'organisation et des ressources des plateaux techniques de chirurgie.
– La réduction des coûts pour les établissements de santé et l'assurance maladie.

D'après http://solidarites-sante.gouv.fr

Interview de Florence Baes, cheffe de la nouvelle unité Chirurgie ambulatoire

« Pourquoi les HHN ont-ils fait le choix de développer la chirurgie ambulatoire ? »

« La création de cette nouvelle unité permet de répondre aux attentes des patients, de réduire les risques et de baisser les coûts liés à l'hospitalisation. »

« Quels sont les impacts de ce changement dans vos pratiques ? »

« Le nombre de patients augmente fortement ; nous accueillons généralement deux patients pour un lit dans la même journée. Le personnel doit donc être rapide, efficace, faire preuve de polyvalence, assurer une bonne communication entre les équipes du matin et de l'après-midi, et rassurer les patients souvent inquiets. »

« Quelles nouvelles procédures ce changement implique-t-il ? »

« Cette nouvelle activité amplifie le travail administratif concernant le parcours du patient. L'équipe doit maîtriser les procédures administratives liées à l'admission, à la sortie puis au suivi des patients après leur retour à leur domicile. »

© Nathan - La photocopie non autorisée est un délit.

Annexe 2 Présentation du projet de restructuration du pôle de gériatrie en unité court séjour de chirurgie ambulatoire

Intitulé du projet	Changement organisationnel lié au passage du pôle Gériatrie (en charge des personnes âgées) à une nouvelle unité court séjour de Chirurgie ambulatoire. *La chirurgie ambulatoire correspond à un séjour de moins d'une journée au cours duquel le patient bénéficie d'un acte opératoire.*
Objectifs du projet	– Assurer une visibilité de la nouvelle unité pour les équipes. – Lever les inquiétudes et les risques de résistance au changement, notamment sur l'évolution des compétences requises, la réalisation de nouvelles activités en lien avec la patientèle et la nouvelle organisation du temps de travail. – Garantir l'adhésion des acteurs au projet.
Équipe projet	Une équipe composée de six personnes : l'ingénieure qualité du pôle Sécurité-Qualité, la cheffe de l'unité ambulatoire, une directrice administrative, un chirurgien stomatologue, une infirmière et vous-même.
Enjeux du projet	– Contribuer au développement de la chirurgie ambulatoire sur le territoire national qui est une priorité de la Haute autorité de santé ; – Diminuer les risques d'infections et réduire les coûts en abaissant la durée d'hospitalisation.
Contraintes/processus à mettre à jour	**– Organisationnelles :** s'adapter à la nouvelle charge de travail, au respect des gestes barrières, aux nouveaux plannings, mettre en place une logistique réactive et anticipatrice et optimiser la gestion du temps. **– Professionnelles :** renouveler les pratiques professionnelles des soins de confort en gériatrie à des soins postopératoires en chirurgie ambulatoire, avoir une bonne maîtrise des risques, maîtriser de nouvelles techniques et assurer de nouvelles responsabilités. **– Humaines :** apprendre à travailler avec de nouvelles personnes, savoir travailler en équipe et communiquer. **– Sociales :** rassurer le patient réticent à ce mode de prise en charge.

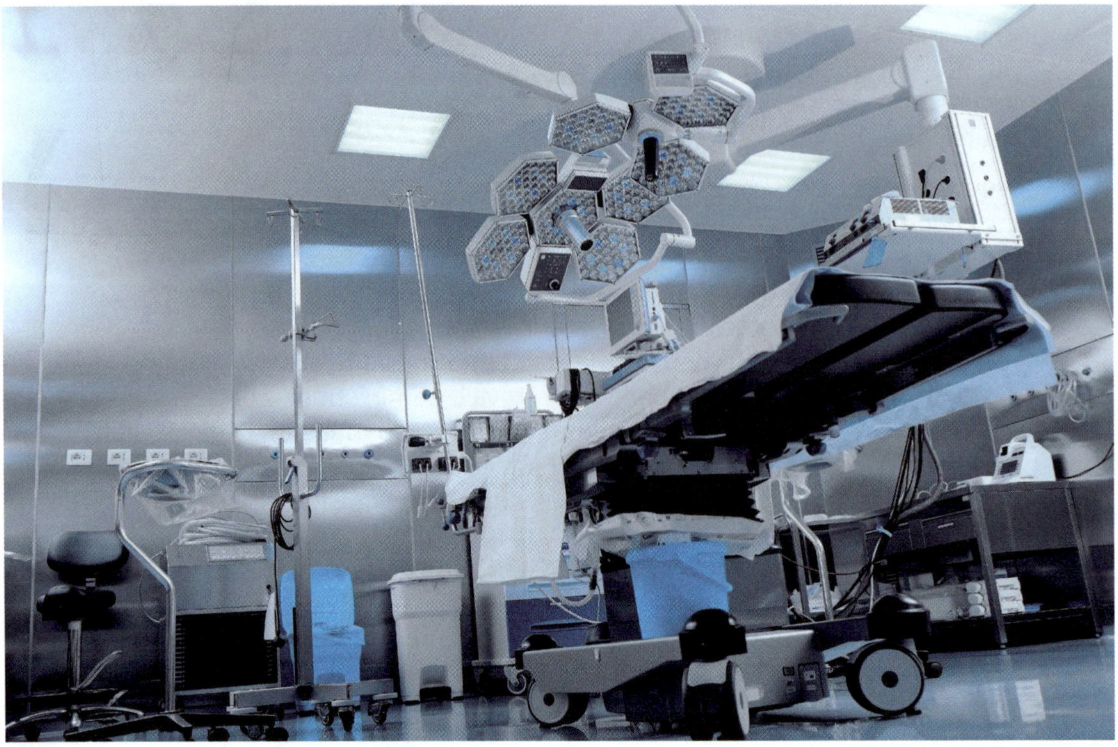

© Nathan - La photocopie non autorisée est un délit.

Annexe 3 Organisation de l'unité Chirurgie ambulatoire du groupement des Hôpitaux Haute-Normandie

Les Hôpitaux Haute-Normandie sont organisés en différents pôles (urgences, cardiologie…). Le pôle Gériatrie (30 lits) ferme pour laisser place à une nouvelle unité court séjour de 34 lits fonctionnant uniquement en semaine.

Cette nouvelle unité se composera de 37 agents répartis en trois équipes (voir l'organigramme ci-dessous) :

– une équipe de direction ;
– une équipe soignante ;
– une équipe médicale.

Pour accompagner la création de cette unité, une équipe projet de six personnes a été constituée :

– l'ingénieure qualité du pôle Sécurité-Qualité ;
– la cheffe de l'unité Chirurgie ambulatoire ;
– la directrice administrative de l'unité Chirurgie ambulatoire ;
– un chirurgien stomatologue de l'équipe médicale ;
– une infirmière expérimentée de l'équipe soignante présente depuis 10 ans au sein de l'hôpital Marie-Curie ;
– vous-même.

Les membres de l'équipe soignante proviennent du précédent pôle de gériatrie.

La plupart des agents sont plutôt motivés car la chirurgie ambulatoire s'appuie sur une nouvelle organisation du travail qui exclut la nuit et le week-end. L'intensité de travail en chirurgie ambulatoire est concentrée sur un temps court, ce qui correspond aux attentes de certains d'entre eux.

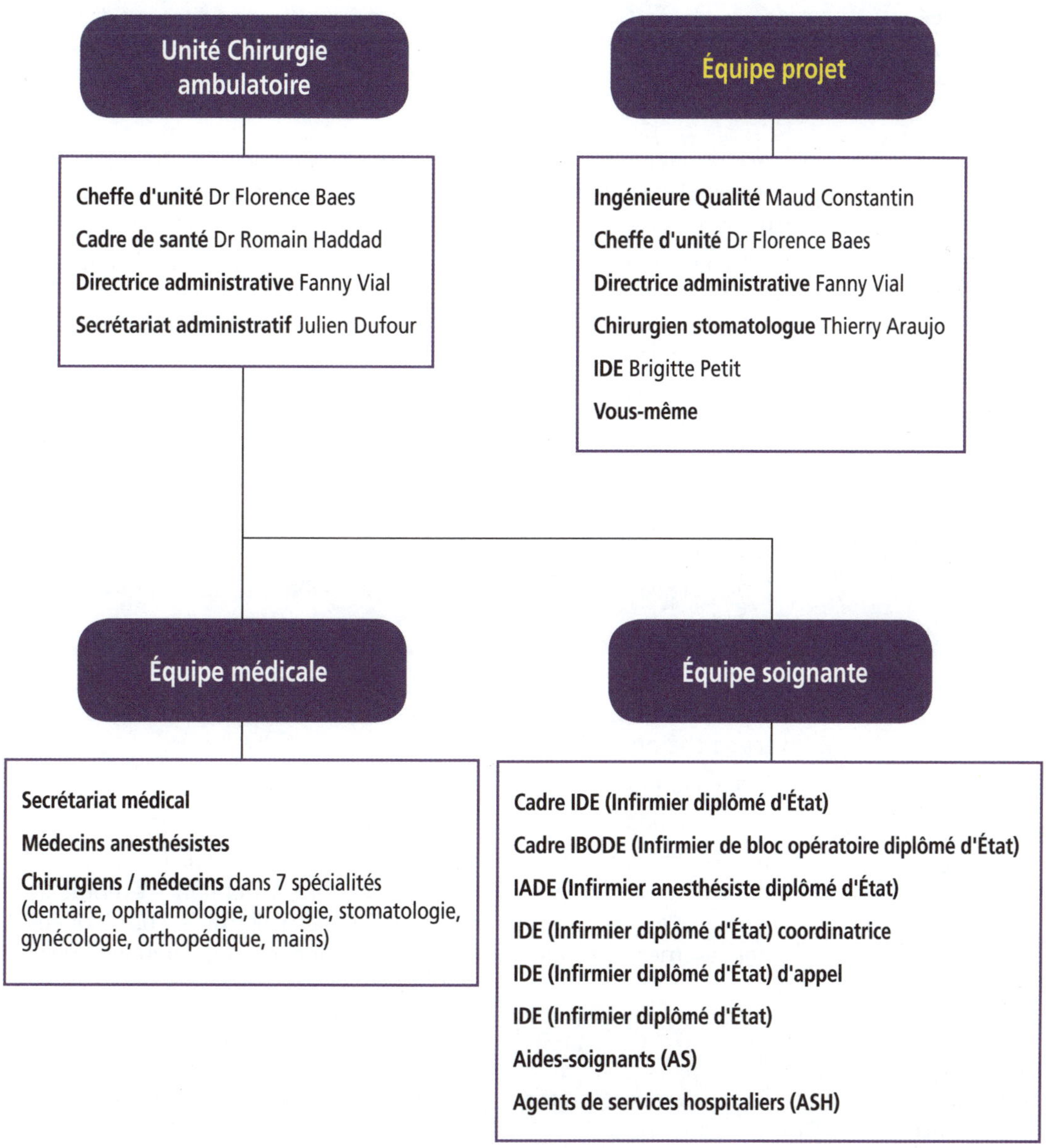

© Nathan - La photocopie non autorisée est un délit.

Annexe 4 Le parcours du patient ou « chemin clinique » en hospitalisation ambulatoire

Un séjour en hospitalisation ambulatoire se déroule en six phases successives :

Étape préopératoire → Appel téléphonique de la veille J – 1 → Prise en charge préopératoire J 0 → Intervention au bloc opératoire J 0 → Prise en charge postopératoire et sortie J 0 → Appel au patient après le retour à domicile J + 1

Étape préopératoire	– Rendez-vous avec l'anesthésiste. – Préadmission (avec pièce d'identité, carte Vitale à jour, carte de mutuelle et masque). – Rappel des consignes données par le médecin et par l'anesthésiste au cours de la consultation (hygiène, absence de maquillage, jeûne, arrêt du tabac...). – Préparation du retour avec un accompagnateur pour rejoindre le domicile.
Appel téléphonique de la veille J – 1	Appel téléphonique au patient la veille de son intervention par l'infirmière de l'unité de chirurgie ambulatoire pour l'informer de l'horaire d'admission et rappeler les consignes.
Prise en charge préopératoire J 0	– Accueil du patient par l'infirmière : vérification de l'identité du patient, mise en place d'un bracelet d'identification, vérification de la présence d'un accompagnant à la sortie, recueil des différents éléments du dossier. – Prise en charge du patient : vérification de la préparation du patient, installation en chambre, explications, mise en tenue, recueil des informations médicales et vérification des pièces du dossier, prémédication et préparation selon prescriptions. – Transfert du patient au bloc opératoire, par le personnel de l'unité de chirurgie ambulatoire.
Intervention au bloc opératoire J 0	– Réalisation de l'intervention. – Transfert du patient vers la salle de surveillance post-interventionnelle.
Prise en charge postopératoire et sortie J 0	– Transfert du patient de la salle de surveillance post-interventionnelle vers sa chambre. – Une collation est servie. – Décision médicale de sortie du patient avec un accompagnant. – Remise des recommandations post-opératoires de sortie : certificat d'hospitalisation, arrêt de travail si nécessaire, ordonnance éventuelle, résultats d'examens et autres documents administratifs, coordonnées de l'établissement de santé assurant la permanence et la continuité des soins.
Appel au patient après le retour à domicile J + 1	Suivi du patient assuré par un appel téléphonique le lendemain de l'intervention.

© Nathan - La photocopie non autorisée est un délit.

Annexe 5 Planning de la conduite du changement organisationnel au sein des Hôpitaux Haute-Normandie

Les différentes étapes du projet de changement sont les suivantes :

ÉTAPE 1 Initialisation	ÉTAPE 2 Lancement	ÉTAPE 3 Organisation	ÉTAPE 4 Conduite	ÉTAPE 5 Clôture
Du 01/09/N-1 Au 30/09/N-1	Du 01/10/N-1 Au 30/11/N-1	Du 01/12/N-1 Au 31/01/N	Du 01/02/N au 30/04/N	À partir du 01/05/N

Passage d'un pôle de gériatrie à une unité de chirurgie ambulatoire			37 agents sur un site Du 01/09/N-1 au 01/05/N		
Équipe projet de 6 personnes (annexe 3)			***Aptitude au changement moyenne (annexe 7)***		
Déroulement du changement	**Étape 1 Initialisation**	**Étape 2 Lancement**	**Étape 3 Organisation**	**Étape 4 Conduite**	**Étape 5 Clôture**
Périodes	Du 01/09/N-1 Au 30/09/N-1	Du 01/10/N-1 Au 30/11/N-1	Du 01/12/N-1 Au 31/01/N	Du 01/02/N Au 30/04/N	À partir du 01/05/N
Équipe projet	. Réunions équipe de projet . Constitution d'un réseau du changement	. Réunions et rencontres avec les acteurs clés	. Groupes de travail sur les processus et procédures à mettre en place	. Parcours d'intégration pour les agents de la nouvelle unité	. Réunion *débriefing*
Accompagnement	. Groupes de réflexion sur les impacts du changement	. Réunions de sensibilisation des agents	. Journées d'information . Espaces de discussion	. Suivi du changement, *coaching* . Indicateurs conduite du changement	. Enquête sur les résultats du changement
Communication	. Courrier électronique . Affichage au sein de l'hôpital	. Article présentant le projet dans le journal interne . Brochure valorisant la nouvelle unité	. Forum sur le site intranet . Journée portes ouvertes pour présenter le changement	. Article sur les nouveaux membres de l'unité dans le journal interne	. Article sur le bilan du changement dans le journal interne
Formation	. Analyse des besoins de formation . Formation préalable à l'animation managériale des relais	. Élaboration du plan de formation . Actions de *e-learning* . Choix des formateurs	. Diffusion du plan auprès des agents . Mise en place des actions de formation	. Réalisation des actions de formation	. Bilan du plan de formation

© Nathan - La photocopie non autorisée est un délit.

Annexe 6 Plan de formation pour accompagner le changement organisationnel vers la chirurgie ambulatoire

L'ouverture de l'unité de chirurgie ambulatoire implique la maîtrise de nouveaux savoirs, savoir-faire et savoir-être. Cette montée en compétences va se réaliser grâce à la mise en œuvre d'actions de formation professionnelle.

Cible	Intitulé	Objectif	Durée - Période	Lieu
IDE (cadres et non-cadres), secrétariat médical, aides-soignantes	**Amélioration du confort et de la sécurité du patient**	Prendre en charge la douleur et gérer les risques liés à l'ambulatoire	24 heures 4 jours sur 4 semaines	Hôpital et à distance (*e-learning* en autonomie)
	Communication au sein de l'équipe et avec les patients	Développer le travail d'équipe, l'aisance en communication et l'accompagnement des patients	12 heures 2 jours sur 2 semaines	Hôpital et à distance (séance en visio)
Cadres de santé et administratifs, secrétariat médical	**Optimisation de la gestion des lits**	Assurer le pilotage stratégique et la gestion opérationnelle des lits	18 heures 3 jours sur 3 semaines	Hôpital et à distance (séance en visio)

Annexe 7 Témoignages des agents sur le projet de changement organisationnel au sein des Hôpitaux Haute-Normandie

Mireille, infirmière diplômée d'État (IDE) depuis 18 ans

« Je suis dans ce pôle depuis mon embauche dans l'hôpital. Mon équipe, c'est un peu ma deuxième famille. Dans la future unité, ce sera différent, j'aurai de nouveaux collègues et j'ai peur de ne pas m'intégrer. »

Jennifer, IDE coordinatrice depuis 3 ans

« Dans le pôle Gériatrie, les horaires ne permettent pas toujours de concilier vie privée et vie professionnelle. Dans la future unité, il paraît que je ne travaillerai que la journée en semaine. J'attends de voir ! »

Pierre, médecin anesthésiste depuis 10 ans

« Je suis impatient d'intégrer cette unité. Ma seule réticence provient du parcours du patient qui doit être respecté de façon rigoureuse par la nouvelle équipe pour ne pas prendre de risques ni ralentir le travail. »

Julien, secrétaire administratif depuis 2 ans

« La chirurgie ambulatoire repose sur la mise en place de nouvelles procédures, depuis l'admission du patient jusqu'à son retour au domicile. Je souhaiterais bien les connaître et les maîtriser précisément avant de débuter dans la nouvelle unité ! »

Nadia, secrétaire médicale depuis 6 ans

« Grâce à la formation, je vais développer de nouvelles compétences car il faut être polyvalent. En plus, je vais pouvoir m'exprimer et participer au changement à travers les groupes de travail et le forum. »

Yann, IDE depuis 5 ans

« Dans le pôle Gériatrie, on a l'habitude de faire ce travail et on prend notre temps. Dans cette nouvelle unité, je vais devoir appliquer de nouvelles procédures notamment suite à la crise de COVID-19 et j'ai peur de ne pas tenir le rythme de travail. »

© Nathan - La photocopie non autorisée est un délit.

1 Les acteurs et les résistances au changement

I Les acteurs du changement

La conduite du changement correspond à un ensemble d'actions menées par une organisation pour atteindre un résultat, s'adapter à l'évolution de son environnement ou corriger une situation. Le changement peut concerner le domaine technologique, organisationnel, managérial, culturel, juridique…

Les **objectifs** de la conduite du changement sont d'**informer**, de **faire comprendre** le projet, de **susciter l'adhésion** et la **participation des bénéficiaires**. Pour cela, il est nécessaire de repérer et d'avoir recours à différents acteurs comme :

– un responsable du changement, qui est à l'origine du projet ;

– une équipe projet, qui conduit le changement ;

– un réseau du changement, qui constitue un relais de l'équipe projet sur le terrain. Ces acteurs de terrain permettent la réalisation en profondeur des actions du changement. Ce réseau doit être accompagné par des échanges, des réunions et des outils de pilotage.

II Les comportements des acteurs face au changement

Des résistances peuvent apparaître chez certains acteurs. Dans un projet de conduite du changement, il est alors possible de classer les acteurs selon leur niveau d'adhésion au projet :

– les acteurs promoteurs du changement, qui sont favorables au projet ;

– les acteurs observateurs du changement, qui attendent de voir les résultats ;

– les acteurs opposés au changement, qui sont défavorables au projet.

III Les causes de la résistance au changement

Il est nécessaire d'identifier les résistances au changement car elles risquent d'entraver la réussite du projet. Ces réactions de défense face au changement peuvent provenir de plusieurs facteurs.

1. Des facteurs individuels

Chaque individu, de par sa propre expérience personnelle, son histoire, va réagir différemment face à un changement. Il peut manifester, par exemple :

– de l'angoisse face à une situation inconnue ;

– une préférence pour la stabilité ;

– de la peur face à de nouvelles compétences exigées ;

– de l'anxiété face à une perte de contrôle de la situation.

2. Des facteurs organisationnels

L'organisation peut également être source de résistance dans le cas où la structure organisationnelle manque de souplesse ou si les valeurs véhiculées par la culture d'entreprise sont trop éloignées du changement.

3. Des facteurs liés au changement

L'action de changer peut entraîner des résistances liées :

– à la perte de temps et d'énergie qui lui seront consacrées ;

– au manque de confiance et à la méconnaissance des intentions du changement.

La réussite du changement passe par l'adhésion de l'ensemble des acteurs au projet.

© Nathan - La photocopie non autorisée est un délit.

FICHE RESSOURCE

2 La communication au service de la conduite du changement

Pour accompagner la conduite du changement dans une organisation, le levier de la communication va permettre d'informer et de faire comprendre le projet aux différentes catégories d'acteurs.

I Les enjeux de la communication

La communication est un élément essentiel dans la réussite d'un projet de changement.

D'après une étude de mai 2013 du Project Management Institute intitulée « Le rôle essentiel de la communication » , un projet sur cinq échoue du fait d'une communication inefficace.

La communication mobilise les différentes parties prenantes autour des enjeux du projet et crée des conditions favorables à l'acceptation du changement.

En effet, communiquer sur un projet de changement permet notamment :
– d'informer les acteurs sur le rôle de chacun et les intérêts du projet ;
– d'être à l'écoute des attentes des différentes parties prenantes liées au projet afin de limiter les résistances au changement ;
– de faire vivre le projet et d'accompagner le changement lié au projet.

II Les outils de la communication

Une communication efficace va reposer sur des outils adaptés afin d'atteindre les objectifs du projet. Il est alors nécessaire d'élaborer un plan de communication afin de définir les messages que l'on souhaite diffuser, les actions à mener auprès des acteurs concernés, et d'avoir une vue globale sur la communication du projet.

De multiples supports peuvent être utilisés pour transmettre les messages. Certains permettent un échange direct entre l'émetteur et le récepteur (réunion, conférence...) alors que d'autres offrent une faible possibilité d'échange entre l'émetteur et le récepteur (affiche, dépliant...).

Le tableau ci-dessous classe les différents supports de communication en deux types de médias :

Médias avec faible possibilité d'échange entre l'émetteur et le récepteur	Médias permettant les échanges entre l'émetteur et le récepteur
– Kit de communication	– Réunion
– Plaquette, documentation	– Conférence
– Dépliant, livret	– Comité
– Affiche	– Groupe de travail
– Journal interne	– Rendez-vous individuel
– Article	– Espace de discussion
– Mail	– Forum
– Site Web	– Réseaux sociaux...
– Newsletter	
– Vidéo...	

© Nathan - La photocopie non autorisée est un délit.

III Le plan de communication

Le plan de communication est un outil synthétique présenté sous la forme d'un tableau qui permet de prévoir l'ensemble des actions de communication qui vont accompagner le projet de changement depuis la première étape de préparation jusqu'à la dernière phase de clôture.

L'élaboration d'un **plan de communication** au service de la conduite du changement nécessite :
- de sélectionner les **acteurs cibles** ou **destinataires** ;
- de définir les **objectifs** et le **contenu des messages** afin de faciliter le changement ;
- de choisir les **médias** et les **supports** de communication ;
- de fixer la **durée** et le **calendrier** d'exécution ;
- d'évaluer les **résultats pour mesurer la réussite du changement**.

La construction du plan de communication repose sur l'analyse de divers éléments qui vont dépendre de la nature du projet de changement (technologique, organisationnel, managérial, culturel, juridique…) :

Destinataire	Ce sont les acteurs internes ou externes à l'organisation concernés par les actions de communication de changement : salariés, clients, instances représentatives du personnel, fonctionnaires…
Objectif	L'objectif correspond à ce que l'action de communication doit parvenir à atteindre. Il va dépendre de la nature du projet de changement, de l'étape du projet et des destinataires visés : informer sur le changement, éviter les tensions, connaître les opinions…
Contenu	Le contenu correspond au message qui doit être diffusé par l'action de communication : réorganisation, nouvelle technologie, fusion…
Média	Le média ou canal de communication est la voie par laquelle les supports de communication véhiculeront les messages : affichage, presse écrite ou en ligne, contact direct, plateformes communautaires (réseau, blog, forum…)
Support	C'est l'outil qui va permettre de diffuser le message : brochure, affiche, mail, forum, article, réunion…
Période	Il s'agit de la date de diffusion ou de réalisation de l'action de communication.

Modèle de PLAN DE COMMUNICATION *à adapter au projet de changement*

Étape	Destinataire	Objectif/ Contenu	Média/Support	Période
Exemple **Conduite du changement**				

Le plan de communication doit utiliser des supports variés pour diffuser les messages.

© Nathan - La photocopie non autorisée est un délit.

3 La formation au service de la conduite du changement

Pour accompagner la conduite du changement dans une organisation, le levier de la formation est essentiel pour susciter l'adhésion et la participation des différentes catégories d'acteurs.

I Les objectifs de la formation

Depuis la loi du 16 juillet 1971, la formation est une obligation légale qui a pour objectif de mettre en adéquation les ressources humaines de l'organisation avec ses besoins en termes de savoirs, de savoir-faire et de savoir-être en tenant compte des évolutions économiques et technologiques. Elle repose sur un ensemble d'actions permettant de maintenir ou de développer les compétences des individus.

II Les modalités de la formation

Les dispositifs de formation sont multiples. En effet, la formation peut être individuelle ou collective, réalisée en présentiel, à distance ou mixte. Avec les évolutions technologiques, la formation à distance, appelée *e-learning* ou apprentissage en ligne, prend de plus en plus d'importance dans les processus de formation. Après l'apparition des MOOC (*Massive Open Online Courses*) dans le monde de l'éducation, les COOC (*Corporate Open Online Courses*) s'imposent désormais au sein des entreprises comme des actions de formation de nouvelle génération. En effet, de nombreuses grandes entreprises comme Nestlé ont adopté ces plateformes éducatives à la fois ludiques et participatives.

Le tableau ci-dessous présente les différentes possibilités de modalités de formation :

Modalité	Fonctionnement	Intérêt
Formation en face à face	Formation collective en salle avec intervention d'un formateur	Facilite les échanges et le partage d'expériences
Formation avec simulation	Apprentissage par simulation généralement en laboratoire	Maîtrise rapide et opérationnelle
Formation en situation de travail/tutorat	Apprentissage dans le milieu de travail avec un tuteur et mises en situation professionnelles	Formation en situation réelle
Formation à distance en autonomie	Apprentissage à distance autonome sur une plateforme de formation à l'aide de classes virtuelles, tutoriels, modules *e-learning*...	Se former à son rythme, rapidement et à moindre coût
Formation hybride (à distance et en présentiel)	Apprentissage combinant le présentiel et la formation à distance en autonomie à l'aide de dispositifs *e-learning*	Combine échanges et autonomie
Formation collaborative	Apprentissage à distance à l'aide des réseaux sociaux ou de MOOC (formation en ligne centrée sur la transmission de savoirs ou sur des interactions d'apprentissage)...	Permet de former plusieurs salariés en même temps et de partager les savoirs

© Nathan - La photocopie non autorisée est un délit.

III Le plan de formation

La formation repose sur l'élaboration d'un plan de formation, document obligatoire institué par la loi de 1971, qui planifie et organise les actions de formation en fonction des objectifs à atteindre. Depuis la loi du 4 mai 2004 sur la formation professionnelle, le plan de formation doit classer les actions de formation en deux catégories :
– actions visant à assurer l'adaptation du salarié au poste de travail ou liées à l'évolution, ou au maintien dans l'emploi ;
– actions ayant pour objet le développement des compétences des salariés.

La réalisation du plan de formation se déroule en plusieurs étapes :

PHASE 1 **Analyse des besoins de formation**	PHASE 2 **Conception de la formation**	PHASE 3 **Réalisation de la formation**	PHASE 4 **Évaluation de la formation**
- Définition des besoins (projet, changement, évolution des emplois et compétences) - Exploiter les entretiens annuels	- Élaborer le plan de formation (contenu, durée) - Choix de la pédagogie (tutorat, *e-learning*...) - Choix des formateurs	- Communiquer auprès des agents - Organiser la mise en place des actions de formation (suivi, convocations)	- Définir les modalités d'évaluation - Faire le bilan du plan de formation

Le tableau ci-après est un exemple de modèle de plan de formation, *à adapter au projet* :

PLAN DE FORMATION (extrait) d'un établissement hospitalier

Cible	Intitulé	Organisation	Durée	Conditions requises
Aide-soignant(e) ou aide médico-psychologique	Devenir infirmier (bac + 3)	En apprentissage	1 800 h en centre de formation 2 100 h à l'hôpital	Avoir le bac
Agent de service hospitalier	Devenir aide-soignant(e) (AS)	Sur 1 an	400 h en centre de formation 400 h à l'hôpital	Aucun diplôme requis
Agent de service hospitalier ou aide-soignant(e)	Devenir aide médico-psychologique (AMP)	Sur 1 à 3 ans	500 h en centre de formation 500 h à l'hôpital	Aucun diplôme requis

IV L'évaluation de la formation

Dès l'élaboration du plan de formation, des dispositifs d'évaluation doivent être définis. D'après Alain Meignant (2009), l'évaluation de la formation peut se faire selon cinq niveaux :
– évaluation de la satisfaction à chaud, qui consiste à évaluer l'action de formation de façon globale dès la fin de la formation à l'aide le plus souvent d'un questionnaire ;
– évaluation pédagogique, qui évalue les connaissances à l'aide de tests, quizz... ;
– évaluation des compétences lors de mises en situation de travail ;
– évaluation des effets de la formation sur la performance à court terme au niveau des coûts, de la productivité, de la qualité, de la satisfaction client, et à long terme au niveau de la gestion des risques, du changement... ;
– évaluation du processus de formation, qui porte sur le pilotage, le choix des acteurs et des modalités de formation.

© Nathan - La photocopie non autorisée est un délit.

FICHE RESSOURCE

4 Le pilotage d'une action de conduite de changement

Le pilotage d'une action de conduite de changement a pour objet de mesurer les résultats des diverses actions menées dans le cadre des trois leviers que sont la communication, la formation et l'accompagnement humain. Ce pilotage doit être réalisé tout au long de la durée du projet afin de suivre son avancement et d'appréhender l'acceptation du changement par les différents acteurs. Il est réalisé à l'aide de trois moyens : la planification, le suivi des actions et le retour d'expérience (voir chapitre 14 : *Établir le bilan du projet*).

I La planification

Un projet de changement est composé d'un ensemble de tâches à réaliser dans des délais impartis. La planification est la présentation des tâches à accomplir dans un planning afin de suivre en temps réel l'avancement du projet. Le diagramme de Gantt est un outil fréquemment utilisé en gestion de projet parce qu'il permet de lister les différentes tâches ainsi que les éventuels chevauchements. Chaque tâche est matérialisée par une barre horizontale, dont la position et la longueur représentent la date de début, la durée et la date de fin.

Un exemple de diagramme de Gantt réalisé à l'aide du logiciel MindView

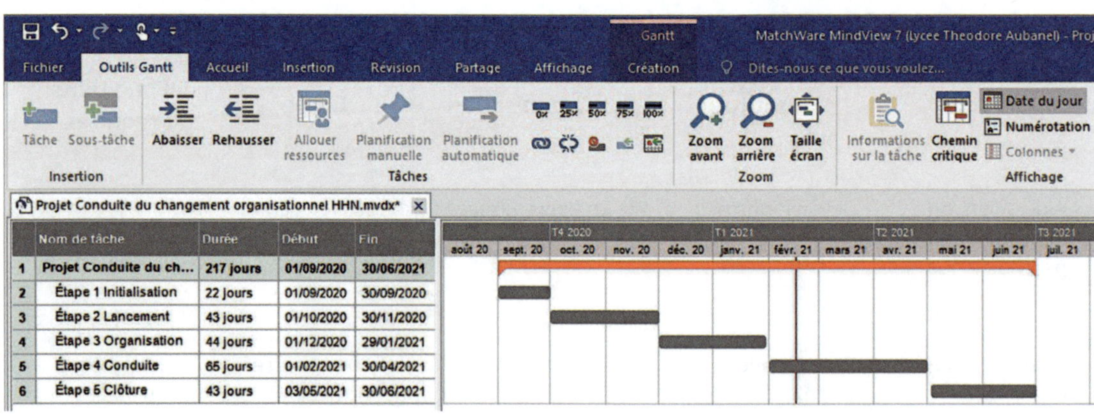

II Le suivi des actions à l'aide de tableaux de bord

Piloter une action de conduite de changement nécessite la construction de tableaux de bord qui rassemblent des indicateurs pertinents mesurant les résultats des actions de conduite du changement et évaluant le projet. Jean-Michel Moutot, dans son ouvrage *La Boîte à outils de la conduite du changement* (édité chez Dunod), propose un modèle de mesure du changement en cours dont un extrait est présenté ci-dessous. En fonction des résultats obtenus, des actions correctives peuvent être menées afin de pallier aux difficultés rencontrées :

Indicateurs de mesure de la conduite du changement	Oui, complètement	Oui, de temps en temps	Oui, un peu	Non, jamais
Taux d'information : *Avez-vous entendu parler du projet ?*				
Taux de compréhension : *Comprenez-vous les objectifs du projet ?*				
Taux d'adhésion : *Pensez-vous que ce projet soit utile ?*				
Taux de participation : *Avez-vous participé à des réunions du projet ?*				

© Nathan - La photocopie non autorisée est un délit.

APPLICATIONS PROFESSIONNELLES

1 Développer la collaboration pour accompagner le changement

MAÎTRISE

Situation

Au sein de l'unité Chirurgie ambulatoire des HHN, les équipes sont confrontées à de nouvelles responsabilités et développent de nouvelles compétences. L'équipe projet, qui souhaite diffuser ces bonnes pratiques à l'ensemble des acteurs de l'hôpital, réfléchit à la mise en place d'un réseau social d'entreprise.

Consignes

1. **Déterminez les raisons pour lesquelles l'équipe projet envisage le développement d'un réseau social d'entreprise au sein de l'hôpital.**
2. **Repérez les freins éventuels liés à la mise en place de cet outil.**
3. **Proposez des solutions permettant de dépasser ces freins.**

Document Le réseau social d'entreprise au service du changement

Les réseaux sociaux d'entreprises (RSE) se présentent comme les nouveaux outils de [la] collaboration en entreprise et tendent à se démocratiser depuis quelques années, que ce soit grâce à l'arrivée progressive sur le marché de la génération Y ou l'essor des réseaux sociaux dans la vie privée. [...] Toutefois, la France semble être en retard, puisque seulement 5 % des salariés français auraient accès à un RSE dans leur entreprise. Et 11 % utiliseraient des outils sociaux de collaboration (contre 18 % en moyenne en Europe), avec l'intranet en fer de lance, loin d'un RSE abouti avec des fonctionnalités plus développées. Nous sommes donc encore loin de la généralisation massive de cet outil dans les entreprises et de l'adoption unanime par les salariés de ce nouvel outil qui, en même temps, peut faire peur pour plusieurs raisons. Les principales craintes liées aux RSE sont du domaine de la sécurité, de la perte de contrôle et de temps des salariés. Effectivement, la mise en place d'un tel outil, pourtant en plein essor et porteur de nombreuses promesses, n'est pas sans risques.

Parmi eux, on retrouve le coût [...], la déstabilisation de la culture de l'entreprise et de la hiérarchie (remise en cause de la ligne managériale), la perte de repères organisationnels, la perte de temps et donc de productivité, mais également des problématiques RH, de santé au travail et de sécurité comme la fuite de documents confidentiels par exemple.

Toutes ces peurs doivent être prises très sérieusement en considération, d'autant plus qu'elles ne sont pas formulées uniquement par des technophobes avérés mais bien relayées par des professionnels des domaines de la santé, de l'informatique, des RH et autres managers sur le terrain.

Cependant, il reste bon de rappeler que toutes ces craintes sont sensiblement les mêmes que celles perçues à l'avènement de nouvelles technologies (téléphone, Internet, etc.). Le but est ici de s'aider de ces craintes, pour déterminer, dans un premier temps, si elles sont justifiées ou non, et dans un deuxième temps, les lever ou anticiper celles qui peuvent l'être.

G. Boisson, « Réseaux sociaux d'entreprise et conduite du changement », blog.square-management.com, 24 avril 2017.

© Nathan - La photocopie non autorisée est un délit.

2 Lever les freins externes au changement

EXPERTISE

Situation

Pour développer l'unité Chirurgie ambulatoire, les HHN souhaitent rassurer les patients parfois encore réticents à ce mode de prise en charge. Pour atteindre cet objectif, vous devez mener les actions suivantes.

Consignes

1. **Repérez chez les patients de chirurgie ambulatoire les éventuelles résistances à ce nouveau mode d'hospitalisation.**
2. **Procédez à des recherches pour identifier les intérêts de ce dispositif pour le patient et les consignes qu'il doit respecter.**
3. **Concevez un livret d'accueil à l'aide du support numérique de votre choix pour accompagner le futur patient au sein de l'unité Chirurgie ambulatoire.**
4. **Réalisez une courte vidéo préopératoire pour informer le patient et lever ses inquiétudes.**

Document 1 Les exigences de la chirurgie ambulatoire

Une information plus pédagogique

« Le chirurgien et l'anesthésiste informent le patient, puis l'infirmière lui réexplique ce qu'ils ont dit, insiste Marie-Odile Guillon, car, bien souvent, il n'a pas bien compris, pas osé questionner le médecin, ou parce que les renseignements ont été donnés à un moment où il n'était pas réceptif. » « La chirurgie ambulatoire impose des consultations spécialisées d'information », confirme le Dr Cuq. « L'objectif est que le patient sache distinguer les symptômes postopératoires normaux de ceux qui imposent d'alerter le médecin, complète le Pr Vons. C'est pourquoi on multiplie les vidéos préopératoires pour montrer aux patients tout ce qu'il faut savoir pour être de véritables partenaires de leur prise en charge. » « L'équipe de l'unité de chirurgie ambulatoire doit absolument interroger le patient pour être sûr qu'il sera bien entouré à sa sortie », insiste Danièle Desclerc-Dulac.

La réticence du patient

« Il ne faut pas forcer la personne à se faire opérer ainsi, mais tout lui expliquer et bien l'encadrer », résume le Dr Cuq. « Si des personnes sont éligibles mais réticentes à une intervention en ambulatoire, j'essaie de les rassurer et de les convaincre que le meilleur traitement ne consiste pas à rester à l'hôpital », témoigne le Pr Vons. « L'équipe soignante doit tout faire pour lever les inquiétudes du patient qui, au final, demeure le seul décideur, conclut Danièle Desclerc-Dulac. S'il est trop angoissé ou se sent en insécurité, il court des risques et mieux vaut qu'il reste un peu hospitalisé. »

B. Tabone et J. Huguenin,« Chirurgie ambulatoire : une solution d'avenir », *Pleine Vie*, 17 septembre 2015.

Document 2 L'accompagnement du patient en chirurgie ambulatoire

1re étape
Accueil du patient

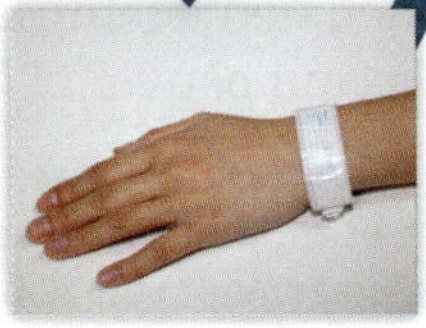

2e étape
Préparation, habillage et pose du bracelet

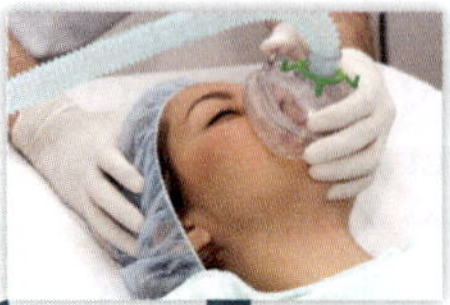

3e étape
Anesthésie

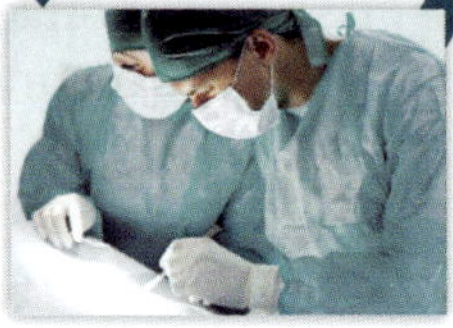

4e étape
Intervention

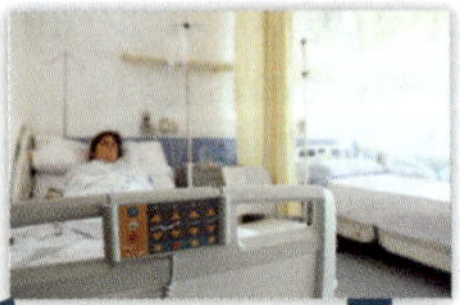

5e étape
Surveillance postopératoire

6e étape
Restauration, vérification d'aptitude à la sortie et dernières consignes médicales

© Nathan - La photocopie non autorisée est un délit.

E5-A

3 Accompagner une démarche qualité

Situation

Pour réaliser le projet de transformation du pôle gériatrie en une unité court séjour Chirurgie ambulatoire, Maud Constantin, l'ingénieure qualité des Hôpitaux Haute-Normandie, vous sollicite afin de mettre en place une veille informationnelle dont l'objectif est d'accompagner et de faciliter ce changement organisationnel. Pour conduire cette veille informationnelle, vous allez suivre la démarche du cycle de veille (besoin, collecte, traitement et analyse, diffusion).

Consignes

1. **Analysez vos besoins d'informations en déterminant l'objet de la veille, son périmètre, les mots clés et en choisissant des outils de veille appropriés.**
2. **Recherchez et collectez l'information.**
3. **Exploitez et analysez les informations collectées.**
4. **Structurez et diffusez les informations trouvées vers les personnes intéressées.**
5. E5-A **Rédigez votre compte rendu pour l'épreuve E5 à l'aide du document 3**
6. E5-A **Préparez votre présentation orale pour l'épreuve E5 à l'aide du document 4.**

Document 1 La démarche et les outils de la veille informationnelle

CHERCHER

À l'aide des moteurs de recherche (Ecosia, Google, Qwant…) qui sont les premiers outils pour votre veille (méthode PULL)

LIRE

En s'abonnant à des newsletters (méthode PUSH)

ORGANISER

Avec des outils agrégateurs de liens URL permettant de classer et d'organiser les informations récoltées

- Pearltrees
- Padlet
- Diigo

SURVEILLER LE WEB

Avec la méthode PUSH :
- Alertes avec des mots clés
- Abonnements aux flux RSS
- Agrégateurs de contenu

- Google Alertes
- Scoop-it
- Netvibes
- Delicious
- Feedly

Adapté de *La veille informationnelle* de Corinne Avenante

© Nathan - La photocopie non autorisée est un délit.

Document 2 Grille d'analyse de la veille informationnelle

Pour traiter et analyser les documents obtenus grâce à votre démarche de veille, vous pouvez reproduire et compléter la grille ci-dessous pour chacun des documents collectés. Cette grille vous permettra de réaliser des statistiques (part de documents retenus, part de documents selon les méthodes PULL et PUSH, outils de veille…).

Méthode (PULL ou PUSH)							
Mot clé 1 :							
Outil utilisé	**Date**	**Lien**	**Site/source**	**Description du document**	**Pertinence**	**Fiabilité**	**Document retenu**
Mot clé 2 :							
Outil utilisé	**Date**	**Lien**	**Site/source**	**Description du document**	**Pertinence**	**Fiabilité**	**Document retenu**

Document 3 Plan pour la rédaction du compte rendu de la veille informationnelle

Introduction
- Description du projet auquel la veille informationnelle est liée.
- Objet de la veille : identification des besoins en information en lien avec le projet.

I — Les modalités de conduite de la veille

1. Le choix des outils de collecte de l'information :
- Présentation des deux outils de veille;
- Fonctionnement des outils;
- Avantages et inconvénients de chacun des outils retenus.

2. L'identification des mots clés (en français, en langue étrangère) :
- Liste des mots clés utilisés.

3. La durée de la veille :
- Dates de début et de fin de la veille.

4. Les remédiations éventuelles en cours de recherche :
- Les remédiations réalisées : nouveaux ou affinement des mots clés.

II — Les résultats de la veille

1. La collecte et le tri de l'information (comment ai-je collecté et trié ?) : par contenu et par sources (validité, qualité, pertinence) : explication de la démarche mise en place.
2. L'archivage (comment ai-je trié et sauvegardé ?) : explication de la démarche.

III — L'analyse de la veille

1. Le traitement des résultats (tableaux, graphiques, statistiques…) :
- Les outils de veille : taux de documents conservés, analyse quantitative des informations;
- La collecte des informations : analyse qualitative des informations.

2. Les apports/incidences de la veille informationnelle pour le projet.
3. La diffusion des informations issues de la veille informationnelle (supports, moyens…).

Conclusion :
- La justification de la démarche choisie;
- L'intérêt de la veille informationnelle pour le projet.

Table des annexes :
- Des exemples de traitement de l'information (copies d'écran…);
- La liste des sources recueillies et triées (extrait)…

Document 4 Guide pour la présentation orale de la veille informationnelle

Maud Constantin étant peu disponible, la présentation de la conduite de votre veille informationnelle ne pourra dépasser les cinq minutes. Pour répondre à toutes ses attentes, elle vous a fourni un guide qui permettra d'optimiser votre présentation orale. Vous utiliserez un support visuel adapté à votre démarche.

1. L'objet de la veille informationnelle
2. Les méthodes de veille : PULL/PUSH
3. Le choix des outils à justifier => faire une démonstration
4. Les mots clés choisis
5. La durée de la veille
6. La remédiation mise en œuvre
7. Le tri et la sélection : sources, qualité de l'information (fiabilité, pertinence, actualité, coût)
8. Les traitements : tableaux, graphiques
9. L'archivage
10. La veille qui a servi le projet ou va le servir
11. La communication ou diffusion de la veille
12. Les bilans professionnels et personnels

© Nathan - La photocopie non autorisée est un délit.

Chapitre

14 Établir le bilan du projet

ACTIVITÉ	**2.4.** Clôture du projet	**VERS PIX**	**1.3** Traiter des données
COMPÉTENCE	Évaluer le projet		**2.1** Interagir
TÂCHES	**2.4.1.** Évaluation des résultats		**2.2** Partager et publier
	2.4.2. Établissement du bilan de projet		**2.3** Collaborer
			3.1 Développer des documents textuels

Situation professionnelle

Les Hôpitaux Haute-Normandie (HHN) ont choisi de restructurer le pôle gériatrie en une unité de court séjour de chirurgie ambulatoire. Dans la phase ultime du projet, une période d'expérimentation de sept jours (week-end non compris) a permis d'accueillir 182 patients (26 patients par jour pour 34 lits). Les personnels ont été conduits à modifier leurs pratiques professionnelles dans la nouvelle unité de chirurgie ambulatoire (UCA). À terme, l'unité devrait pouvoir accueillir 68 personnes par jour.

Le projet est aujourd'hui arrivé dans son étape de clôture. L'unité de chirurgie ambulatoire est opérationnelle : il est désormais possible et nécessaire d'évaluer les résultats du projet.

Maud Constantin, ingénieure du pôle Sécurité-qualité et qui a accompagné le projet depuis la première étape, se prépare à présenter le bilan. Elle envisage d'organiser un séminaire de clôture qui réunira les personnels concernés par la mise en œuvre du projet, la direction des HHN, les élus municipaux et régionaux, et la presse locale, au cours duquel elle présentera avec l'équipe projet les résultats analysés.

Découvrez les Hôpitaux Haute-Normandie en vidéo

liennathan.fr/3pn48h

Comprendre le contexte

1. Quel est le projet dont il faut établir le bilan ?
2. À quelle étape du pilotage de projet le bilan doit-il être effectué ?
3. Que signifie « évaluer les résultats du projet » ?

© Nathan - La photocopie non autorisee est un delit.

VOTRE MISSION

Vous accompagnez Maud Constantin dans la dernière étape du projet. Elle vous fournit les résultats des enquêtes et études menées au cours des différentes étapes du projet.

TRAVAIL À FAIRE

I. Évaluer les résultats du projet

Vous êtes chargé(e) d'évaluer les résultats de l'ensemble des données du projet et de mesurer les modifications engendrées par la transformation du pôle gériatrie en Unité de chirurgie ambulatoire (UCA), pour les personnels et pour les patients.

1. Repérez les données relatives au projet (planification, communication, budget) et évaluez les écarts entre ce qui était prévu et ce qui a été réalisé. Justifiez les résultats trouvés.

Fiche ressource 1
Annexes 1 4 5

2. Mesurez les résultats de la restructuration du service pour les différentes catégories de personnels de l'unité : perception des changements organisationnels, manière dont le changement a été accompagné, organisation et suivi des formations, éventuels besoins complémentaires en formations.

Fiche ressource 1
Annexes 2 3

La période d'expérimentation a permis de questionner les premiers patients sur la nouvelle UCA.

3. Analysez les résultats de l'étude sur la satisfaction globale des patients concernant l'accueil, l'information, la prise en charge et la nouvelle procédure « parcours du patient en UCA ».

Fiche ressource 1
Annexe 6

II. Établir le bilan du projet

Grâce à l'ensemble des données recueillies et analysées, vous pouvez à présent établir le bilan de projet qui sera présenté et distribué lors du séminaire de clôture. Maud Constantin souhaite également accompagner la présentation du bilan d'un diaporama qui reprendra les chiffres clés du projet. Il était initialement prévu de rédiger un article sur le bilan du changement : Maud Constantin vous charge de lui faire une proposition.

COM **4.** Rédigez le rapport du bilan de projet qui reprendra l'historique du projet mené par l'équipe projet, les étapes de sa réalisation, les résultats attendus et ceux obtenus. Le dossier sera construit selon un plan rigoureux mis en forme grâce à une table des matières automatique. Il sera accompagné des annexes réalisées à partir de l'évaluation des résultats du projet permettant de fournir des illustrations pertinentes à l'analyse et à l'interprétation.

Fiche ressource 2
Annexes 1 2 3
Annexes 4 5 6

COM **5.** Préparez le diaporama de présentation du « projet UCA en chiffres ». Il reprendra les données essentielles présentées de manière visuelle (tableaux, graphiques, schémas...).

COM **6.** Rédigez l'article sur le bilan du changement que vous présenterez à Maud Constantin pour validation.

© Nathan - La photocopie non autorisée est un délit.

7. Envisagez la manière dont cette information pourrait également être diffusée à des destinataires externes, par exemple par le biais des médias sociaux. Préparez le message, et les médias que vous proposez pour le diffuser.

III. Préparer l'atelier de retour d'expérience

Afin de recueillir l'avis des personnels sur la conduite du projet, Maud Constantin vous demande de préparer un atelier de retour d'expérience pour évaluer les satisfactions, les réussites, mais également les frustrations et les échecs. Elle souhaite que cet atelier se déroule dans la convivialité, après ce projet long et difficile à mettre en œuvre. L'hôpital dispose de salles de réunion qui pourront accueillir l'atelier que Maud Constantin animera.

8. Présentez à Maud Constantin le déroulement de l'atelier de retour d'expérience.

Fiche ressource 3

9. Rédigez le courriel de convocation pour l'atelier de retour d'expérience, en précisant le contexte, la durée, le lieu, l'objet et le déroulement.

IV. Analyser le retour d'expérience

L'atelier de retour d'expérience s'est déroulé dans de bonnes conditions. Vous avez récupéré les fiches de retour d'expérience réalisées en groupe.

10. Analysez les résultats des fiches de retour d'expérience.

Fiche ressource 3

COM 11. Préparez une synthèse de ces résultats que vous présenterez à Maud Constantin avant de la diffuser aux participants de l'atelier.

Annexe 7

E5-B 12. Complétez la fiche descriptive du projet de restructuration du pôle gériatrie en unité de chirurgie ambulatoire.

Chap14-annexe8.docx

© Nathan - La photocopie non autorisée est un délit.

DONNÉES DE LA SITUATION

Annexe 1 Courriel de Maud Constantin

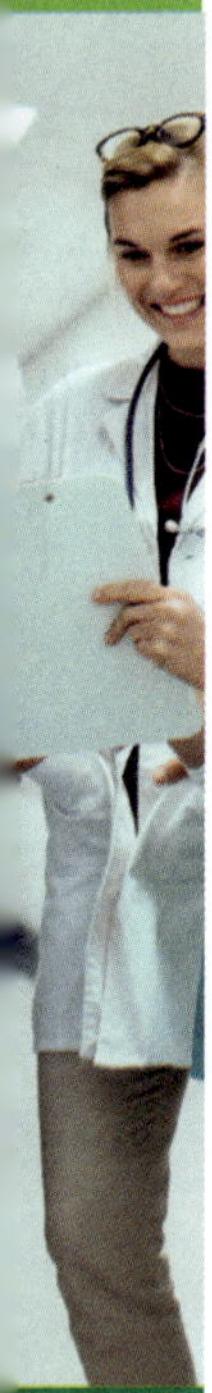

De... maud.constantin@hhn.fr

À... administration.projet@hhn.fr

Objet : Bilan de projet

Bonjour,

Nous voilà arrivés à la dernière étape du projet avec la fin de la période d'expérimentation de notre nouvelle unité.

Je vous demande de m'aider à organiser le séminaire de clôture pour lequel il faudra rassembler les documents d'analyse nécessaires au bilan.

Je vous fais part d'un aspect important du rapport d'audit financier qu'il faudra mentionner dans votre analyse. Les auditeurs viendront eux-mêmes présenter les résultats financiers dans le détail à l'occasion du séminaire.

Le budget alloué pour la restructuration était de 135 000 euros. Nous avons dépensé 108 800 euros, la différence qui n'a pas été utilisée aurait dû l'être pour les formations qui n'ont pas été suivies.

Les auditeurs ont pointé deux dysfonctionnements importants :

- les heures de formation prévues n'ont pas été totalement effectuées sur la période ; la formation est pourtant indispensable au bon déroulement de la restructuration de l'unité ;
- les agents de service hospitalier n'ont pas été prévus dans le plan de formation ; or, ils ont une mission de relation sociale très importante auprès des patients, notamment au moment de la sortie de l'hôpital.

Il faudra préciser dans le bilan que, conscients de cette omission, nous allons apporter les mesures correctives (néanmoins, les agents eux-mêmes ne nous ont jamais sollicités au cours de nos réunions pour être formés).

Je joins l'ensemble des données pour établir le bilan du projet.

Bien cordialement,

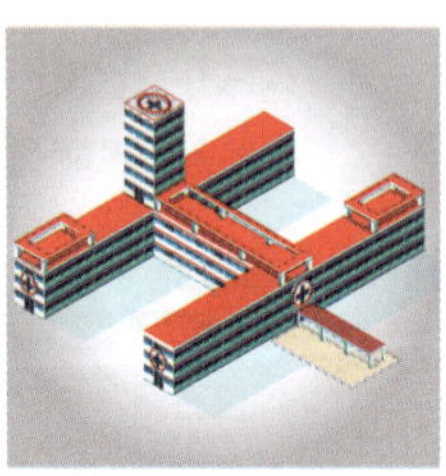

Maud Constantin
Ingénieure du pôle « Sécurité-qualité »
Hôpitaux Haute-Normandie

© Nathan - La photocopie non autorisée est un délit.

Annexe 2 Résultats de l'étude sur les changements organisationnels de l'UCA réalisés auprès des personnels

Synthèse de l'étude menée auprès des personnels de l'UCA (37) aux différentes étapes du projet (sans distinction de la fonction).

Échelle de 1 à 5 :
1 - Pas du tout satisfait ;
2 - Pas satisfait ;
3 - Ni satisfait ni insatisfait ;
4 - Satisfait ;
5 - Tout à fait satisfait.

	1	2	3	4	5
Étape 1 Groupes de réflexion					
Présentation du projet dans les groupes de réflexion	0	0	0	34	3
Prise en compte des remarques pour préciser le contenu du projet	0	0	7	30	0
Adhésion au projet sur la réduction des risques	0	8	20	9	0
Adhésion au projet sur l'amélioration de la prise en charge des patients	5	12	14	6	0
Adhésion au projet concernant la réduction des coûts	10	9	10	8	0
Prise en compte des résistances au projet	2	3	4	23	5
Utilité des groupes de réflexion	0	0	0	34	3
Adhésion au projet en fin d'étape 1	6	2	5	16	8
Étape 2 Réunions de sensibilisation					
Présentation de la réorganisation de l'unité	0	0	7	30	0
Présentation des nouveaux plannings	5	12	14	6	0
Présentation du nouveau « parcours patient »	2	3	4	23	5
Présentation des nouvelles pratiques	0	0	7	30	0
Présentation des nouvelles conditions de travail	0	0	7	30	0
Présentation des formations associées	0	0	7	30	0
Écoute des propositions des personnels	0	0	0	34	3
Adhésion au projet en fin d'étape 2	4	1	8	13	11
Étape 3 Journées d'information/ Espaces de discussion					
Présentation de l'avancement du projet	0	0	6	20	7
Adhésion sur le rythme d'avancement du projet	5	12	14	6	0
Présentation du planning de formation	4	13	12	6	2
Concertation sur la construction des plannings de présence dans l'unité (semaine/exclusion du WE)	0	0	16	10	11
Adhésion au projet en fin d'étape 3	2	0	11	14	10
Étape 4 Suivi du changement					
Intérêt/utilité des formations proposées	0	0	0	15	22
Prise en compte des remarques sur la période d'expérimentation	0	0	4	13	20
Accompagnement, présence et écoute de l'équipe projet	0	0	2	17	18
Satisfaction générale de l'accompagnement du projet	0	0	3	12	22
Adhésion au projet en fin d'étape 4	0	0	9	16	10

© Nathan - La photocopie non autorisée est un délit.

Annexe 3 Résultats de l'étude sur les formations du personnel de l'UCA

Total des personnels de l'unité chirurgie ambulatoire : 37
- IDE (infirmiers/-ères titulaires d'un diplôme d'État) : 12
- AS (aides-soignants) : 14
- Secrétaires médicaux : 2
- Cadres santé et administratifs : 3
- ASH (agents de service hospitaliers) : 6

Nombre d'heures de formation suivies

Intitulé de la formation	Personnel ciblé	Nombre	Durée et période	Total de formations prévues	Total de formations effectuées[1]
Amélioration du confort et de la sécurité du patient	IDE (cadres et non-cadres)	12	24 heures 4 jours sur 4 semaines	288	144
	Aides-soignants	14		336	112
	Secrétariat médical	2		48	48
Communication au sein de l'équipe et avec les patients	IDE (cadres et non-cadres)	12	12 heures 2 jours sur 2 semaines	144	72
	Aides-soignants	14		168	84
	Secrétariat médical	2		24	24
Optimisation de la gestion des lits	Cadres de santé et administratifs	3	18 heures 3 jours sur 3 semaines	54	54
	Secrétariat médical	2		36	36

1. Toutes les formations programmées n'ont pas été suivies. Tous les personnels ont pu suivre au moins une formation.

Satisfaction des personnels sur les formations suivies

Amélioration du confort et de la sécurité du patient	1	2	3	4	5
IDE (cadres et non-cadres)	0	0	0	2	10
Aides-soignants	0	0	2	2	10
Secrétariat médical	0	0	0	0	2
Communication au sein de l'équipe et avec les patients					
IDE (cadres et non-cadres)	1	1	6	3	1
Aides-soignants	1	2	5	4	2
Secrétariat médical	0	0	1	1	0
Optimisation de la gestion des lits					
Cadres de santé et administratifs	0	0	0	1	2
Secrétariat médical	0	0	0	0	2

Échelle de 1 à 5 : 1- Pas du tout satisfait ; 2- Pas satisfait ; 3- Ni satisfait ni insatisfait ; 4- Satisfait ; 5- Tout à fait satisfait.

Besoins en formation complémentaire

Formations	IDE (cadres et non-cadres)	Aides-soignants	Secrétariat médical	Cadres de santé et administratifs
Parcours du patient en chirurgie ambulatoire	89 %	93%	50 %	0 %
Prévention des risques en chirurgie ambulatoire	100 %	95 %	0 %	0 %

© Nathan - La photocopie non autorisée est un délit.

Annexe 4 Planification du projet UCA - Hôpitaux de Haute Normandie (HHN)

	Prévisions			Réalisations			Observations
Étapes	**Durée (en mois)**	**Début**	**Fin**	**Début**	**Fin**	**Écarts (en jours)**	
Préparation	1	01-sept	30-sept	01-sept	30-sept	0	
Lancement	2	01-oct	30-nov	01-oct	12-déc	12	
Organisation	2	01-déc	30-janv	13-déc	14-févr	14	
Conduite	3	01-févr	30-avr	15-févr	04-mai	4	
Clôture	1	01-mai		05-mai		4	
Durée totale prévue (en mois)	**9**						
Durée totale réelle				**9 mois et 4 jours**			
Écart total (en jours)						**4**	

NB : Pour respecter les délais prévus, certaines formations ont été reportées.

Annexe 5 Tableau de bord de la communication du changement – UCA (extrait)

PROJET	TABLEAU DE BORD DE COMMUNICATION - Unité de chirurgie ambulatoire (HHN)							
Étapes	**Date prévue**	**Date réelle**	**Cible**	**Canal**	**Support**	**Fréquence**	**Rédacteur**	**Statut**
Étape 1 Préparation	01-sept	01-sept	Personnel	Messagerie	Courriel	1/mois	Maud Constantin	
	03-sept	03-sept	Personnel	Panneaux Hall d'accueil/ Secrétariat/ Salle de repos	Affichage	1/mois	Fanny Vial	
	28-sept	28-sept	Personnel	Journal interne	Article	Ponctuel	Maud Constantin	
Étape 2 Lancement	15-oct	30-nov	Personnel	Intranet	Forum	Sur la durée du projet	Maud Constantin	
Étape 3 Organisation	12-déc		Patients	Support papier	Création de brochure	Ponctuel	Fanny Vial	
	05-janv		Patients	Rencontres	Journées portes ouvertes	Ponctuel	Maud Constantin Fanny Vial Vous	
Étape 4 Conduite	01-févr	01-févr	Personnel	Journal interne	Présentation des nouveaux membres	Ponctuel	Fanny Vial	
Étape 5 Clôture	01-mai	05-mai	Personnel	Journal interne	Article Bilan du changement	Ponctuel	Vous	

- Actions réalisées
- Actions en cours ou retardées
- Actions non réalisées, bloquées ou annulées

NB : En raison des retards pris dans la phase d'organisation, la création de la brochure et les journées portes ouvertes sont reportées après l'ouverture de l'unité de chirurgie ambulatoire.

© Nathan - La photocopie non autorisée est un délit.

Annexe 6 Résultats de l'étude de satisfaction du patient UCA - Hôpitaux de Haute Normandie (extrait)

Nombre de questionnaires exploitables pour l'établissement : 182
Étude menée sur 7 jours.

Comment interpréter son résultat ?

Ce score est une note de satisfaction globale calculée, dont le résultat est exprimé sur 100. Ce score n'est pas un pourcentage de patients satisfaits ou très satisfaits.
Plus le score est élevé, plus la satisfaction des patients hospitalisés est élevée pour l'établissement. Les résultats sont affichés sous forme d'une note sur 100 qui correspond au score obtenu et d'une couleur qui correspond au classement de l'établissement par rapport à la distribution nationale.
Les établissements en classe A ont obtenu un score de satisfaction globale ajusté supérieur ou égal à 77.3/100.

SATISFACTION DU PATIENT

Note de satisfaction globale des patients	77/100
Accueil	78/100
Prise en charge par les médecins/chirurgiens	83/100
Prise en charge par les infirmiers/aides-soignants	81/100
Repas	68/100
Chambre	79/100
Organisation de la sortie	68/100

ORGANISATION DE LA SORTIE DU PATIENT

Document de sortie	C	23%

© Nathan - La photocopie non autorisée est un délit.

Annexe 6 Résultats de l'étude de satisfaction du patient UCA - HHN (extrait) (suite)

...

Taux de satisfaction de la qualité de l'écoute du patient	Satisfaits	Non satisfaits
L'écoute du personnel hospitalier	82 %	18 %
L'écoute de l'anesthésiste	92 %	8 %
L'écoute du praticien	59 %	41 %

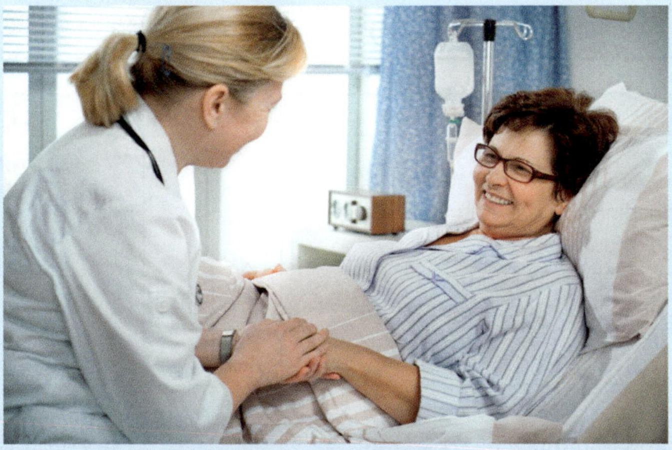

Taux de satisfaction au moment de la sortie du patient de l'hôpital	Satisfaits	Non satisfaits
Les explications données sur les documents de sortie	23 %	77 %
Les informations reçues sur les signes ou complications devant l'amener à recontacter l'hôpital ou son médecin	43 %	57 %
Les informations reçues sur le suivi après la sortie : confort, propreté, calme et tranquillité de la chambre.	18 %	82 %

	Satisfaction aux différentes étapes du nouveau « parcours patient » en UCA	Mauvais	Passable	Moyen	Bon	Excellent
1	Étape préparatoire	5	8	31	110	28
2	Appel téléphonique la veille de l'intervention	3	6	22	120	31
3	Prise en charge préopératoire	2	4	36	112	28
4	Intervention chirurgicale	9	15	17	109	32
5	Prise en charge postopératoire ou suivi médical	1	5	21	108	47
6	Organisation de la sortie	9	50	37	80	6
7	Retour au domicile ou transfert en centre adapté	27	69	62	17	7

Résultats exprimés en nombre.

© Nathan - La photocopie non autorisée est un délit.

Annexe 7 Fiches de retour d'expérience

FICHE DE RETOUR D'EXPÉRIENCE (REX)			
LE PROJET	Titre : Création d'une UCA - HHN Équipe : *Cadres*	Objectif : Amélioration des performances de l'hôpital HHN	Date de début : 01/09/N Date de fin : 05/05/N+1
Date du REX *04/05/N*	Identifiant (qualité et statut ; individuel/équipe) : *3 Cadres UCA - HHN*		

CRITÈRES	INDICATEURS	S[1]	D[1]	Commentaires
Pilotage	Coordination des acteurs Clarté des objectifs Compréhension du projet, des contraintes réelles, des attentes	*x*		*Maud est un pilote rigoureux et exigeant. La coordination des équipes était parfaite.*
Efficacité	Comparatif objectifs/résultats Suivi des résultats et du plan d'action Tous les objectifs ont-ils été atteints ?	*x*		*Objectifs atteints* *Peu d'écarts au final.*
Communication	Communication avec les patients Communication au sein de l'équipe Communication avec les autres équipes	*x*		*Beaucoup d'écoute et de soutien.*
Organisation	Adhésion au changement dans l'organisation Modification éventuelle du rôle des acteurs Dysfonctionnement des équipes	*x*		*Les changements sont très importants mais très bien accompagnés.*
Ajustement/ Mesures correctives	Respect des délais, de la date cible Autres solutions possibles envisagées	*x*		*Les 5 jours de retard sont négligeables par rapport à l'ampleur du projet.*
Commentaires	Co-rédaction en équipe : *Le projet a parfaitement été piloté. Les équipes ont compris l'objectif de la mise en place de l'UCA. La performance est améliorée. Nous sommes très satisfaits de l'aboutissement de ce projet dans de bonnes conditions. Notre expérience positive pourrait servir à la mise en place d'autres unités ambulatoires au sein de l'hôpital.*			

1. **S**atisfaction (ça fonctionne) / **D**ifficultés (ça ne fonctionne pas).

© Nathan - La photocopie non autorisée est un délit.

Annexe 7 Fiches de retour d'expérience (suite)

FICHE DE RETOUR D'EXPÉRIENCE (REX)			
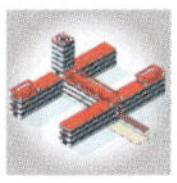 LE PROJET	Titre : Création d'une UCA - HHN Équipe : *ASH*	Objectif : Amélioration des performances de l'hôpital HHN	Date de début : 01/09/N Date de fin : 05/05/N+1
Date du REX *04/05/N*	Identifiant (qualité et statut ; individuel/équipe) : *6 agents de service hospitalier*		

CRITÈRES	INDICATEURS	S[1]	D[1]	Commentaires
Pilotage	Coordination des acteurs Clarté des objectifs Compréhension du projet, des contraintes réelles, des attentes		×	*On a eu du mal à comprendre pourquoi on devait changer.*
Efficacité	Comparatif objectifs/résultats Suivi des résultats et du plan d'action Tous les objectifs ont-ils été atteints ?		×	*On ne sait pas.*
Communication	Communication avec les patients Communication au sein de l'équipe Communication avec les autres équipes		×	*Tout va très vite, on a du mal à trouver le temps de se parler.*
Organisation	Adhésion au changement dans l'organisation Modification éventuelle du rôle des acteurs Dysfonctionnement des équipes		×	*Pour nous, c'est allé trop vite. On a du mal à se faire aux nouveaux rythmes.* *C'est beaucoup de changement.*
Ajustement/ Mesures correctives	Respect des délais, de la date cible Autres solutions possibles envisagées			*On ne sait pas quels étaient les délais.*
Commentaires	**Co-rédaction en équipe :** *Nous avons été oubliés pour les formations. On dirait que notre rôle n'est pas assez important alors que nous fréquentons beaucoup les patients. Nous aurions aimé qu'on nous demande notre avis. Notre métier a beaucoup changé. Nous voyons beaucoup plus de patients par jour, c'est un peu l'usine ! On ne sait pas si c'est mieux pour eux, surtout pour les personnes âgées. Même si nous avons maintenant nos week-ends libres et des horaires de bureau, les journées sont très fatigantes. Nous attendons un peu avant de nous prononcer sur le projet, l'expérience ne nous a pas convaincus pour l'instant.*			

1. **S**atisfaction (ça fonctionne) / **D**ifficultés (ça ne fonctionne pas).

© Nathan - La photocopie non autorisée est un délit.

Annexe 7 Fiches de retour d'expérience (suite)

FICHE DE RETOUR D'EXPÉRIENCE (REX)			
LE PROJET	Titre : Création d'une UCA - HHN Équipe : Secrétaires	Objectif : Amélioration des performances de l'hôpital HHN	Date de début : 01/09/N Date de fin : 05/05/N+1
Date du REX 04/05/N	Identifiant (qualité et statut ; individuel/équipe) : 2 secrétaires médicaux		

CRITÈRES	INDICATEURS	S[1]	D[1]	Commentaires
Pilotage	Coordination des acteurs Clarté des objectifs Compréhension du projet, des contraintes réelles, des attentes	×		Nous avons bien compris le projet, ses contraintes et les attentes.
Efficacité	Comparatif objectifs/résultats Suivi des résultats et du plan d'action Tous les objectifs ont-ils été atteints ?		×	Nous avons suivi les formations (utiles) et les réunions.
Communication	Communication avec les patients Communication au sein de l'équipe Communication avec les autres équipes	×		Manque de communication avec les patients (bien avec les équipes).
Organisation	Adhésion au changement dans l'organisation Modification éventuelle du rôle des acteurs Dysfonctionnement des équipes	×		Nous sommes d'accord pour les nouveaux horaires. Notre rôle a beaucoup changé. Il faut travailler très vite. On craint de commettre des erreurs.
Ajustement/ Mesures correctives	Respect des délais, de la date cible Autres solutions possibles envisagées		×	Délais respectés. On aurait pu prendre plus de temps. Les documents de sortie des patients doivent être améliorés. Trop d'appels et de mails pour expliquer les soins une fois les patients rentrés chez eux. Nous ne savons pas toujours répondre.
Commentaires	**Co-rédaction en équipe :** Notre rôle est devenu plus important en UCA. Nous devons prendre beaucoup de temps pour la sortie des patients et nous recevons beaucoup de mails et d'appels téléphoniques quand ils sont de retour chez eux, car ils n'ont pas bien compris ce qu'ils devaient faire. Cela provoque un stress supplémentaire pour nous (et pour eux). Nous étions plus rassurés quand on savait que les patients restaient à l'hôpital pour la nuit après l'intervention chirurgicale.			

1. **S**atisfaction (ça fonctionne) / **D**ifficultés (ça ne fonctionne pas).

© Nathan - La photocopie non autorisée est un délit.

Annexe 7 Fiches de retour d'expérience (suite)

FICHE DE RETOUR D'EXPÉRIENCE (REX)			
LE PROJET	Titre : Création d'une UCA - HHN Équipe : IDE	Objectif : Amélioration des performances de l'hôpital HHN	Date de début : 01/09/N Date de fin : 05/05/N+1
Date du REX 04/05/N	Identifiant (qualité et statut ; individuel/équipe) : 12 infirmiers		

CRITÈRES	INDICATEURS	S[1]	D[1]	Commentaires
Pilotage	Coordination des acteurs Clarté des objectifs Compréhension du projet, des contraintes réelles, des attentes	×		Nous avons compris le projet, mais nous ne sommes pas d'accord avec l'objectif de réduction des coûts. Nous ne comprenons pas qu'il s'agisse d'une contrainte : cela va à l'encontre du soin et de la sécurité du patient.
Efficacité	Comparatif objectifs/résultats Suivi des résultats et du plan d'action Tous les objectifs ont-ils été atteints ?		×	Notre plan de formation est cohérent, mais nous n'avons pas le temps de suivre toutes les formations car nous ne pouvons pas quitter le service. Il faut impérativement replanifier les formations.
Communication	Communication avec les patients Communication au sein de l'équipe Communication avec les autres équipes	×		Nous communiquons bien au sein de l'équipe, nous avons du mal à communiquer avec les autres équipes. Nous communiquons bien avec les patients.
Organisation	Adhésion au changement dans l'organisation Modification éventuelle du rôle des acteurs Dysfonctionnement des équipes		×	Nous étions d'accord pour passer en ambulatoire, notamment pour les horaires et les week-ends. Mais nous nous rendons compte que nous travaillons toujours dans l'urgence. Cela crée des tensions pendant les passages d'équipes.
Ajustement/ Mesures correctives	Respect des délais, de la date cible Autres solutions possibles envisagées		×	Délais du projet respectés. Nous savions que le planning de formation était irréalisable. Envisager de recruter des IDE supplémentaires ou réduire le nombre de patients par jour.
Commentaires	**Co-rédaction en équipe :** Sur la période d'expérimentation, nous avons reçu 26 patients pour 34 lits. Cela était déjà beaucoup. Nous avons du mal à imaginer comment nous allons faire pour accueillir 2 patients par lit/jour, soit 68 personnes. Nous demandons le recrutement d'IDE supplémentaires, de modifier le planning d'accueil des patients (moins de patients/jour) et nous souhaitons pouvoir suivre nos formations. Nous avons accepté ce projet et y avons apporté toute notre contribution pour sa réussite, mais nous n'imaginions pas la surcharge de travail que cela impliquait. Nous avons l'impression de bâcler notre travail au détriment de la sécurité des patients.			

1. **S**atisfaction (ça fonctionne) / **D**ifficultés (ça ne fonctionne pas).

© Nathan - La photocopie non autorisée est un délit.

Annexe 7 Fiches de retour d'expérience (suite)

FICHE DE RETOUR D'EXPÉRIENCE (REX)			
LE PROJET	Titre : Création d'une UCA - HHN Équipe : *Aides-soignants*	Objectif : Amélioration des performances de l'hôpital HHN	Date de début : 01/09/N Date de fin : 05/05/N+1
Date du REX *04/05/N*	Identifiant (qualité et statut ; individuel/équipe) : *14 aides-soignants*		

CRITÈRES	INDICATEURS	S[1]	D[1]	Commentaires
Pilotage	Coordination des acteurs Clarté des objectifs Compréhension du projet, des contraintes réelles, des attentes	*x*		*Nous avons été associés aux objectifs, qui nous ont été bien présentés. Les réunions de sensibilisation ont été très importantes et nombreuses.*
Efficacité	Comparatif objectifs/résultats Suivi des résultats et du plan d'action Tous les objectifs ont-ils été atteints ?		*x*	*Nous pensons que les objectifs sont atteints sauf pour les formations que nous n'avons pas pu suivre (seulement 1 sur 3).*
Communication	Communication avec les patients Communication au sein de l'équipe Communication avec les autres équipes		*x*	*Nous avons des difficultés à communiquer avec les patients, nous les voyons très peu, beaucoup moins qu'avant. Nous avons plus de mal à échanger aussi avec les IDE, qui sont peu disponibles.*
Organisation	Adhésion au changement dans l'organisation Modification éventuelle du rôle des acteurs Dysfonctionnement des équipes	*x*		*Nous adhérons au changement d'horaires (jours et week-ends) mais nous avons peur des deux patients par lit et par jour attendus : cela va doubler notre charge de travail.*
Ajustement/ Mesures correctives	Respect des délais, de la date cible Autres solutions possibles envisagées	*x*		*Nous n'avons pas suivi toutes les formations pour respecter les délais. Nous aimerions accueillir 1 patient par lit et par jour. Peut-on prévoir une personne (1 administratif ?) pour parler aux familles en cas de difficulté ?*
Commentaires	**Co-rédaction en équipe :** *Nous craignons de bousculer les patients pour qu'ils sortent trop rapidement de l'hôpital. Allons-nous devoir leur dire de partir si on voit qu'ils ne sont pas en état car un autre patient attend la place ? Nous sommes inquiets de leur réaction. Nous pensons que nous allons être les premiers à prendre leurs remarques et le mécontentement des familles. Nous souhaitons la mise en place d'un médiateur pour prévenir ce risque.*			

1. **S**atisfaction (ça fonctionne) / **D**ifficultés (ça ne fonctionne pas).

© Nathan - La photocopie non autorisée est un délit.

1 L'évaluation des résultats du projet

Évaluer les résultats d'un projet suppose de réaliser trois étapes successives : analyser les données, représenter les résultats de manière imagée, et interpréter les résultats.

I L'analyse des données

L'analyse des données repose sur des calculs statistiques s'il s'agit de données quantitatives, ou sur une classification par thème si on doit traiter de données qualitatives.

1. L'analyse des données quantitatives

Les données brutes (en nombre, en volume) peuvent être transformées en pourcentage de manière à faire apparaître des proportions. Par exemple, dans une enquête, si 57 personnes sur 473 personnes interrogées sont très satisfaites d'une prestation, cela signifie que 12 % des personnes sont très satisfaites de la prestation (57 × 100 / 473).

2. L'analyse des données qualitatives

Ce sont généralement les données recueillies par entretien, dans les questions ouvertes des questionnaires, dans les retours d'expérience en phase de clôture de projet. Elles visent à cerner un problème ou un besoin en laissant une parole plus libre aux personnes interrogées. Pour analyser ces données, il faut tenter de repérer les thèmes cités et les classer. Dans notre exemple, les motifs d'insatisfaction le plus fréquemment cités sont l'attente à l'accueil, en face à face et au téléphone. Il faut ensuite représenter et interpréter ces résultats.

II La représentation des résultats

Les résultats peuvent être représentés de manière imagée par des graphiques, des tableaux, des schémas. Les graphiques permettent de comparer, de mesurer les proportions, d'apprécier les évolutions.
La démonstration d'une évolution imagée par un graphique chronologique sera d'autant plus marquante que, visuellement, la courbe montrera une croissance ou une décroissance. Par exemple, si le taux de satisfaction d'une prestation diminue depuis cinq ans, la courbe montrera cette évolution.

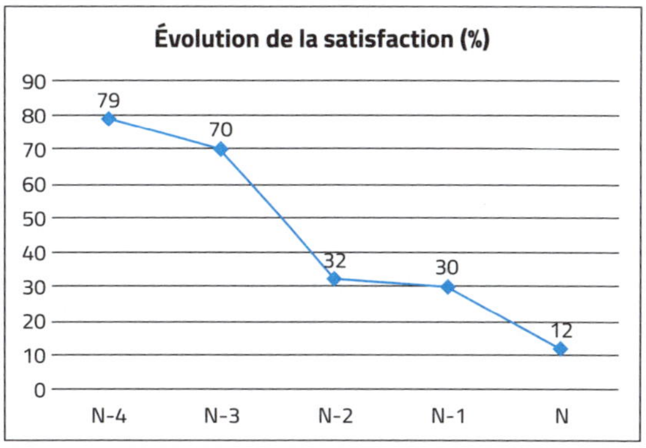

III L'interprétation des résultats

La phase d'interprétation permet de donner du sens aux résultats. Une fois les données analysées, il faut pouvoir les interpréter. Dans notre exemple, si 12 % des personnes interrogées sont très satisfaites de la prestation, cela fait un peu plus d'une personne sur dix. Inversement, cela signifie que presque 90 % des personnes ne sont pas très satisfaites. Si l'objectif est d'obtenir une satisfaction totale, alors l'objectif n'est pas du tout atteint. La recherche peut alors porter sur les causes de la dégradation de l'accueil : vérifier dans les données si le nombre de personnels et leur niveau de formation sont suffisants, si les horaires d'ouverture sont adaptés...
L'interprétation ne se contente pas de décrire : elle met en évidence les bons résultats ou les dysfonctionnements au regard des objectifs fixés. Elle permet donc de tirer des conclusions et de proposer d'éventuelles mesures correctives. L'illustration des données figure dans un document de synthèse, sous forme de diaporama ou de rapport rédigé. Dans le rapport de bilan de projet, elles figurent en annexes présentées à la fin du rapport (une annexe par donnée illustrée).

© Nathan - La photocopie non autorisée est un délit.

2 Le bilan de projet

La clôture du projet intervient dans la dernière étape du pilotage du projet. Le bilan de projet a pour finalité de produire une analyse des réussites et des difficultés rencontrées à l'occasion du déroulement du projet. Il vise à mesurer la bonne conduite du projet, la coordination des équipes, ainsi que la maîtrise des coûts, des techniques et des délais.

I Les objectifs du bilan de projet

Le bilan de projet doit permettre :
– d'évaluer l'atteinte des objectifs ;
– d'analyser les résultats obtenus au regard des prévisions ;
– de porter un regard critique sur les aspects du projet en vue d'apporter des améliorations, d'envisager des mesures d'achèvement ;
– de mettre fin au projet en démantelant l'équipe projet ;
– d'archiver les documents produits à toutes les étapes du projet.
Pour être pertinent, le bilan de projet doit être réalisé dans les deux mois qui suivent l'achèvement du projet.

II Les documents de clôture du projet

1. Le rapport de bilan de projet

Il s'agit du document qui formalise la fin du projet ; il est la synthèse du projet. Le rapport du bilan de projet, appelé aussi « rapport de clôture de projet », est généralement réalisé par le chef de projet ; il peut être préparé tout au long du projet par les personnes qui ont assuré le suivi du déroulement du projet. Il est destiné à l'ensemble des parties prenantes et précise généralement que le projet, arrivé à son terme, a atteint les critères de réussite prévus.

a. Le fond

Le rapport doit comporter les éléments du bilan de projet et notamment :
– un rappel de l'historique du projet avec son intitulé, son organisation, ses objectifs initiaux (planification, budget, risques) ;
– les données planifiées et réelles ;
– une analyse des écarts (coûts, délais, livrables, date cible) ;
– les techniques utilisées pour la communication de projet (interne/externe) ;
– les critères de succès et la manière dont ils ont été atteints (leçons apprises, retour d'expérience) ;
– les recommandations et améliorations à apporter en vue de l'achèvement du projet.

b. La forme

Formellement, le rapport du bilan de projet respecte un plan rigoureux (introduction, développement, conclusion). La page de garde précise le nom du rédacteur, le ou les destinataires, le titre du projet et la date de rédaction.

© Nathan - La photocopie non autorisée est un délit.

Il est précédé d'une table des matières automatique, de notes de bas de page automatiques citant les références si elles proviennent de sources qui ne sont pas propres à l'auteur du rapport, d'annexes numérotées (en fin de rapport si elles sont volumineuses ; une table des annexes précède alors la succession des annexes intitulées et numérotées).
Le développement pourra comporter des illustrations graphiques permettant de faciliter la lecture et la compréhension des données, notamment chiffrées.
Les pages du rapport sont numérotées de manière automatique. Le document final est diffusé sous sa forme numérique dans un format PDF ou bien relié dans son format papier. La charte graphique de la structure émettrice s'impose dans le rapport de bilan de projet.

Exemple de table des matières automatique d'un rapport de bilan de projet

TABLE DES MATIÈRES........2
1 INTRODUCTION........3
  1.1 OBJECTIF........4
  1.2 PÉRIMETRE........5
  1.3 PARTIES PRENANTES........6
2 GESTION DU PROJET........7
  2.1 PLANNING DU PROJET........8
  2.2 EXPLICATION DES ÉCARTS........9
3 BILAN TECHNIQUE........10
4 BILAN FINANCIER........11
5 BILAN HUMAIN........12
  5.1 COMMUNICATION AVEC LES CLIENTS........13
  5.2 COMMUNICATION AVEC LES AUTRES GROUPES........14
  5.3 COMMUNICATION AU SEIN DE L'ÉQUIPE........15
6 CONCLUSION........16
TABLE DES ANNEXES........17
  Annexe 1........18
  Annexe 2........19
  Annexe 3........20

2. Les documents à archiver

Les archives du projet servent à la réalisation de l'historique du projet mais peuvent également être utilisées pour les futurs projets. Il est utile de créer un dossier numérique de sauvegarde des données qui ont permis de planifier, exécuter et évaluer le projet.
Généralement, les archives d'un projet sont constituées de la correspondance, des notes (de cadrage, de synthèse) de comptes rendus de réunions, de rapports d'état d'avancement, de tableaux de bord, des documents de planification, des budgets, des documents techniques, des contrats, des factures.

III L'organisation de la clôture du projet

La fin du projet doit être formalisée par un événement qui marque la clôture : réunion, séminaire, inauguration, cocktail… Cette ultime étape permet de remercier les équipes qui ont accompagné le projet, de reconnaître leur implication et leurs efforts pour tenir les objectifs, les délais, les budgets ; de valoriser les réussites.
Le plan de communication s'achève également par une communication de fin de projet. Il est important de communiquer sur la réussite du projet à l'intérieur de la structure mais aussi vis-à-vis de l'extérieur. Cela peut prendre la forme d'un article dans le journal d'entreprise, d'un dossier de presse ou d'un communiqué de presse, d'une diffusion sur les médias sociaux…
Dans certaines structures, publiques notamment, la clôture du projet doit être validée par des procédures officielles pour la réception du projet et la validation du budget.
Il arrive que le projet échoue pour de multiples raisons. La clôture du projet sera alors le moment privilégié pour profiter du retour d'expérience et anticiper les projets futurs, à partir du bilan réalisé. La communication autour de cette situation d'échec ne doit pas être négligée, tant en interne afin d'éviter les blocages et tensions, que vis-à-vis de l'extérieur en expliquant les raisons de l'échec pour éviter de ternir l'image de la structure.

© Nathan • La photocopie non autorisée est un délit.

3 Le retour d'expérience en fin de projet

La clôture du projet est le moment de procéder aux évaluations de l'expérience acquise grâce à la réalisation du projet.

I Les objectifs du retour d'expérience

Le retour d'expérience (REX ou RETEX) est une démarche réflexive des acteurs du projet visant à retenir les leçons acquises et les enseignements à retirer du projet auquel ils ont participé. La réflexion porte tant sur les aspects qualitatifs que quantitatifs du projet : l'analyse est factuelle et permet d'anticiper les risques pour accroître la performance des équipes et des projets par l'expérience acquise. Il est nécessaire de préparer correctement le retour d'expérience : il doit être planifié et expliqué aux personnes concernées. Les équipes doivent être informées sur les attentes afin de recueillir leur adhésion sur la démarche et obtenir des résultats fiables. La communication est essentielle dans la mise en place du retour d'expérience.

II L'organisation du retour d'expérience

1. La démarche

Le retour d'expérience permet de faire s'exprimer l'équipe qui a travaillé sur un projet sur les réussites et les points de satisfaction (les « ça fonctionne ») ainsi que sur les difficultés et les frustrations (les « ça ne fonctionne pas »). La démarche peut s'appuyer sur des entretiens, des questionnaires, des ateliers (témoignages, dialogues, échanges, écoute, confiance...). Selon l'organisation, le projet, les objectifs, les enjeux ou les risques liés au projet, les questionnaires pourront être anonymes.

2. Les participants

Généralement, il revient à l'équipe projet de mettre en place le retour d'expérience. Le manager ou le chef de projet réunit l'ensemble des collaborateurs impliqués. Il est important de convoquer les participants en précisant le thème, l'objectif, le lieu, la date, l'heure et la durée, et de veiller à leur remettre un document support pour préparer le REX.

3. Les supports

Le REX peut s'appuyer sur une fiche de retour d'expérience. Spécifique à chaque projet, cette fiche REX doit être adaptée pour être pertinente et atteindre les objectifs du retour d'expérience : « refaire et faire mieux ».

4. Le déroulement d'un atelier de retour d'expérience

La séance peut être pilotée par le chef de projet ou par un autre membre de l'équipe projet. Une co-animation est également possible.

Il est important de débuter l'atelier en instaurant un climat favorable (café, viennoiseries), en remerciant les participants et en rappelant les raisons de la mise en place de l'atelier.

Lors de la séance de travail, les témoignages, le dialogue et les échanges entre participants doivent être encouragés et valorisés. Cela passe par des questions ouvertes, des constats, un bilan chiffré, etc. Il faut relancer les débats, noter les bonnes idées comme les moins bonnes. Il est important de favoriser la participation active de tous aux échanges et à l'analyse. Toutes les satisfactions et réussites, les frustrations et les échecs doivent être notés et valorisés.

À la fin de l'atelier, l'animateur doit remercier sincèrement les équipes pour leur participation positive et constructive.

© Nathan - La photocopie non autorisée est un délit.

APPLICATIONS PROFESSIONNELLES

1 Organiser le séminaire de clôture de projet

MAÎTRISE

Situation

Le séminaire de clôture doit permettre de réunir autour de l'équipe projet les personnels ayant participé activement à la mise en œuvre du projet, la direction des HHN, les élus locaux et la presse locale. Il se déroulera le 21 mai N à 17 h 30 dans la salle de séminaire de l'hôpital. Ce sera l'occasion de diffuser les documents de clôture du projet que vous avez d'ores et déjà préparés (rapport de bilan de projet, diaporama) et de dissoudre l'équipe projet. Tout comme pour l'atelier de retour d'expérience, Maud Constantin souhaite que le moment soit convivial. Elle vous demande de préparer le séminaire de clôture ; environ 70 personnes sont attendues autour d'un cocktail dînatoire.

Consignes

1. **Recherchez trois traiteurs à Rouen qui pourraient s'occuper du cocktail dînatoire (produits de qualité et présentation soignée). Le budget alloué est d'environ 60 euros par personne pour 20 pièces, boissons comprises. Vérifiez également la présence de personnel de service.**
2. **Présentez une étude comparative des trois propositions, en désignant celle qui vous semble répondre le mieux aux attentes de Maud Constantin. Justifiez votre choix.**
3. **Présentez, outre votre tableau comparatif des traiteurs, le fruit de vos recherches permettant de faciliter le choix du traiteur en montrant des photos et images des prestations proposées.**

2 Organiser une réunion de clôture de projet

MAÎTRISE

Situation

Le projet APB (Aquitaine Pays Basque) a pour objectif de réunir les trente acteurs des régions Aquitaine Pays basque qui souhaitent développer l'œnotourisme (tourisme rural visant à faire découvrir les régions viticoles et leurs productions, visiter les villages alentour, loger chez l'habitant). Le projet a débuté il y a deux ans suite à un appel à projets de la région et le bilan doit être réalisé à l'occasion d'une réunion de clôture. La réunion se déroulera sur une demi-journée au château de l'un des participants au projet qui prend en charge le repas du déjeuner et la pause-café. Vous accompagnez Stéphanie Baudet, représentante de la région nouvelle Aquitaine, chargée d'animer la réunion de clôture. Elle souhaite rendre l'événement dynamique.

Consignes

1. **Réfléchissez à la démarche « bilan Post-It » qui sera adoptée pour établir le bilan du projet (document page suivante).**
2. **Listez l'ensemble des documents à réunir pour le bilan du projet.**
3. **Préparez un document d'explication de la « réunion Post-It » que vous proposerez aux participants.**
4. **Présentez la démarche à votre responsable pour validation.**

▶▶▶

© Nathan - La photocopie non autorisée est un délit.

Document « Réinventer la clôture d'un projet : le bilan Post-It ! »

Le projet est en production. La pression se relâche. Avons-nous encore l'*énergie* pour réaliser un bilan du projet ou souhaitons-nous simplement *passer à autre chose* ? Toujours est-il que les bilans de projet sont rarement réalisés ou sont vécus comme une contrainte. **Clôturer un projet, c'est enrichir l'expérience des participants et celle de l'entreprise.** Pour ne pas rejouer les erreurs du passé, il faut commencer par *identifier* et *parler* des **succès** et des **difficultés** rencontrées. N'oubliez pas, dans votre méthodologie, le bilan projet.

Les sujets classiques des bilans de projet sont les suivants :

– respect des **coûts**, des **délais**, du **périmètre**, de la **qualité** ;
– le **déroulement** du projet ;
– la **coordination** des équipes ;
– la **satisfaction** du client...

Nous préconisons d'adopter une démarche *simple* et *ludique* pour réaliser le bilan : **organiser sur une demi-journée une réunion avec l'ensemble des parties prenantes** [...]. Un facilitateur de réunion proposera à chaque participant de renseigner **trois Post-It** sur ce qui s'est *bien passé*, ce qui ne s'est *pas bien passé* et ce qui peut être *amélioré*. Le facilitateur centralisera les réponses et les organisera sur un mur (type « *affinity diagram* » ou « *force field analysis* ») avec l'ensemble des participants. La séance peut se conclure avec la question : « *Si vous aviez une baguette magique, quelle est la chose que vous changeriez dans ce projet ?* » Il restera à **formaliser les résultats** de la séance pour **documenter le bilan de projet**. L'avantage de cette pratique est d'être *rapide* et *partagée* en séance. La réunion peut s'achever par le pot de fin de projet en profitant de la présence des intervenants clés.

http://blog.suntseu.com, 6 juin 2014.

3 Clôturer un projet après son échec

EXPERTISE

Situation

Cargo est une entreprise de transport frigorifique qui compte trente-cinq conducteurs. Claude Ganser, le responsable de l'entreprise, a lancé le projet il y a un an. Il souhaitait améliorer ses performances en développant un projet d'équipement informatique des camions. Les solutions informatiques (ordinateurs de bord reliés au siège de l'entreprise) permettent d'assurer aux transporteurs les meilleures conditions opérationnelles pour contrôler la mesure et le suivi des températures, ainsi que la fréquence et la durée d'ouverture des portes des camions. Les conducteurs doivent renseigner des formulaires en ligne tout au long de la journée.

Chaque camion a été équipé ; les conducteurs ont suivi un stage de formation, assuré par l'entreprise qui a fourni les équipements informatiques. Chaque conducteur devait effectuer dix-huit heures de formation à l'utilisation du matériel sur son temps de travail. Un an après le lancement du projet, Claude Ganser fait le constat que les conducteurs n'utilisent pas le matériel.

Vous avez accompagné Claude Ganser depuis le lancement du projet. Face à l'échec qu'il constate, il a décidé de le clôturer. Il vous demande de l'aider dans cette démarche en analysant ce qui n'a pas fonctionné dans le déroulement du projet et de réfléchir au moyen éventuel de le relancer. L'investissement a été de 35 000 euros pour l'équipement ; le climat de travail s'est considérablement détérioré au sein de l'entreprise.

Consignes

1. **Analysez les raisons de l'échec du projet.**
2. **Réfléchissez à la démarche à mettre en œuvre pour clôturer le projet.**
3. **Rendez compte à votre responsable de l'ensemble de votre réflexion lors de l'entretien qu'il vous accorde pour faire le point sur la situation.**

© Nathan - La photocopie non autorisée est un délit

Document 1 « Projet d'entreprise échoué : comment réussir la session "Leçons apprises" ? »

C'est un risque que tout entrepreneur doit pouvoir envisager et, éventuellement, assumer. L'échec d'un projet est un événement inévitable dans la vie de toute entreprise. Le tout est de savoir en tirer les bonnes leçons. C'est dans ce cadre qu'intervient la session de « leçons apprises » (de l'anglais* learned lessons*). Posez-vous les bonnes questions afin de minimiser les risques d'erreur lors de vos futurs projets. Mode d'emploi d'une procédure qui vous permet de mieux rebondir suite à un échec.

Gouvernance et communication

Quels sont les points positifs de ce projet que vous pourrez communiquer aux futurs comités de projet ? Comment était le niveau d'information du *business* et des communautés d'utilisateurs et avez-vous bien communiqué cette information aux différentes audiences concernées ? Avez-vous correctement utilisé les canaux de communication et médias ?

Gérer les changements

Les changements introduits ou demandés au cours du projet (s'il y a) ont-ils apporté une valeur ajoutée ? Ces changements ont-ils compromis le projet ?

Gérer les risques

Quels ont été les risques prévus/imprévus et comment ont-ils été gérés ? Cette gestion des risques pourrait-elle être améliorée (en termes de temps et de procédure) ?

Livraison dans les temps

Le projet a-t-il été livré à l'heure ? Pourquoi ? L'équipe de gouvernance a-t-elle été suffisamment réactive et efficace ?

Gérer les finances

La revue de *business case* de fin de projet a-t-elle été complétée ? Vos dépenses effectives ont-elles respecté les évaluations de préprojet ? Pourquoi ? Pour les projets futurs, quelle stratégie vous permettrait de réduire les coûts sans compromettre la réussite du projet ?

Management de la qualité

Le projet a-t-il atteint ses objectifs de qualité ?

Outils de support du projet

Les outils de support du projet ont-ils bien rempli leur mission ?

www.petite-entreprise.net

Document 2 Les résultats de l'enquête menée auprès des conducteurs (extrait)

Nombre de réunion conducteurs au cours de l'année précédente : **prévues : 6 / réalisées : 3**

Intitulé de la formation	Personnel ciblé	Nombre	Durée	Total de formations prévues	Total de formations effectuées
Formation télématique embarquée	Conducteurs	35	18 heures	630	210

Nombre de questionnaires (anonymes) exploitables : 23 (en % arrondis)	Oui	Non	Ne se prononce pas
Formation suffisante	78 %	22 %	0 %
Difficultés de prise en main du matériel	75 %	25 %	0 %
Accompagnement de l'entreprise dans la démarche	14 %	34 %	52 %
Information suffisante préalable à la mise en place du nouveau matériel	14 %	34 %	52 %
Accroissement du stress	78 %	12 %	10 %
Amélioration des conditions de travail	15 %	28 %	57 %
Sentiment de surveillance pendant le travail	25 %	10 %	65 %
Perte de confiance dans l'entreprise	22 %	10 %	68 %

© Nathan – La photocopie non autorisée est un délit.

Document 3 « Conduite du changement : les bonnes pratiques lors de la mise en place d'une solution de traçabilité des activités de transport »

L'informatique embarquée offre une **interconnexion permanente entre vos ressources mobiles et les différents services de l'entreprise**. Si elle permet d'optimiser la gestion des missions, les flux d'informations et certaines tâches administratives grâce à l'exploitation des données terrain, elle modifie, et parfois profondément, les repères de nombreux collaborateurs au sein de l'entreprise.

La mise en place d'une telle solution peut donc souvent être vécue comme un élément déstabilisant. Il est donc important que le porteur du projet et les responsables de l'entreprise mènent une réflexion en amont afin d'organiser la conduite du changement en se posant les bonnes questions :
– comment gérer sa mise en place le mieux possible et avec un coût financier et humain aussi bas que possible ?
– comment faire accepter cette nouvelle solution ?
– comment garder tout ce qui est productif et efficace ?

Quel est l'impact de ma nouvelle solution d'informatique embarquée ?
L'informatique embarquée n'est plus un simple outil de géolocalisation qui permet de repérer où se trouvent les véhicules. [...] En effet, elle permet de mettre en place de nouveaux processus au sein des différents services. Par exemple, le service d'exploitation pourra utiliser une nouvelle application pour la gestion des missions de transport, les conducteurs seront confrontés à une nouvelle interface et le service ressources humaines pourra simplifier la prépaie et automatiser le suivi de la réglementation.
On le voit, différents métiers de l'entreprise seront impactés, ce qui multiplie les risques d'échec.

À quelles réactions s'attendre ?
[...] Tout le monde le sait, le changement fait peur. **Il faut donc s'attendre à quelques résistances.** [...] Les conducteurs voient souvent l'informatique embarquée comme un moyen de « flicage ». Ce n'est qu'avec le temps qu'ils découvrent qu'elle peut leur faire gagner beaucoup de temps et les aider au quotidien.

Quelle démarche de conduite du changement ?
[...] Généralement, ces démarches s'articulent autour de trois principes clés :
– **participation :** associer des collaborateurs référents pour prendre leur avis en compte et faire en sorte que le projet corresponde aux attentes des différents métiers concernés ;
– **communication :** mettre en place un bon dispositif de communication pour bien faire comprendre les raisons de la mise en place et les bénéfices que l'entreprise compte en tirer ;
– **formation :** bien former les utilisateurs afin de garantir que toutes les fonctionnalités du nouveau système seront bien connues et mises à profit.

www.vehco.fr/fr/blog

© Nathan - La photocopie non autorisée est un délit.

Présentation de l'épreuve E5
Gestion de projet

I Le projet

L'épreuve prend appui sur **deux projets** que vous (candidate ou candidat) avez conduits vous-même dans un contexte réel : entreprise, organisation publique ou association.
Un projet peut être un « **projet accompagné** » (**PA**) pour lequel vous secondez la personne qui pilote le projet. Exemples :
– préparation du stand d'une entreprise lors du « salon des maires et des collectivités locales » ;
– participation à la démarche qualité de l'entreprise ;
– participation à un processus d'appel d'offres relatif à la pose d'une clôture qui longera l'autoroute ;
– organisation de l'Assemblée générale ordinaire, à distance, d'une association nationale ;
– obtention de l'écolabel européen pour une savonnerie ;
– suivi du chantier de construction du réseau électrique d'une maison individuelle.
Il peut s'agir également d'un « **projet en responsabilité** » (**PR**) dans lequel vous disposez d'une autonomie dans l'organisation et le suivi du projet. Exemples :
– organisation d'une collecte de fonds pour l'acquisition d'une bibliothèque mobile au Cambodge (en relation avec une association humanitaire) ;
– organisation d'une visite de fonderie pour l'ensemble de la classe ;
– création et gestion d'une mini-entreprise (avec deux autres étudiants) ;
– aménagement de locaux et acquisition des équipements permettant la tenue de réunions à distance.

Les projets présentés doivent :
– répondre à un besoin d'une organisation, avec un objet clairement identifié ainsi que des objectifs stratégiques et opérationnels définis ;
– présenter un caractère unique et singulier ;
– nécessiter la coordination des partenaires internes et externes ;
– couvrir le cycle de réalisation d'un projet avec l'expression de contraintes de coordination aux différentes étapes ;
– permettre une planification des tâches, une expression des livrables et une évaluation de la durée du projet ;
– offrir de l'autonomie dans la prise de décision, notamment par une prise en compte des risques associés au projet ;
– permettre la définition d'un budget avec plusieurs postes ;
– présenter les éléments contractuels avec les partenaires ;
– mobiliser plusieurs outils, notamment numériques ;
– permettre d'évaluer ses retombées.

II L'épreuve E5

L'épreuve de Gestion de projet est une épreuve orale et pratique d'une durée d'1 h 30 (coefficient 4). Elle vise à évaluer les compétences que vous avez acquises en conduisant votre projet :
– formaliser le cadre du projet ;
– conduire une veille informationnelle ;
– suivre et contrôler votre projet ;
– évaluer votre propre projet.
L'épreuve prend appui sur :
– un dossier présentant deux projets que vous avez conduits (*annexe 1*) ainsi qu'un compte rendu de veille informationnelle effectuée pour un des projets (*annexe 2*) ;
– une prestation orale et pratique.

© Nathan - La photocopie non autorisée est un délit.

▶▶▶

III Le contenu du dossier

Votre dossier doit présenter :
– deux fiches descriptives de projets vécus au cours de la formation (y compris au cours des ateliers de professionnalisation et des stages en milieu professionnel). Le modèle de fiche descriptive figure ici (chapitre1-annexe10.doc) ;
– un compte rendu de la veille informationnelle que vous avez effectuée pour un des projets. Ce compte rendu revêt une forme professionnelle, mais n'est soumis à aucun cadre spécifique. Il présente la démarche, les sources, les outils mobilisés, les règles mises en place permettant l'actualisation, les résultats de la veille ainsi que les modalités de diffusion à l'équipe projet ;
– une attestation de non-plagiat. Dans ce document, vous certifiez sur l'honneur que les projets présentés ainsi que votre dossier sont le fruit de votre travail personnel.

IV Les conditions matérielles relatives à l'épreuve

Le jour de l'épreuve, il faut prévoir le matériel nécessaire au bon déroulement de l'épreuve : ordinateur, vidéoprojecteur, logiciels, fichiers informatiques et documents. Assurez-vous de leur bon fonctionnement et vérifiez la charge de la batterie.

V Le déroulement de l'épreuve

1. Situation A : présentation de la veille informationnelle (15 minutes maximum)

Au cours de cette épreuve, qui s'appuie sur le compte rendu de votre veille informationnelle, vous devez présenter vos travaux de veille en 5 minutes maximum. Vous devez justifier :
– la démarche que vous avez adoptée ;
– les outils que vous avez utilisés ;
– le résultat de votre veille.
Simultanément, vous vous servirez de votre équipement numérique personnel pour montrer comment vous avez conduit cette veille ainsi que les résultats obtenus.
La commission d'interrogation s'entretient ensuite avec vous, pendant 10 minutes maximum, sur les résultats de votre veille, la démarche utilisée, les choix opérés et les outils mobilisés.

2. Situation B : préparation sur poste informatique puis simulation et entretien

L'épreuve prend appui sur les deux fiches descriptives de projet. Les membres de la commission d'interrogation choisissent une des deux fiches de projet présentées et modifient un ou plusieurs paramètres du projet ou complètent le projet par une nouvelle demande. Ils vous remettent la fiche « Expression de la demande E5 » correspondante.

a. 1re phase : préparation sur poste informatique (45 minutes maximum)

Au cours de cette première phase, vous prenez connaissance de la nouvelle demande formulée par la commission ; elle peut porter sur un élément produit lors du projet, sur un changement d'interlocuteur, sur une prolongation du projet, etc. Il s'agira, par exemple, de modifier votre budget en fonction de nouvelles données numériques ou encore de présenter l'espace collaboratif que vous avez mis en place à un membre qui vient de rejoindre l'équipe projet…
Vous disposez alors de 45 minutes de préparation pour y répondre et vous pouvez pour cela vous appuyer sur votre équipement numérique ainsi que sur vos documents associés au projet.

b. 2e phase : simulation et entretien (30 minutes maximum)

Au cours de cette deuxième phase, vous présentez à la commission d'interrogation le résultat de la nouvelle demande, en 10 minutes maximum. Lors de cette présentation, vous vous adressez aux membres du jury en les considérant comme des interlocuteurs du projet (leur rôle aura été précisé).
À la suite de cette simulation, vous devrez, au cours d'un entretien de 20 minutes maximum avec la commission, justifier votre démarche ainsi que les outils mobilisés. Des éclaircissements ou des approfondissements sur les différents travaux présentés dans le cadre du projet choisi pourront vous être demandés.

© Nathan - La photocopie non autorisée est un délit.

ANNEXE 1	BTS Support à l'action managériale — Session N		
ÉPREUVE E5 : GESTION DE PROJET **FICHE DESCRIPTIVE DE PROJET**			
Nom et prénom :	MEUNIER Jérôme		
Numéro d'inscription :	110520	Fiche descriptive numéro :	1
Compétences visées :	▪ Formaliser le cadre du projet ▪ Conduire une veille informationnelle ▪ Suivre et contrôler le projet		
Objet du projet :	Étude des marchés irlandais et britannique		
Nom de l'organisation :	LE MOULIN DE FORCALQUIER		
Dates et durée de réalisation :	De septembre N à janvier N+1		
Projet accompagné ☑	Projet en responsabilité ❑		

Il est conseillé de limiter la taille de cette fiche à 2 pages

Descriptif du projet

L'entreprise LE MOULIN DE FORCALQUIER a été créée en 1889. Elle emploie aujourd'hui 325 salariés et produit différents types de farines de blé et de petit épeautre. Ses produits sont commercialisés actuellement en France, en Belgique et en Allemagne.

Objectifs, enjeux et risques du projet →

L'entreprise souhaite aujourd'hui s'attaquer aux marchés irlandais et britannique. L'enjeu est important : le marché irlandais compte 1,7 million de ménages, le marché britannique 25,7 millions de ménages. Les risques de ce projet ne sont cependant pas négligeables puisque les habitudes de consommation sont particulières et le risque de change existe. Les risques attachés au Brexit viennent s'ajouter aux précédents.

Équipe projet ←

Délais fixés, planification →

Budget ←

Le groupe projet se compose de 7 personnes aux compétences diverses, mais complémentaires. Il est piloté par Sébastien Corti, directeur général. Pendant la période d'étude, le groupe se réunit une fois par semaine. L'objectif affiché est d'entamer la commercialisation de nos farines en Irlande dès la fin de l'année N+1. Pour le Royaume-Uni, on attendra N+2.

Pendant les quelques mois où j'ai eu la chance de participer aux travaux de ce groupe, S. Corti m'a confié plusieurs missions destinées à préparer les réunions ou à compléter l'information du groupe projet : caractéristiques des deux marchés, cibles, analyse de la concurrence, salons professionnels, Brexit...
Le budget alloué à ce projet d'étude se monte à 150 000 €. Les principaux postes de dépenses concernent la rémunération des participants au groupe projet, les frais de déplacement (rencontres, salons) et l'intervention de cabinets-conseils.

Partenaires →

Bilan, résultats obtenus ←

Durant la période sept. N janv. N+1, les objectifs de délais et de budget ont été tenus. Toutes les études générales sont terminées. Des sujets plus techniques ou plus pointus feront l'objet de missions particulières confiées à des partenaires et spécialistes de janvier à juillet N+1.
À la date où j'écris, les farines de notre entreprise seront bien commercialisées en République d'Irlande et en Irlande du Nord dès le mois de novembre N+1. Pour l'instant, aucune décision n'a été arrêtée pour le marché britannique.

Travaux réalisés

Cette liste peut être longue. Nous ne faisons figurer ici que quelques exemples

Description du cadre du projet :
– Présentation schématique de l'entreprise LE MOULIN DE FORCALQUIER (infographie réalisée avec l'outil Easelly). [...]

Participation au contrôle et au suivi du projet :
– Présentation du budget comportant prévisions, réalisations et écarts (feuille de calcul Excel). [...]

Conduite d'une veille informationnelle :
– Mise en place d'une veille informationnelle relative, d'une part aux exportations françaises vers l'Irlande et, d'autre part, au Brexit (moteur de recherche Google, agrégateur Netvibes, utilisation professionnelle de Facebook).

Il est recommandé de structurer cette liste en construisant des paragraphes. Ce n'est ici qu'un exemple : d'autres structures sont possibles !

Pour chacun des travaux, préciser les logiciels et outils utilisés

© Nathan - La photocopie non autorisée est un délit.

ANNEXE 2 *Ce document est un **exemple**. Il ne comporte que des **extraits**. Ce n'est surtout pas un modèle. Il est rappelé que le compte rendu de veille revêt un caractère professionnel, mais n'est soumis **à aucun cadre spécifique**.*

Jérôme MEUNIER
N+1
Stagiaire BTS SAM
LE MOULIN DE FORCALQUIER

Forcalquier, le 8 janvier

COMPTE RENDU DE VEILLE INFORMATIONNELLE

Objets : – Les exportations françaises vers l'Irlande
– Le Brexit

Ce document rend compte de la veille informationnelle mise en place afin d'éclairer les choix du groupe projet. Nous nous attacherons, dans cette recherche, à déterminer les contraintes qui s'imposeront à notre entreprise dans le cadre du développement de nos exportations de farines vers la République d'Irlande et vers l'Irlande du Nord. [...]

Cette collecte repose sur des informations externes disponibles sur Internet. Le moteur de recherche Google a été privilégié.
Deux thèmes de recherche ont été sélectionnés :
- d'une part, les exportations françaises vers l'Irlande (thème de recherche personnel) ;
- d'autre part, le Brexit et ses conséquences sur notre projet (thème de recherche défini par le groupe projet).

Des mots clés ont été définis pour chacun des thèmes. Les voici : [...] ← **Démarche**

Des filtres ont été mis en place afin de limiter le nombre de sites : j'ai éliminé les images, préféré me limiter aux sites en français et privilégié les publications récentes (N et N+1).
Je n'ai retenu que les sites institutionnels. [...]

Pour le premier thème, j'ai jugé qu'une veille ponctuelle pouvait suffire ; puisqu'il s'agit d'une recherche personnelle, aucune diffusion n'est prévue. Par contre, pour le thème du Brexit, j'ai préféré mettre en place une veille périodique ainsi que la diffusion d'une synthèse par mail vers tous les membres du groupe projet. [...] ← **Modalités de diffusion**

Pour le premier thème, j'ai [...] :

Les recherches sur le Brexit m'ont conduit à privilégier trois sites :
- le site web officiel de l'Union européenne ***europa.eu*** et plus particulièrement la page : https://ec.europa.eu/taxation_customs/uk_withdrawal_fr?pk_campaign=brexit_phase3&pk_source=google_search&pk_medium=google&pk_content=search_brexit3_fr
L'actualisation des informations du site repose sur l'abonnement à leur newsletter ;
- le site officiel ***vie-publique.fr*** et plus particulièrement la page : https://www.vie-publique.fr/en-bref/276127-negociations-post-brexit-ue-et-royaume-uni ← **Sources**
Résultats de la veille → L'actualisation des informations se fera ici par la récupération du flux RSS par l'agrégateur Netvibes ;
Outils mobilisés → – le portail de la Direction générale des Entreprises, qui relève du ministère de l'Économie, des Finances et de la Relance : https://www.entreprises.gouv.fr/fr/la-dge-aide-entreprises-se-preparer-au-brexit
Un abonnement à la page Facebook de la DGEntreprises permettra d'actualiser régulièrement les informations.
[...]

Actualisation des informations

© Nathan - La photocopie non autorisée est un délit.

Crédits photographiques

p. 168 © : fonds d'archive La Dépêche

Les photos suivantes sont © stock.adobe.com

pp. 7 et 8 : Monkey Business ; p. 9 : Africa Studio ; p. 11 : Andrey Popov ; p. 12 : Africa Studio ; p. 14 : j-mel ; p. 21 : dynamofoto ; p. 22 : denboma ; p. 23 : Jacques PALUT ; p. 24 : Drobot Dean ; p. 25 : Monkey Business ; p. 26 : Monkey Business ; p. 28 : Garavito ; p. 29 : Monkey Business sauf 3e en partant du haut : Kim Schneider ; p. 30 : Monkey Business ; p. 31 : Frank Boston ; p. 37 : stokkete ; p. 39 : Rawpixel LT.D ; p. 40 : Dmitry Ersler ; p. 41 : VadimGuzhva ; p. 42 : Monkey Business ; p. 45 : kristall ; p. 46 : cdrcom ; p. 53 : thieury ; p. 54 : TravelPhotography ; p. 55 : thieury ; p. 57 : Elena ; p. 58 : auremar ; p. 60 : auremar ; p. 61 : eurogiocontent ; p. 71 : PlanetEarthPictures ; p. 71 : M.studio ; p. 72 : NH7 ; p. 74 de g. à dr. : M.studio ; sodesignby ; alimmus ; p. 75 : snowing12 ; p. 76 : auremar ; p. 77 : anyaberkut ; p. 81 : auremar ; p. 91 : contrastwerkstatt ; p. 92 : vectorfusionart ; p. 93 : podushko ; p. 94 : makistock ; p. 95 : rh2010 ; p. 96 : ht : auremar ; 96 : Yulia ; p. 98 : luisawhr ; p. 99 de ht en bas : nata_vkusidey ; agneskantaruk ; romablack ; O.B. ; juliasudnitskaya ; p. 100 ht : rh2010 ; bas : 123levit ; p. 104 g. : rcfotostock ; dr. : Rawpixel.com ; p. 106 : pictarena ; p. 108 ht : kevers ; doc.2, de ht en bas et de g. à dr. : Minerva Studio ; contrastwerkstatt ; michaeljung ; Paolese ; Kadmy ; Saklakova ; p. 109 : EPSTOCK ; p. 110 : EastWest Imaging ; p. 114 : EastWest Imaging ; p. 124 : Olga Yastremka, New Africa, Africa Studio : New-Africa ; p. 125 : Eléonore H ; p. 126 : EastWest Imaging ; p. 127 : papinou ; p. 128 : S. Pradier ; p. 139 : Kara : p. 140 : joesphotostyle ; p. 141 :©ty p. 143 : dolphfyn ; p. 144 : Stephen Coburn ; p. 147 : rh2010 ; p. 148 : grki ; p. 159 : Kadmy ; p. 160 : Chopard Photography ; p. 162 ht : philippe Devanne ; bas : PRODUCTION PERIG, Périg MORISSE ; p. 163 : connel_design ; p. 164 et 165 : Stephen Coburn ; p. 168 (A) : luckybusiness ; (E) : studio-4pic ; p. 175 : william87 ; p. 176 : sarsmis ; p. 178 : apfelweile ; p. 179 : Andi.es ; p. 180 : Stephen Coburn ; p. 182 : massimo_g ; p. 183 de ht en bas : Antonioguillem ; georgejmclittle ; Paolese ; p. 188 : de ht en bas ©jojojo07, ©ケイーゴ, ©Frederic Massard, ©Sergey-Siberia88 ; p. 191 : massimo_g ; pp. 192 et 194 : ty ; p. 195 : juliasudnitskaya ; p. 196 : auremar ; p. 200 : puckillustrations ; p. 201 : pfpgroup ; p. 207 : Nolan ; p. 208 : Scanrail ; p. 209 : jojje11 ; p. 211 : Jacob Lund ; p. 212 ht : Kurhan ; bas : Jacob Lund ; p. 213 : Frank Boston ; p. 214 : sudok1 ; p. 218 à g. (de ht en bas) : Kim Schneider, Kim Schneider, Kurhan ; à dr. (de ht en bas) : Kim Schneider, Kurhan, Kurhan ; p. 225 : wladimir1804 ; p. 226 de g. à dr. : auremar ; phenyx ; Herjua ; BillionsPhotos.com ; txakel ; Tyler Olson ; p. 227 : goodluz ; p. 229 : Jacob Lund ; p. 230 : Frank Boston ; p. 231 : Jacob Lund ; p. 232 : weenee ; p. 233 : pressmaster ; p. 236 : spotmatikphoto ; p. 237 ht : Alexander Raths ; bas : stokkete ; p. 238 à 242 : weenee ; p. 247 ht : etienn280 ; bas : hcast ; p. 248 : tunach17 ; p. 250 : sylv1rob1.

© Nathan - La photocopie non autorisée est un délit.

Achevé d'imprimer par l'Imprimerie de Champagne à Langres — France
N° de projet : 10270595 - Dépôt légal : Avril 2021